"十二五"职业教育国家规划教材
经全国职业教育教材审定委员会审定

江苏省"十四五"首批职业教育规划教材

 复旦卓越·21世纪经济学系列

经济学
基础与应用（第三版）

主　编　胡田田
副主编　杨跃琴　刘春月
参　编　沈　晶　隋秀娟

复旦大学出版社

在当今社会，谁不学习经济学，谁就不懂得怎样生活。

——保罗·萨缪尔森

第三版前言

本书在坚持经济学理论系统性的前提下,以适用性、实用性和应用性为原则,对庞杂的经济学原理进行分析取舍、优化整合,并运用生活、生产中的鲜明实例将原本深奥的经济学原理还原为浅显易懂的事理常规,为学生提供分析经济现象与解决现实经济问题的理论知识、分析方法和解决思路,着重培养学生的经济学思维,为提高学生综合素质、增强职业发展能力打下坚实的基础。

第三版教材延续前版运用生动活泼的实例阐述经济原理,解析经济问题的主旨风格,在不失理论严谨性的前提下,运用七个学习领域——走进经济学、消费经济学、管理经济学、营销经济学、生活经济学、民生经济学和国际经济学勾勒出现代经济学的全貌。教材在内容和文字处理上,坚持紧密联系生活、生产实际,语言力求通俗简洁,注重内容的趣味性与可读性;结构编排上,每个学习领域前设有学习目标与关键词汇索引,学习领域结束附阅读材料、复习思考题与实训项目,书后附各学习领域学习精要、复习思考题参考答案与实训项目实施辅助素材,非常方便学生开展自学及实践活动,提升学习效果。第三版教材充分发挥现代教育技术的优势,将微课、视频、资讯与图片等多种数字化资源,在书中以二维码形式呈现,学生通过扫描二维码,即可随时随地获取学习资料,享受立体阅读体验。

本书从2010年7月出版,到2014年7月再版,一直受到从事经济学教学的许多同仁以及广大学生的重视和欢迎,他们给本书以肯定,也提出不少建议,在此,我们表示衷心感谢。根据大家的建议和要求,结合教学过程中使用教材的体会和思考,我们还对第三版教材做了如下改动:(1)仔细校对并订正了第二版教材书写、排版等方面的错误,对原教材中的某些疏漏予以补充,对时效性较强的案例与数据进行更新与完善;(2)增设经济大咖名片、好书推荐、资讯解读和学习游乐场等卡片，充分延展教材知识内容并增添学习趣味性；(3)书后设置教材使用情况问卷调查，区分学生版和教师版，以实时收集来自使用者的反馈信息，不断优化完善教材。

在再版工作中，我们仍力求完美，但难免有疏漏与不足之处，敬请广大同仁和读者批评指正。如希望交流教材相关问题或需要教材相关资源，可通过邮件联系编者：hithtt@qq.com。

编　者

2020年9月

目　录

1　学习领域一　走进经济学——像经济学家一样思考

通过"大炮与黄油的矛盾"了解经济学的产生与解决的主要问题，认识资源稀缺性、生产可能性边界等概念；回顾经济学发展历程，走近马克思到凯恩斯十位著名经济学家，了解他们的贡献和代表著作；通过近年诺贝尔经济学奖探索当代经济学发展的最新动态。从人们总是面临权衡取舍认识选择的重要性，了解经济学家如何思考选择问题。走进经济学，学习像经济学家一样思考！

1　学习目标
1　关键词汇索引
1　第一节　走进经济学
1　　一、"大炮与黄油的矛盾"——经济学的产生
4　　二、回顾经济学发展的三个里程碑
7　　三、从马克思到凯恩斯的十大经济学家
10　　四、探知经济学发展的最新动态
13　第二节　如何像经济学家一样思考
13　　一、人们面临权衡取舍
14　　二、某种东西的成本是为了得到它所放弃的东西
15　　三、理性人考虑边际量
16　　四、一国的生活水平取决于它生产物品与劳务的能力
17　阅读材料　理性成就快乐：像经济学家那样思考
18　复习思考题
20　实训项目

学习领域二　消费经济学——做个明明白白的消费者

21　运用供需工具分析小镇的冰淇淋市场，揭示亚当·斯密"看不见的手"调节经济的基本机制；解读萨缪尔森"幸福＝效用/欲望"方程式，从生活中水和钻石的价值悖论引出消费过程中的边际效用递减规律，分析消费者均衡，总结理性消费的若干原则，做个明明白白的消费者。

21	学习目标
21	关键词汇索引
21	第一节　某小镇冰淇淋市场的风云变幻
22	一、冰淇淋的需求与供给
28	二、冰淇淋的供需均衡与均衡变动
32	三、亚当·斯密"一只看不见的手"
34	第二节　你的效用最大化了吗
34	一、认识效用
36	二、钻石与水的价值悖论
38	三、基数效用下的消费者均衡分析
40	第三节　学做理性消费者
40	一、商家大促销，该不该拿出钱包？
42	二、买广告还是买产品？
43	三、谨记理性消费的"5W原则"
44	阅读材料一　"看得见的手"如何影响市场？
46	阅读材料二　序数效用论下的消费者均衡分析
49	阅读材料三　讨价还价的秘密——消费者剩余
51	复习思考题
55	实训项目

学习领域三　管理经济学——投入、产出、成本与利润

57　从"三季稻不如两季稻"总结企业生产中客观存在的边际产量递减规律，从"小的是美好的"还是"大的是美好的"回答中引出对企业适度规模的思考，从"言利必有义"谈企业利润最大化的经营目标，认知投入、产出、成本与利润，掌握管理经济学初步。

57	学习目标
57	关键词汇索引

57	**第一节　三季稻不如两季稻——边际产量递减规律**
57	一、企业与生产
59	二、三季稻不如两季稻——边际产量递减规律
61	三、短期生产中可变要素投入的合理区间
61	**第二节　"小的是美好的"还是"大的是美好的"**
61	一、"人多力量大"与"三个和尚没水喝"——规模报酬
62	二、规模经济与规模不经济
64	三、"小的"还是"大的"——企业的适度规模
65	**第三节　言利必有义——企业的经营目标**
65	一、企业的经营目标——利润最大化
65	二、会计师与经济学家眼中不一样的成本与利润
66	三、企业实现利润最大化的理论原则和有效途径
68	阅读材料一　门庭冷落的餐馆与保龄球馆为什么不停业？
70	阅读材料二　不谋而合的消费者均衡与生产者均衡
72	阅读材料三　和王迈一起创业
77	复习思考题
80	实训项目

学习领域四　营销经济学——抓住市场扩大效益

企业销售产品实现利润离不开市场。本学习领域通过对几个典型行业的分析，介绍完全竞争、完全垄断、垄断竞争、寡头垄断四种市场类型，重点把握不同市场中企业竞争策略的制定，如何抓住市场扩大效益是企业竞争永恒不变的主题。

81	学习目标
81	关键词汇索引
81	**第一节　完全竞争市场——经济学的理想实验**
81	一、认识市场
82	二、大型养鸡场为什么赔钱？
84	三、完全竞争市场——经济学的理想实验
85	**第二节　完全垄断市场中企业的价格歧视策略**
85	一、2021年公共事业反垄断第一案
86	二、完全垄断是如何形成的？
87	三、垄断市场中企业的价格歧视策略
89	**第三节　如何在垄断竞争市场中寻求优势**
89	一、垄断竞争市场的定义与特点

90	二、垄断竞争市场中企业的差异化竞争策略
92	**第四节 垄断市场中寡头之间的竞争与串谋**
92	一、寡头垄断市场概述
94	二、寡头行为的博弈分析
96	三、寡头垄断市场中企业的策略选择
98	**第五节 定价策略——经济学与心理学的游戏**
98	一、需求价格弹性与总收益
100	二、薄利多销与谷贱伤农
101	三、需求价格弹性在企业定价策略中的应用
103	四、有趣的心理定价策略
105	**阅读材料 中国电信业从垄断走向竞争**
107	**复习思考题**
109	**实训项目**

111	**学习领域五 生活经济学——透视身边的市场失灵现象**

认识垄断、外部性、公共物品、信息不对称和收入分配问题，透视身边的市场失灵现象；"看不见的手"失灵需要由"看得见的手"来矫正，即政府来调节弥补市场缺陷。结合生活中的经济现象，把原本深奥的经济学原理还原为浅显易懂的事理常规。

111	**学习目标**
111	**关键词汇索引**
111	**第一节 由中国互联网反垄断第一案想到的**
111	一、"货真价实"的中国互联网反垄断第一案
112	二、垄断创造效益还是带来弊端——垄断与低效率
113	三、如何削弱垄断带来的不利影响——反垄断
114	**第二节 "补钙广告"旺销了肉骨头**
115	一、阳台上的花草与门窗上的钢条防盗笼——外部性的分类
115	二、外部性如何导致资源配置的低效率？
116	三、政府解决外部性的对策
118	**第三节 路灯为所有人照明**
118	一、路灯与衣服究竟有何不同？
118	二、所有人都能享受路灯带来的光明
119	三、政府为公共物品买单
120	**第四节 逆向选择与道德风险——信息不对称的产物**
120	一、家装公司的"不透明"陷阱

121	二、如何克服家装市场的信息不对称？
122	三、旧车市场中的逆向选择与保险市场中的道德风险
124	**第五节　如何看待中国的收入分配**
124	一、收入分配均等程度的衡量
125	二、中国的基尼系数已超警戒线
126	三、如何将中国的收入蛋糕做大、分好？
127	阅读材料　互联网对市场的改善和扰乱——基于市场失灵理论的视角
132	复习思考题
134	实训项目

136　学习领域六　民生经济学——居民的钱口袋和国家的宏观调控

全面认识国民收入体系中的总量指标，为什么GDP不是万能，但没有它却万万不能？大学生就业难与物价飞涨引发人们对失业和通货膨胀问题的关注，我国官方公布的失业率数字是如何统计的？反映通货膨胀程度的消费物价指数CPI在我国又是怎样核算的？了解经济周期与经济增长，透视中国经济增长新动能。了解政府这只"看得见的手"为实现既定的宏观调控目标如何发挥作用。

136	学习目标
136	关键词汇索引
136	**第一节　我是GDP**
136	一、GDP的自述
139	二、GDP的核算
143	三、新常态下中国GDP之变
145	**第二节　中国失业率统计何时与国际接轨**
145	一、大学生毕业即失业？
150	二、中国特色的城镇登记失业率
151	三、中国失业率统计逐步与国际接轨
152	**第三节　恶性通货膨胀的吉尼斯纪录**
152	一、谈虎色变的通货膨胀
156	二、中国民生CPI解读
159	三、社会面临失业与通货膨胀之间的短期权衡取舍
161	**第四节　经济周期与经济增长**
161	一、逃不开的经济周期
164	二、经济增长是硬道理

167	第五节　逆经济风向行事的政府宏观调控
167	一、宏观调控的四大目标
170	二、财政政策工具及其自动稳定器功能
172	三、中央银行的货币政策工具及其运用
176	四、如何打好财政与货币政策的组合拳——中国改革开放40年宏观调控回望
186	阅读材料一　国民收入核算的其他总量指标
187	阅读材料二　节俭的悖论与凯恩斯革命
189	阅读材料三　俞敏洪对话大学生——"先就业再职业再事业"
192	复习思考题
198	实训项目

学习领域七　国际经济学——国际贸易与国际金融

了解贸易如何改变人们的状况，透视全球化进程中愈演愈烈的贸易摩擦，了解货币及货币制度，分析人民币汇率变动及走势，回顾人民币国际化十年历程。

200	学习目标
200	关键词汇索引
200	第一节　贸易能使每个人状况更好
200	一、牧牛人和农民——贸易能使每个人状况更好
201	二、乔丹和詹尼弗——"绝对优势"与"比较优势"
202	三、从中美贸易摩擦再看"比较优势"
205	第二节　货币与汇率
205	一、货币与中国的货币制度
210	二、人民币汇率及其走势分析
213	三、人民币国际化之路任重而道远
222	阅读材料　全球经济一体化进程中的中国
225	复习思考题
227	实训项目

229	**本书学习精要**
240	**复习思考题参考答案**
256	**实训项目实施辅助素材**
270	**调查问卷**
272	**参考文献**

学习领域一

走进经济学
——像经济学家一样思考

 学习目标

- 了解经济学的由来、发展历程与最新动态；
- 掌握经济学的研究对象与主要研究内容；
- 理解选择的重要性，能够运用机会成本、边际思维和生产率等分析解释经济现象；
- 认知主要经济学原理，建立基本的经济学思维。

通过"大炮与黄油的矛盾"了解经济学的产生与解决的主要问题，认识资源稀缺性、生产可能性边界等概念；回顾经济学发展历程，走近马克思到凯恩斯十位著名经济学家，了解他们的贡献和代表著作；通过近年诺贝尔经济学奖探索当代经济学发展的最新动态。从人们总是面临权衡取舍认识选择的重要性，了解经济学家如何思考选择问题。走进经济学，学习像经济学家一样思考！

 关键词汇索引

生产可能性边界　稀缺性　微观经济学　宏观经济学　经济学　机会成本　理性人　生产率

第一节 | 走进经济学

一、"大炮与黄油的矛盾"——经济学的产生

"大炮与黄油的矛盾"作为一个古老但实用的经济学术语，经常被经济学家挂在嘴边。它是指具备一定生产技术水平和一定数量经济资源的一个社会，所能生产的各种物品的量是有限的，多生产某种物品就要减少其他物品的生产。简化分析，假设某经济社会只生产大炮和黄油两种物品，那么多生产大炮就要少生产黄油，多生产黄油就要少生产大炮。即在资源一定的情况下，大炮与黄油的生产数量是此消彼长的，我们称之为"大炮与黄油的矛盾"。

假定一个社会在资源既定的情况下,如果全部资源都用来生产大炮,可以生产15万门;而全部资源都用来生产黄油则可以生产5万吨。在这两种极端的可能性之间,通过经济资源在两种产品生产间的转移,大炮与黄油此消彼长,还存在其他数量的组合。假设这个社会在决定大炮与黄油的生产时提出了A、B、C、D、E、F六种组合方式,如表1-1所示。

表1-1 大炮与黄油的生产组合方式

组 合 方 式	黄油(万吨)	大炮(万门)
A	0	15
B	1	14
C	2	12
D	3	9
E	4	6
F	5	0

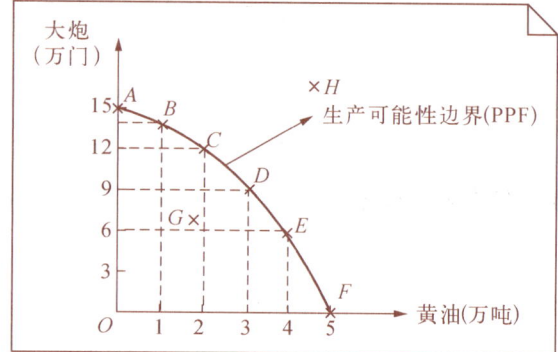

图1-1 大炮与黄油的生产可能性边界

如果用横轴表示黄油的产量,纵轴表示大炮的产量,建立坐标系,将A、B、C、D、E、F六种组合标示在坐标图中,并连接成线AF,如图1-1所示,则AF线是在资源既定的条件下所能达到的大炮与黄油最大产量的组合线。这种表明在既定的经济资源和生产技术水平下所能达到的两种产品最大产量组合的曲线,被称为**生产可能性边界**(Production Possibility Frontier,PPF)。

由"大炮与黄油的矛盾"引出的三个问题,我们逐一来看。

1. 为什么所能生产的大炮与黄油数量是有限的?

大炮与黄油的生产数量是有限的,其根源在于人类社会用于生产的经济资源总是稀缺的。西方经济学正是基于人类欲望的无限性和满足欲望的经济资源的稀缺性这一矛盾而产生。

欲望(Desire),即需要,是由人之本性所产生的想达到某种目的的要求。美国心理学家亚伯拉罕·马斯洛(Abraham Harold Maslow)把人的欲望划分为五个层次:第一,基本的生理需要,即吃、穿、住等生存的需要,这是最底层的需要;第二,安全的需要,即希望未来生活有保障,如免于伤害、免于受剥夺、免于失业等;第三,社会的需要,即感情、爱和归属感的需要;第四,自尊的需要,即人需要有名誉、威望和地位;第五,自我实现的需要,即实现自己的最高理想。这些欲望或需要一个接一个地产生,当基本的欲望首先得到满

生产可能性边界(Production Possibility Frontier, PPF)是指在既定的经济资源和生产技术水平下所能达到的两种产品最大产量组合的曲线。

欲望(Desire)即需要,是由人之本性所产生的想达到某种目的的要求。

足,总是又产生新的更高层次的欲望和需要。因此,人的欲望是无限的。

西方经济学家把满足人类欲望的物品分为"自由物品"和"经济物品"。自由物品(Free Goods)是指人类无须任何代价就能自由取用的物品,如空气、阳光等,其数量是无限的;**经济物品**(Economics Goods)是指人类必须付出代价才能够取得的物品,即必须通过人类借助生产资源加工出来的物品,在人类社会中经济物品可谓无处不在,对人类生活具有十分重要的意义,但它的数量是有限的。

> ⊘ **经济物品**(Economics Goods)
> 指人类必须付出代价才能够取得的物品,即必须通过人类借助生产资源加工出来的物品。

相对于人类的无穷欲望而言,经济物品,或者说生产这些物品所需要的资源总是不足的。这种资源的相对有限性就是稀缺性。可见,经济学所说的**稀缺性**(Scarcity),不是指物品或资源绝对数量的多少,而是指相对于人类欲望的无限性来说,再多的物品和资源也是不足的。

> ⊘ **稀缺性**(Scarcity)指物品或资源,相对于人类无限欲望来说,总是不足的状态。

2. 生产的大炮与黄油该怎样组合?

经济资源的稀缺性是任何社会和任何时代都存在的一个基本事实,这种现实迫使人们在有限资源可供满足欲望的多种途径中进行合理选择。生产的大炮与黄油该怎么组合就是一个与资源稀缺性相联系的选择问题。

稀缺的资源如何进行合理配置是**微观经济学**(Microeconomics)研究的主要内容。包括以下五个基本问题:生产什么?(产品)what;如何生产?(生产要素组合)how;为谁生产?(分配)for whom;此外,还有生产多少?(数量)how many;何时生产?(时间)when。

> ⊘ **微观经济学**(Microeconomics)
> 研究家庭和企业如何做出决策,以及如何在市场上相互交易,解决经济资源的合理配置问题。

第一,生产什么物品与生产多少。用大炮与黄油的例子来说,就是生产大炮还是黄油;或者生产多少大炮、多少黄油,即在大炮与黄油的无数种可能数量组合中选择哪一种组织生产。在这一问题决定后还涉及另外两个问题。

第二,如何生产,即用什么方法来生产大炮与黄油。生产方法实际就是如何对各种生产要素进行组合,是多用资本、少用劳动,用资本密集型方法来生产呢?还是少用资本、多用劳动,用劳动密集型方法来生产?不同的方法可以达到相同的产量,但其经济效率并不相同。

第三,生产出来的产品如何分配,即大炮与黄油按什么原则分配给社会各阶级与各成员。这也就是为谁生产的问题。

稀缺性是人类在各个社会和各个时期都会面临的永恒问题,所以,选择"生产什么""如何生产"和"为谁生产"的问题,成为人类社会所必须解决的基本问题。这三个问题被称为资源配置问题。

经济学是为解决资源稀缺性问题而产生的,因此,经济学所研究的对象就是由资源稀缺而引起的选择问题,即资源配置问题。也正是在这种意义上,许多经济学家把经济学定义为研究稀缺资源在各种可供选择的用途之间进行分配的科学。

3.为什么有时生产的大炮与黄油只能在G点？如何使生产的大炮与黄油达到H点？

人类社会往往面临这样一种矛盾：一方面资源是稀缺的；另一方面稀缺的资源还得不到充分的利用。20世纪30年代大萧条时期，西方发达国家普遍存在资源的浪费，使得大炮和黄油的产量无法达到生产可能性边界线上（只能在图1-1中的G点）；当经济缺乏效率时，也会产生这种后果。因此，要使社会处在生产可能性边界上，必须充分利用现有的经济资源和提高经济效率。

人类社会为了发展，也不能仅仅满足于达到生产可能性边界的水平，还要使既定的资源生产出更大的产量（如达到图中的H点），这样，资源的稀缺性引出了另一个问题：资源利用。即如何更好地利用现有的稀缺资源，使之产出更多的产品，这是**宏观经济学**（Macroeconomics）研究的主要内容。

> **宏观经济学**（Macroeconomics）研究整体经济现象，包括通货膨胀、失业和经济增长，解决经济资源的充分利用问题。

大炮与黄油的矛盾引出稀缺资源不仅存在合理配置的问题，还存在充分利用的问题。微观经济学在假定资源已实现充分利用的前提下分析如何达到最优配置，而宏观经济学则是在假定资源已实现最优配置的前提下分析如何达到充分利用，两者共同构成了经济学的整体。从"大炮与黄油的矛盾"这一古老但实用的经济学成语中我们可以引出经济学的完整定义，**经济学**（Economics）是一门研究如何合理配置和充分利用稀缺资源，以更好地满足人类无限欲望的社会科学。

> **经济学**（Economics）是一门研究如何合理配置和充分利用稀缺资源，以更好地满足人类无限欲望的社会科学。

二、回顾经济学发展的三个里程碑

随着人类社会的不断发展，经济学一直在变化着。在前资本主义社会，由于生产力水平不高，自然经济占统治地位，一些经济思想家对当时的经济问题提出过他们的见解，但都比较零散，缺乏科学性、系统性。资本主义诞生以来，由于社会生产力的快速发展，客观上要求人们去发现经济发展的一般规律。当时在西方应运而生了许多不同的经济学说和流派，试图对经济现象作出合理解释。

最先登场的是重商主义学说。该学说认为，财富就是贵重金属，流通领域中交易着的都是财富。因此，国家重视商业流通，采取各种方法限制贵金属的流出，并对经济活动积极保护。

随着资本的原始积累，到了17世纪下半叶，西方国家尤其是英国的纺织、采煤、冶金、炼铁、造船等工业都有了较快的发展，资本主义工业也已进入工场手工业阶段。社会财富的增长不再单纯表现为货币的积累，而更表现为社会再生产过程中创造出来的物质财富的增加。在这一背景下，重商主义已不能完全解释资本主义的发展。经济思想家也从对流通的研究转移

>
> 画出一条生产食物和衣服的生产可能性边界。标出一个有效率点、一个无效率点和一个不可能实现的点。

到对生产、分配、交换、消费各个社会再生产过程的研究上来。1776年，亚当·斯密（Adam Smith）所著的《国民财富的性质和原因的研究》（简称《国富论》）一书的发表，标志着真正意义上的西方经济学的开始。《国富论》的主要思想是：任何一个部门的劳动都是国民财富的源泉，并主张国家应对经济活动采取自由放任的态度。然而，斯密对于一些简单的经济现象却不能给出合理的解释。比如：不同年代的葡萄酒价格怎么相差那么大？既然价值取决于劳动，那么一瓶酒生产出来以后，其中的劳动是一定的，价格应该一样，可是在日后的销售中，价格相差却太大。再如，凡·高的作品可以卖到几千万美元以上，这个价格中又包含了什么呢？因此，随后在1871—1874年出现了边际效用论。边际效用论认为价值的决定不是客观的，而是取决于人们对商品的主观评价。在我们的生活中也的确存在这样的事实：同样的一件东西，有人认为它身价百倍，有人认为它一钱不值。实际上，边际效用论强调需求和消费对价格的决定作用，而劳动价值论则是强调生产和供给。这两者如何并存呢？英国经济学家阿尔弗雷德·马歇尔（Alfred Marshall）在他的《经济学原理》中引入均衡的概念，把这两种理论结合到一起，对西方社会产生了极大的影响，从而引出经济学发展的第一个里程碑——微观经济学（亦称新古典经济学）。

1. 微观经济学

一般认为，微观经济学的奠基者是英国经济学家阿尔弗雷德·马歇尔，他首次系统地将数学分析工具用于构建完整的微观经济学分析框架，被认为是经济学中具有里程碑性质的成就。在他之后，一些经济学家如约翰·贝茨·克拉克（John Bates Clark）、欧文·费雪（Irving Fisher）等相继提出的在完全竞争条件下的边际生产力分配论、效用理论、报酬递减理论、无差异曲线理论和方法等，进一步丰富和发展了微观经济学理论体系。

微观经济学的体系很严密，从基本的前提假定出发，用数学工具来分析经济问题。它的前提之一：人都是理性的人，都追求私利，以最小的投入追求利益的最大化；前提之二：完全竞争假设，即经济中不存在垄断；前提之三：信息完全假设，要想实现利益的最大化，就必须有良好的信息传递机制，即价格机制。因为价格每时每刻都会根据供求发生变动，它可以传递全部供求信息，这就是亚当·斯密所说的"有一只看不见的手，在控制着成千上万人的行为"；前提之四：市场出清假设，指供给和需求刚好相等时的状态。通过以上假设可以得出：市场可以自我调节，国家不应该进行干预，这样的机制就能创造出一个理想的经济社会。

2. 宏观经济学

从18世纪的亚当·斯密到后来20世纪的阿尔弗雷德·马歇尔，经济学家一直坚信市场上"看不见的手"的原则，主张采取放任自流的经济政策，"商品供给自行创造需求"。然而，在1929—1933年爆发了一场历史上从未有过的经济危机，整个资本主义世界陷入了举步维艰的境地：商品积压、物价暴跌、工厂倒闭、工人失业。这场危机使整个工业状况倒退到了1908年的水平，20多年积累的财富荡然无存。这场震撼世界的经济危机给传统的经济理论以沉重的打击，传统的经济学家对这一现象无法解释，也拿不出如何摆脱危机的政策。这时，西方国家不得不干预经济生活，以保持政治上的稳定，那么这种干预的理论依据是什么呢？凯恩斯经济理论就此诞生了。

1936年英国经济学家约翰·梅纳德·凯恩斯（John Maynard Keynes）发表了《就业、利息和货币通论》（简称《通论》）一书，主张加强政府的宏观管理。他的理论得到了当时以美国为首的西方国家的认可，并被付诸实践，这就是所谓的凯恩斯革命——标志着经济学发展史上的又一个里程碑，并从实际上宣告了宏观经济学的诞生。

严格来说，在凯恩斯以前，并没有宏观经济学，因为新古典的微观经济学告诉我们，只要在微观上市场是供求均衡的，在宏观上就不会出现总量的不平衡；即使出现，也是短暂的。而凯恩斯理论正式把"国家干预"引入经济学领域，给"看不见的手"一个相得益彰的伴侣——"看得见的手"。凯恩斯在他的著作中，推翻了新古典经济学的最终结论。他认为人不是理性的，尤其在大萧条时期，人们普遍具有"羊群心理"，同时信息也是不对称的，其中一个重要假设是：价格是僵化的，市场是不均衡的；商业需要政府的干预来帮助。

既然凯恩斯对新古典经济学进行了革命，那么到今天为什么新古典经济学仍然存在呢？这要归功于美国经济学家保罗·萨缪尔森（Paul A Samuelson），他在《经济学》（至今被奉为全球经济学之圣经）一书中把新古典经济学和凯恩斯理论进行了综合，即新古典综合经济学。

二战以后，"新古典综合派"充当西方主流经济学的角色，一直持续到20世纪60年代中期。但到了70年代，世界经历了严重的石油危机。国际油价大幅上升，西方出现严重的经济"滞胀"现象。按照凯恩斯的理论，失业和通货膨胀不可能同时存在。"滞胀"的出现给新古典综合派一次沉重的打击——它对于经济"滞胀"无法在理论上给予解释，因此也不能提出相应的政策措施。在这种背景下，货币主义和理性预期学说流行起来了。

3. 货币主义和理性预期学派

货币主义学派的代表人物是获得1976年诺贝尔经济学奖的美国经济学家米尔顿·弗里德曼（Milton Friedman），他是一名坚定的自由主义者。货币主义对凯恩斯理论提出质疑和挑战，主要观点是坚持经济自由主义，反对

国家过多干预。货币学派认为,市场经济中的波动与政府干预有很大关系。如果让价格自由发挥其传递信息、激励和分配收入的作用,那么,市场将出现最好的资源配置效率,个人和社会可以谋得最大福利;但如果政府干预经济,就将破坏市场机制的作用,阻碍经济发展,甚至造成或加剧经济的动乱。不过,政府仍要充当"守夜人"角色,还要保护产权和契约的执行,促进市场的完善。

然而,任何具有稳定作用的货币政策,在预期面前都是黯淡的。因为如果信息充分,当政府实施一项政策时,人们已经能准确地预期到政府会做什么,那么政府的政策会失效,这时人们的对策和政策同时会起作用,预期成为理性。这就是在经济学发展史上带来深远影响的理性预期学派的主要观点,它是货币主义学派的一个分支,其代表人物是1995年诺贝尔经济学奖获得者美国经济学家罗伯特·卢卡斯(Robert Lucas)。经济学家们继承并发展了以卢卡斯为代表的理性预期学派,坚持市场完善和理性预期是可以被接受的理论假说,被称为"新古典主义"经济学派。

总之,从统一的政治经济学到微观经济学的兴起、宏观经济学的产生,再到新古典主义经济学派的问世,基本描画出了经济学一百多年来的发展轨迹,微观经济学、宏观经济学和新古典主义经济学派也成为经济学百年发展的三个里程碑式的成就。

三、从马克思到凯恩斯的十大经济学家

西方经济学作为一种理论形态已经有近三百年的历史,在此期间,涌现出许多著名的经济学家,他们的理论思想为人类社会的发展和繁荣作出了巨大的贡献。在此,我们一起沿着经济史的长河来研读从马克思到凯恩斯十位经济学家的生平和贡献。

1. 卡尔·马克思(1818—1883)

德国政治哲学家及社会理论家,马克思主义创始人,经济学家。

马克思出生的年代,正是资本主义矛盾积聚的时期。财富向少数人集中,而广大的工人中却出现了大量的贫困人口。工人和资本家的斗争从改善生活到争取政治权利,工人运动急需理论的指导。

1867年,马克思写出了奠定自己在经济学史上巨人地位的著作《资本论》,成为第一位最全面地分析资本主义制度和资本主义制度影响社会生活方式的学者。在《资本论》中,他所做的就是"揭示现代社会经济运动的规律"。他认为,工人的劳动是剩余价值的最终来源。随着经济危机的日趋严重和工人阶级的成长,资本主义制度最终必然灭亡,社会主义是人类社会的美好未来。

> **即问即答**
>
> 分别列举两个主要涉及微观和宏观的经济现象,并简述微观经济学和宏观经济学的区别和联系。

2. 马利·埃斯普里·里昂·瓦尔拉（1834—1910）

法国经济学家，边际学派经济思想的创始人，主要著作：《政治经济学和正义》。

瓦尔拉是边际效用概念的独立发现人之一，他认为价格取决于消费者的需求。他最著名的成果是创立了一般均衡经济模型，用数学公式表达价格系统的构成，对经济学进行了彻底的改革。这一均衡理论也被称为"瓦尔拉一般均衡"，至今仍是现代经济理论的重要组成部分。

3. 卡尔·门格尔（1840—1921）

奥地利著名经济学家，是19世纪70年代"边际革命"的三大发起者之一，经济科学中的奥地利学派当之无愧的开山鼻祖。主要经济著作：《国民经济学原理》（1871年）。

门格尔的学术生涯主要体现在他对主观价值的贡献上，这在当时的资产阶级经济学界产生了较为广泛的影响。19世纪80年代，他的周围出现了一大批追随者，并成为强有力的奥地利学派。他与英国的杰文斯、法国的瓦尔拉同时发现了边际效用原则。但是，门格尔用通俗的方法传播主观价值论，其影响远远超出了其他两人。

4. 阿尔弗雷德·马歇尔（1842—1924）

当代经济学的创立者，现代微观经济学体系的奠基人，剑桥学派和新古典学派的创始人，19世纪末20世纪初英国乃至世界最著名的经济学家。主要著作：《经济学原理》《经济学精义》《关于租金》等。

马歇尔继承了由斯密开创、李嘉图发展的古典经济学的自由主义传统，出版了划时代的巨著《经济学原理》。在这本书中，他建立起了消费者理论、生产者理论和市场竞争均衡分析理论，还提出一些重要的经济学概念如消费者剩余、准地租、需求弹性和代理公司等。他的理论奠定了新古典经济学的理论体系，坚定了当时人们对自由市场经济体制的信心。

5. 维尔弗雷多·帕累托（1848—1923）

意大利经济学家、社会学家。

以帕累托的名字命名的帕累托最优理论，主要含义是：如果一个经济体不是帕累托最优，则存在一种情形——有些人可以在不使其他人的境况变坏的情况下使自己的境况变好。帕累托的另一个贡献是著名的帕累托法则——80/20法则。帕累托发现意大利20%的人口拥有80%的财产，并且这种趋势存在普遍性。例如，在企业中，通常认为它80%的利润来自20%的项目或重要客户；心理学家认为，20%的人身上集中了80%的智慧；推而广之，我们可以认为，在任何大系统中，80%的结果是由该系统中约20%的变量产生的。

6. 欧根·冯·庞巴维克（1851—1914）

奥地利经济学家，奥地利学派经济学说的全面发展者，20世纪初最重要的资本理论专家。

他的《资本与利息》一书已成为经济学经典著作，被称为"科学发展史上最重要、最有创造性的著作"。在书中，他提出用贴现理论来解释利息的实质。资本的出现使得生产能力和效率大大提高，因此资本家必须要付出代价，支付利息。

7. 弗兰克·威廉·陶雪格（1859—1940）

生于捷克，后移民到美国，著名经济学家。1883年获哈佛大学经济学博士学位。他曾以美国总统威尔逊经济顾问的身份，出席巴黎和会，并被推荐为《凡尔赛和约》经济条款的起草人之一。他的主要贡献是对国际贸易中关税的研究。主要著作有：《美国对幼稚工业的保护：一项经济史研究》《美国关税史》《国际贸易》等。

8. 欧文·费雪（1867—1947）

美国经济学家、数学家，经济计量学的先驱者之一，美国第一位数理经济学家，耶鲁大学教授。主要经济著作：《资本和收入的性质》《利息率》《利息理论》《通货膨胀》等。

欧文·费雪第一个揭示了通货膨胀率预期与利率之间的关系，提出了"费雪效应"，即当通货膨胀率预期上升时，利率也将上升。通俗地解释：假如银行储蓄利率为5%，某人的存款在一年后就多了5%，是说明他富了吗？这只是理想情况下的假设。如果当年通货膨胀率是3%，那他只富了2%的部分；如果是6%，那他一年前100元能买到的东西现在要106元，而存了一年的钱只有105元，他反而买不起这个东西了！据此，他还提出一个利率计算公式：名义利率=实际利率+通货膨胀率。

9. 韦斯利·克莱尔·米切尔（1874—1948）

美国经济学家。主要著作：《商业周期》《商业周期的测量》《景气循环》。

他一生的大部分时间致力于经济周期理论的研究，利用实际数据分析了经济周期繁荣、萧条、衰退和复兴各阶段的特征。另外，他在经济思想史方面的贡献也是巨大的。

10. 约翰·梅纳德·凯恩斯（1883—1946）

英国经济学家、金融家、记者，经济学界最具影响力的人物之一。主要著作：《货币论》《就业、利息和货币通论》《货币改革论》等。

前面提到，20世纪30年代初的资本主义经济危机使全世界陷入恐慌，市场那只"看不见的手"已不能解决当时的问题。这时，凯恩斯出版了让他留名青史的巨著——《就业、利息和货币通论》，创立了现代宏观经济学的

理论体系，实现了西方经济学演进中的一次革命，成为西方经济学史上具有划时代意义的事件。

> **即问即答**
> 当代知名经济学家有哪些？你能说出他们的贡献和代表著作吗？

四、探知经济学发展的最新动态

众所周知，诺贝尔经济学奖是当今世界上最有影响力的经济学奖项，被称为当代经济学家的"王冠"。从1969年全球首届诺贝尔经济学奖颁发以来，有许多经济学家获此殊荣。让我们一起历数2010年以来诺贝尔经济学奖得主及其贡献（见表1-2），来探知经济学发展的最新动态。

表1-2 2010—2021年诺贝尔经济学奖得主及其贡献

年 份	人 物	国 籍	贡 献
2010	彼得·戴蒙德 戴尔·莫特森 克里斯托弗·皮萨里德斯	美 美 英	凭借对经济政策如何影响失业率理论的分析而获奖；三人建立的经济模型有助于人们理解"规章制度和经济政策如何影响失业率、职位空缺和工资"
2011	克里斯托弗·西姆斯 托马斯·萨金特	美	西姆斯研究短期经济政策的作用，反映出对宏观政策效果的关注；萨金特在宏观经济模型中预期的作用、动态经济理论与时间序列分析的关系等研究领域颇有建树
2012	埃尔文·罗斯 罗伊德·沙普利	美	因在稳定配置理论和市场设计实践上作出的贡献而获奖。沙普利的研究重点是如何使双方不愿打破当前的匹配状态，以保持匹配的稳定性；而罗思发现"稳定"是理解特定市场机制成功的关键因素
2013	尤金·法马 拉尔斯·皮特·汉森 罗伯特·J.席勒	美	因对资产价格的实证分析取得显著成就而获奖。他们的研究成果奠定了人们目前对资产价格理解的基础，资产价格一方面依赖波动风险和风险态度，另一方面也与行为偏差和市场摩擦相关
2014	让·梯若尔	法	在博弈论、产业组织理论和激励理论均做出了开创性的贡献，并因对市场力量与调控领域研究的贡献而获奖
2015	安格斯·迪顿	美	因对消费、贫困和福利的分析而获奖，提供了定量测量家庭福利水平的工具，以此更准确地定义和测量贫困，对更加有效地制定反贫困政策具有重要意义
2016	奥利弗-哈特 本特-霍斯特罗姆	美	因对契约理论的贡献而获奖，对最优契约安排的分析完善了很多政策和制度的制定
2017	理查德·H.塞勒	美	为个人决策的经济和心理分析之间搭建了一座桥梁，帮助行为经济学创造了一个快速发展的新领域
2018	保罗·M.罗默 威廉·D.诺德豪斯	美	将气候变化和技术革新的因素融入宏观经济学分析之中，以创造长期可持续的经济增长
2019	阿比吉特·巴纳吉 埃丝特·迪弗洛 迈克尔·克雷默	美	利用实验性方法在全球脱贫方面做出贡献
2020	保罗·米尔格罗姆 罗伯特·威尔逊	美	改进拍卖理论，发明同步多轮拍卖的新拍卖形式，使更多买方卖方和纳税人受益
2021	大卫·卡德 约书亚·安格里斯 吉多·伊本斯	美	提供了关于劳动力市场的新见解，展示了从自然实验中可以得出哪些因果结论，彻底改变了经济科学领域的实证研究

从表1-2中发现，诺贝尔经济学奖得主的研究涵盖经济学领域多个方面。他们获奖的理由，或是因为建立了一种新的分析方法，或是提出了不同、角度各异的为当代经济学的发展作出了独创性或奠基性的学说。从横向上覆盖了微观经济学、宏观经济学、国际经济学和发展经济学四大部分；从纵向上包括了经济理论、数理经济学、计量经济学、信息经济学、行为经济学、福利经济学、气候经济学和经济心理学等多个层面；从流派上涉及剑桥学派、奥地利学派、瑞典学派、芝加哥学派、图卢兹学派新古典综合派等欧美经济学众家之说。因此说，获奖的经济学家的理论基本上代表了西方经济学的主要成就、最高水平，对西方经济学的发展有相当大的影响，带动着西方经济学的发展走势。这种走势主要表现为：

1. 数学在经济学中得到广泛而深入的应用

20世纪以来，数学在经济学中的应用是如此的专门化、技术化、职业化甚至到了登峰造极的程度，已经成为经济学发展的主流趋势。

1980年诺贝尔经济学奖获得者劳伦斯·克莱因（Lawrence R. Klein）从50年代开始提出最早的宏观经济计量模型，为宏观经济的研究开辟了新视野。此后随着大型计算机的诞生和使用，经济结构的各种参数得以推算出来，为制定政策提供了依据。第一代计量经济学家采用较为严密的经济学方法论，主要研究"宏观"经济学领域，而在"微观"经济研究方面加里·贝克尔（Garys Becker）是第一人，他将经济计量原则首次引入原来无法以数学来计量的领域，如爱情、利他主义、慈善和宗教虔诚等，并获得了巨大成功。

博弈论作为现代数学的一个重要分支，其在经济学中的应用也颇为广泛。20世纪80年代以来，博弈论逐渐成为主流经济学的一部分，甚至可以说已成为微观经济学的基础，还有人试图以博弈论语言重建整个微观经济学。博弈论研究的内容主要是决策主体的行为发生直接相互作用时的决策以及该决策的均衡问题。借助于博弈论这一强有力的分析工具，"机制设计""委托—代理""契约理论"等已被推向当代经济学的前沿。2012年以及2017年的诺贝尔经济学奖就授予运用博弈论分析解决问题的经济学家。

2. 研究领域的非经济化趋势

在经济学演变中出现了一个引人注目的现象，即研究领域逐渐超出了传统经济学的分析范畴，分析对象也几乎扩张到所有人类行为，小至生育、婚姻、离婚、家庭、犯罪，大至国家政治、投票选举、制度分析。一些诺贝尔经济学奖得主成功地从政治学、法学、社会学和心理学等不同角度来分析经济问题。

国际经济学——将经济分析的视野从一国扩展到其他国家，直至全世界；发展经济学——将微观经济学、宏观经济学理论运用到分析发展中国家的经济问题;现代宏观经济学和宏观经济政策,以传统宏观经济学为基础,是凯恩斯体系中分离的产品市场和货币市场相结合的结果;现代微观经济学和微观经济政策,也在传统微观经济学的基础上得到进一步的发展。

3. 理论研究贴近现实,为解决实际问题作出贡献

从诺贝尔经济学奖获奖趋势来看,经济学研究从传统理论开始走向现实,作为一门社会科学,更加关注怎样解决重大现实问题,为制定政策、实施治理提供经验。2017年诺奖颁给了行为经济学,获奖者理查德·泰勒把心理学的现实假设融入经济学的决定分析,发现了人类特质是如何影响个人决定,以致影响市场效果,并作出了很多重要贡献。2018年颁给了气候经济学,获奖者保罗·罗默和威廉·诺德豪斯在创新、气候和经济增长方面作出了杰出贡献。2019年颁给了发展经济学,获奖的三位经济学家在减轻全球贫困研究领域作出了突出贡献。2020年颁给了拍卖经济学,获奖的两位经济学家改进了拍卖理论,发明了同步多轮拍卖的新拍卖形式,使世界范围的买方卖方和纳税人受益。2021年颁给了劳动经济学和因果关系分析,获奖者分析了最低工资、移民和教育对劳动力市场的影响,证明了"自然实验"可以用来回答社会科学中涉及因果关系的问题。

经济学一直以来就是学以致用的学科,我们看到,无论经济学怎么发展,都是从解决现实的经济问题出发,并将随着人类历史的发展和演变而变化。可以预见,未来一段时间,诺贝尔经济学奖可能还会继续关注重大现实问题,同时,我们也会看到更多更新的理论出现在经济学的最高殿堂中,为人类发展和社会进步提供更多有益的经验。

> **相关链接**
>
> 诺贝尔奖是以瑞典著名的化学家、硝化甘油炸药的发明人阿尔弗雷德·贝恩哈德·诺贝尔(Alfred Bernhard Nobel)的部分遗产(3 100万瑞典克朗)作为基金创立的。诺贝尔奖分设物理、化学、生理或医学、文学、和平五个奖项,以基金每年的利息或投资收益授予前一年世界上在这些领域对人类作出重大贡献的人,1901年首次颁发。1968年,瑞典国家银行在成立300周年之际,捐出大额资金给诺贝尔基金,增设"瑞典国家银行纪念诺贝尔经济科学奖",通常称为诺贝尔经济学奖(Nobel economics prize),也称瑞典银行经济学奖。1969年首次颁发,由挪威人拉格纳·弗里希和荷兰人扬·廷贝亨(Jan Tinbergen)共同获得。

即问即答

说说你所了解的经济学和诺贝尔经济学奖。

第二节 | 如何像经济学家一样思考

一、人们面临权衡取舍

资源的稀缺性决定了人们必须面临权衡取舍。哈佛大学经济学教授、美国经济学家N.格里高利·曼昆（N. Gregory Mankiw）在其风靡世界的《经济学原理》一书中阐述了经济学十大原理。十大原理之首即是"人们面临权衡取舍"。曼昆用简洁通俗的语言写道：天下没有免费的午餐。为了得到一件喜爱的东西，我们通常不得不放弃另一件喜爱的东西。做出决策就是要求我们在一个目标与另一个目标之间进行权衡取舍。

考虑一个学生必须决定如何分配她最宝贵的资源——时间。她可以把所有时间用于学习英语，也可以把所有用于学习经济学，或者把时间在这两个学科之间进行分配。她把某一小时用于学习一门课时，就必须放弃本来可以学习另一门课的一小时。相对地，对于她用于学习功课的一小时，她都要放弃本来可以用于睡眠、娱乐或做兼职赚些零花钱的时间。

再扩大一点范围，我们还可以考虑一个家庭里父母如何使用他们的家庭收入。他们可以购买食物、衣服或者出去旅游，也可以为退休或者孩子的教育储蓄一部分收入。当他们选择把额外的一块钱用于上述用途中的一种时，他们在某种其他用途上就要少花一块钱。

当人们组成社会时，他们同样要面临各种不同的权衡取舍。经典的劝和取舍是在"大炮与黄油"之间：把钱多用于国防（大炮），以保卫国家免受入侵时，我们能用于提高国内水平的消费品（黄油）就会变少。现代社会里，同样重要的还有环境保护和经济发展的权衡取舍：环境保护法要求企业减少污染，企业就需要在生产过程中投入更多的成本。然后，由于企业生产成本变高，后期的利润就少了，所以企业支付给员工的工资就会一定程度地降低。由此看出，尽管污染管制让我们有了更好的环境，但是也付出了相应的代价：人们的收入降低。

社会面临的另一种权衡取舍是在效率与平等之间：效率是指社会能从有限的稀缺资源中得到多少东西，平等是指将这些资源的成果公平地分配。换句话说，效率是指经济蛋糕的大小，平等是指如何分割这块蛋糕。但是这两个目标的实现过程往往是不一致的。例如，我们来考虑如何实现更平等地分配经济福利：如福利制度或失业保障，是要帮助那些最需要帮助的社会成员。如个人所得税，是要求经济上成功的人士，对政府给予比其他人更多的支持。虽然这些政策对实现更大的平等有好处,但它付出的代价是降低效率。当政府把富人的收入再分配给穷人时,就减少了对辛勤工作的奖励;结果,人们工作少了,生产的物品与劳务也少了。换句话说,当政府想要把经济蛋糕切为更均等的小块时,这块蛋糕本身也变小了。

一个学生不应该仅仅为了要增加学英语的时间而放弃经济学的学习。社会不应该仅仅为了提高物质生活水平而忽略对环境的保护,也不应该仅仅为了帮助穷人而扭曲了工作激励机制。认识到生活中的权衡取舍是重要的,人们只有了解了所面临的选择,才能更好地做出决策。

> **即问即答**
> 列举三个你在生活中面临的重大权衡取舍的例子。

二、某种东西的成本是为了得到它所放弃的东西

由于人们面临着权衡取舍,所以做出决策就要比较可供选择的行动方案的成本与收益。但在许多情况下,某种行动的成本并不像乍看时那么明显。

例如,考虑是否上大学的决策。利益是使知识丰富和一生拥有更好的工作机会。但成本是什么呢?要回答这个问题,你会想到把你用于学费、书籍、住房和伙食的钱加总起来。但这种总和并不真正代表你上一年大学所放弃的东西。你的这种计算方法存在两个问题。这个答案的第一个问题是,它包括的某些东西并不是上大学的真正成本。即使你离开了学校,你也需要有睡觉的地方,要吃东西。只有在大学的住宿和伙食比其他地方贵时,贵的这一部分才是上大学的成本。实际上,大学的住宿费与伙食费可能还低于你自己生活时所支付的房租与食物费用。在这种情况下,住宿费与伙食费的节省是上大学的收益。这种成本计算的第二个问题是,它忽略了上大学最大的成本——你的时间。当你把一年的时间用于听课、读书和写论文时,你就不能把这段时间用于工作。对大多数学生而言,为上学而不得不放弃的工资是他们受教育的最大单项成本。

机会成本(Opportunity Cost)
是为了得到这种东西所放弃的东西。

一种东西的**机会成本(Opportunity Cost)**是为了得到这种东西所放弃的东西。机会成本不是我们通常意义上的成本,因为它不是一种支出或费用,而是在做出选择时失去的收益。这种收益不是实际发生的,而是潜在的。例如在投资方案的选择中,一笔资金,可以把它存在银行里,也可以把它投入到企业运营中。假设选择的是把它投入运营中,那么这笔资金储存的银行利息就是把资金投入企业运营的机会成本。如果选择了一个投资方案,则必须放弃投资于其他途径的机会。那么其他投资机会可能取得的收益是实行本方案的一种代价,被称为这项投资方案的机会成本。

人们在考虑到机会成本时，所做的决策会更明智。例如，考虑是否上大学时，决策者应该认识到伴随每一种可能的行动而来的机会成本。实际上，决策者通常是知道这一点的。那些到了上大学的年龄的运动员如果退学，转而从事职业运动就能赚几百万美元，他们深深认识到，他们上大学的机会成本极高。他们往往如此决定：不值得花费这种成本来获得上大学的利益，这一点也不奇怪。

> **即问即答**
>
> 你正计划用星期六的时间去做兼职，但一个朋友请你去看电影。去看电影的成本是什么？

三、理性人考虑边际量

理性人（Rational People），即所谓"经济人"，是对在经济社会中从事经济活动的所有人的基本特征的一个一般性抽象。这个被抽象出来的基本特征就是：每一个从事经济活动的人都是利己的。也可以说，每一个从事经济活动的人所采取的经济行为都是力图以自己最小经济代价去获得最大的经济利益。"边际"这个词在经济学中很常见，经济学家把所研究的各种变量分为自变量和因变量，自变量是最初变动的量，因变量是由于自变量变动而引起变动的量。自变量发生一定变动引起的因变量变动值称为边际量。在很多问题的决策中，人们往往考虑的不是成本和收益的总量，而是增加量，即边际量，即理性人通常通过比较边际收益和边际成本来做决策。

○ **理性人**（Rational People），即所谓"经济人"，是对在经济社会中从事经济活动的所有人的基本特征的一个一般性抽象。

小李最近正在考虑业余时间的学习安排，在选择电脑培训班还是会计培训班之间犹豫不定。假设电脑班收费5 000元，会计班收费3 000元。利用业余时间学习，不考虑机会成本，小李该上哪个培训班呢？

小李参加某个培训班所增加的成本称为**边际成本**（Marginal Cost，MC），把从这项活动中得到的好处称为**边际收益**（Marginal Revenue，MR）。如果边际收益大于（至少等于）边际成本，就可以从事这项活动；如果边际收益小于边际成本，就万万不可从事这项活动。我们可以用这种方法来给小李出主意。参加电脑班的边际成本是5 000元，参加会计班的边际成本是3 000元，因此，只要参加电脑班后增加的收入——边际收益大于或等于5 000元，参加会计班后增加的收入——边际收益大于或等于3 000元，参加这两个班就是有利的。如果参加两个班都是边际收益大于边际成本，当然是选择大得多的那一个班了。

○ **边际成本**（Marginal Cost，MC）原指企业最后增加一单位产品产量所增加的成本。这里延伸为从事某项额外活动多支出的成本。

○ **边际收益**（Marginal Revenue，MR）原指企业最后增加一单位产品销售量所增加的收益。这里延伸为从事某项额外活动得到的好处。

下面我们再运用边际的思维解释我们生活中一种常见的现象——假日经济现象：许多大型零售商场在节假日期间会延长自己的营业时间，而平时却不延长。

从理论上说商场延长1小时的营业时间，就要支付1小时所耗费的成本，这种成本既包括直接的物耗，如水、电等，也包括由于延时而需要支付给售货员的加班费,这种增加的成本就是边际成本。假如延长1小时增加的成本是1万元,在延时的1小时里他们由于卖出商品而增加的收益大于1万元,即边际收益大于边际成本,那么作为一个精明的企业家他就应该将营业时间延长,因为这是他能赚却还没赚到手的钱!节假日里人们有更多的时间去旅游购物,使商场的收益增加,而平时工作紧张、家务繁忙,人们没有更多时间和精力去购物,就是延时服务也不会有更多的人光顾,增加的销售额不足以抵偿延时所增加的成本。这就运用了边际的思维解释了商场在节假日延长营业时间而在平时不延长的经济学道理。

四、一国的生活水平取决于它生产物品与劳务的能力

通过电视和网络的新闻报道,人们经常将不同国家之间的居民生活水平进行对比。有的国家,居民生活富裕、安定,而有的国家,居民的生活还处于艰辛与贫穷之中。尽管每一个国家都有富人和穷人,但如果进行整体比较,还是能够看出国家与国家生活水平之间的差异。比如,一些欧洲国家和一些非洲国家之间,其贫富差距是显而易见的。那么,一个国家的生活水平,说到底,究竟是由什么决定的呢?这就涉及一个重要的经济学概念:生产率。

> **生产率(Productivity)** 表示产出与投入比率的术语,总产出除以劳动投入即劳动生产率。

生产率(Productivity),是用来表示产出与投入比率的术语,总产出除以劳动投入是劳动生产率。如果相同数量的投入生产了更多的产出,则表示生产率提高了,相反,如果相同数量的投入所带来的产出下降了,则表示生产率下降了。对于劳动者而言,其劳动生产率水平可以用单位时间内所生产的产品的数量来表示,也可以用生产单位产品所耗费的劳动时间来表示。单位时间内生产的产品数量越多,劳动生产率就越高,反之,则越低;生产单位产品所需要的劳动时间越少,劳动生产率就越高,反之,则越低。曼昆引用著名小说《鲁滨孙漂流记》的例子来说明生产率的概念。如果克鲁索能够在固定的时间内捕到更多的鱼,那么他的生活水平就会提高。这对于一个国家同样适用。一个国家只有在相同的时间里生产更多的物品与劳务,它的成员才能享受更高的生活水平。在那些单位时间内工人能生产大量物品与劳务的国家,大多数人能够享有较高的生活水平;而在那些生产率水平较低的国家,大多数人则必须忍受贫困的生活。那么,不同水平的生产率,又是由哪些因素决定的呢?

劳动生产率

劳动生产率（Labour Productivity）是指劳动者在一定时期内创造的劳动成果与其相适应的劳动消耗量的比值。劳动生产率水平可以用同一劳动在单位时间内生产某种产品的数量来表示，单位时间内生产的产品数量越多，劳动生产率就越高；也可以用生产单位产品所耗费的劳动时间来表示，生产单位产品所需要的劳动时间越少，劳动生产率就越高。

全员劳动生产率指根据产品的价值量指标计算的平均每一个从业人员在单位时间内的产品生产量。是考核企业经济活动的重要指标，是企业生产技术水平、经营管理水平、职工技术熟练程度和劳动积极性的综合表现。我国的全员劳动生产率是将工业企业的工业增加值除以同一时期全部从业人员的平均人数来计算的。计算公式为：

全员劳动生产率＝工业增加值/全部从业人员平均人数。

具体来说，决定劳动生产率高低的因素主要包括：(1)劳动者的平均熟练程度：劳动者的平均熟练程度越高，劳动生产率就越高。它包括劳动实际操作技术以及劳动者接受新技术的能力；(2)科学技术的发展水平：科学技术发展得越快，在生产中运用得越广泛，劳动生产率也就越高；(3)生产过程的组织与管理：主要包括劳动者的分工协作，以及工艺和经济管理方式；(4)生产资料的规模与效率：主要包括劳动工具的使用效率，原材料和动力燃料等的利用程度；(5)自然条件：主要包括与生产有关的地质状态、资源分布、气候条件等。将这些影响生产力水平的要素综合起来，可以帮助我们理解不同国家之间的生产率状况，并对当今世界不同国家之间的生活水平差异有更进一步的认识。

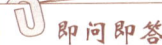

你还了解哪些经济学原理或者经济学思维！请分享一二，谈谈你的理解。

 **阅读材料**

理性成就快乐：像经济学家那样思考

在日常生活中，每个人其实都在自觉不自觉地运用着经济学知识。比如在自由市场里买东西，我们喜欢与小商小贩讨价还价；到银行存钱，我们要想好是存定期还是活期。在日常生活中，我们还常常烦扰于别人为什么挣得比我多，总是觉得自己得到的比应得的少，而经济学却告诉我们这样的感觉是庸人自扰,也是错误的。经济学认为别人比自己挣得多是正常的,自己得到的就是应得的,如果自己不能理性地坦然面对,只会给自己的生活带来不必要的烦扰和忧愁。

我们之所以在日常生活中遇到这样或那样的烦扰,主要还是因为对经济学有一些误解,这可能是经济学说起来比较简单的缘故。"供给与需求""价格""效率""竞争"等都是大家耳熟能详的经济学词汇,而且这些词汇的意思也是显而易见的,因此,很多时候,似乎人人都是经济学家。人们不敢随便在一个物理学家或数学家面前班门弄斧,但在一个经济学家面前,谁都可以就"车价跌了该高兴还是该郁闷"等实际问题随意发表自己的见解。其实,经济学中有许多并非显而易见的内容,并不是每个人想象得那么简单。在经济学领域,要想从"我听说过"进入到"我懂得"的境界并不是一件轻而易举的事情。

因此,掌握正确的经济学知识,将经济学思考问题的方法运用到日常生活中来,使我们能够更加理性地面对生活中的各种琐事,小到油盐酱醋,大到谈婚论嫁,就会减少生活中的诸多郁闷和不快,多一些开心,多一些欢笑。

资料来源:根据一系列相关资料整理。

复习思考题

一、单项选择题

1. 资源的稀缺性是指( )。
   A. 世界上的资源最终会由于人们生产更多的物品而消耗
   B. 相对于人们无穷的欲望而言,资源总是不足的
   C. 生产某种物品所需资源的绝对数量很少
   D. 资源绝对数量有限且不可再生
2. 生产可能性边界线以内的任何一点表示( )。
   A. 一国可以利用的资源稀缺   B. 资源没有得到充分利用
   C. 资源得到了充分利用   D. 无法实现
3. 现代微观经济学体系的奠基者是( )。
   A. 亚当·斯密   B. 阿尔弗雷德·马歇尔
   C. 约翰·梅纳德凯恩斯   D. 罗伯特·卢卡斯
4. 微观经济学解决的问题是( )。
   A. 资源配置   B. 资源利用
   C. 资源浪费   D. 单个经济单位如何实现最大化

5. 宏观经济学的中心理论是（　　）。
   A. 失业与通货膨胀理论　　　　　　B. 国民收入理论
   C. 经济周期与经济增长理论　　　　D. 宏观经济政策
6. "宏观经济学之父"是（　　）。
   A. 约翰·梅纳德·凯恩斯　　　　　B. 米尔顿·弗里德曼
   C. 维尔弗雷多·帕累托　　　　　　D. 欧文·费雪

二、应用分析题

1. 设想一个生产军用品和消费品的社会，我们把这些物品称为"大炮"和"黄油"。
   （1）画出大炮和黄油的生产可能性边界；
   （2）标出这个经济不可能实现的一点A，再标出可以实现但无效率的一点B；
   （3）设想这个社会有两个政党，称为鹰党（想拥有强大的军事实力）和鸽党（想拥有较弱的军事实力）。在生产可能性边界上标出鹰党会选择的一点C和鸽党会选择的一点D。
2. 把下列命题分别归入微观经济学和宏观经济学。
   （1）家庭把多少收入用于储蓄的决策；
   （2）分析外国竞争对本国汽车行业的影响；
   （3）企业关于雇用多少工人的决策；
   （4）通货膨胀率和失业率之间的短期权衡取舍。
3. 经济学三个里程碑阶段分别是什么？简述每一阶段的代表人物及著作。
4. 中外当代经济学家有哪些？你能说出他们的贡献和代表著作吗？
5. 列举三个你在生活中面临的重大权衡取舍的例子。
6. 你的姑妈正考虑开一家五金店，为此她辞去了年薪为5万元的会计师工作。经她计算，店面租金、购进货物和支付工人工资每年共需要50万元。
   （1）给机会成本下定义。
   （2）你姑妈经营五金店一年的机会成本是多少？
   （3）如果估算她一年的营业额可以达到54万元，她应该开这个店吗？解释原因。
7. 在我国，许多大商场和超市晚上仍开门营业，给白天工作繁忙的市民购物带来极大的方便。但是，我们很少见到银行把工作时间延长到晚上。对此，有市民在报纸上刊文批评，但仍没有见到情况有所改善。试运用边际思维解释这一现象。
8. 同自己的父母或祖父母一起讨论一下，比较今天的生活水平与消费方式和长辈那一代人有何不同之处。

实训项目

一、实训目标

1. 掌握通过网络获取经济信息的渠道和方法;
2. 理解选择的重要性,探知如何面对人生的选择;
3. 锻炼图书馆资源检索能力,提升阅读能力。

二、实训项目与要求

1. 网上冲浪——搜集并整理常用的经济(学)网站

项目要求:

(1) 认真搜集并归纳整理常用的经济学网址。

(2) 小组内交流:优选网站并提炼推荐词。

(3) 小组派代表推介网站:展示介绍网站并陈述推荐理由。

(4) 教师对各组推介结果进行归纳和点评。

2. 案例讨论——观看哲理视频"人生的选择"有感

项目要求:

(1) 归纳和总结视频案例中主人公是如何作答人生单选题的。

(2) 组内讨论:你面临的大大小小的选择,你是如何进行选择的?每次选择时会考虑哪些因素?是否自觉不自觉地运用了相关的经济学原理?

(3) 每人撰写一篇"如何面对人生的选择"的小论文(不少于1 000字)。

3. 阅读训练——经济学名人名著选读

项目要求:

(1) 在图书馆检索经济学经典著作(或经济学名人传记),每组不少于2本;

(2) 小组认真研读,做好读书笔记并组内共享。

(3) 小组派代表陈述主要收获与观点。

(4) 教师对各小组结果进行归纳和点评。

消费经济学
——做个明明白白的消费者

学习目标

- 理解供需调节经济的基本机制；
- 能够运用供需模型分析现实商品市场的量价变动；
- 理解"看不见的手"市场机制的运行规律；
- 了解生活中的边际效用递减现象；
- 掌握基数效用对消费者均衡的分析；
- 提升对身边市场波动变化的敏锐感，建立理性消费的经济思维。

运用供需工具分析小镇的冰淇淋市场，揭示亚当·斯密"看不见的手"调节经济的基本机制；解读萨缪尔森"幸福＝效用／欲望"方程式，从生活中水和钻石的价值悖论引出消费过程中的边际效用递减规律，分析消费者均衡，总结理性消费的若干原则，做个明明白白的消费者。

关键词汇索引

需求　需求定理　供给　供给定理　市场均衡　供求定理　效用　边际效用　总效用　边际效用递减规律　消费者均衡

第一节 | 某小镇冰淇淋市场的风云变幻

著名经济学家保罗·萨缪尔森在其史上最畅销的教科书《经济学》中这样写道："你甚至可以把一只鹦鹉培养成一位训练有素的经济学家，只需教会它两个单词，'供给'和'需求'。"萨缪尔森用夸张的语言说明了供给和需求这两个概念在经济学中的重要性。供需是使市场经济运行的力量，它们决定了市场中每种商品的产量及其出售的价格，可以说，供需分析是经济学家独有的也是最基本的思考问题的方式。本节我们将运用供需工具分析某小镇冰淇淋市场的风云变幻，进而揭示亚当·斯密"看不见的手"调节经济的基本机制。

一、冰淇淋的需求与供给

1. 冰淇淋的需求

（1）需求。

一种商品的**需求**（Demand）是指消费者在一定时期内，在不同价格水平下愿意并且能够购买的数量。理解需求概念要注意以下几点：① 一个统一。一是购买欲望，二是购买能力，两者缺一不可。例如一个成人有能力购买很多个冰淇淋，但他不愿意买，则不能产生需求。② 两个变量。商品的价格（Price）及与该价格相对应的需求数量（Quantity Demanded），需求实际上反映了商品价格 P 与人们对商品需求的数量 Qd 这两个变量之间的关系。③ 区分个人需求与市场需求。所谓个人需求，是指单个消费者对某一商品的需求，而市场需求则是指在某一市场中所有消费者对某一商品的需求，它是个人需求的加总。

（2）个人需求的影响因素。

考虑一下你自己的冰淇淋需求。你如何决定每个月买多少冰淇淋，以及哪些因素影响你的决策呢？这里是一些你可以给出的回答。

① 价格。如果每个冰淇淋的价格上升到 3 元，你将会少买冰淇淋，转而去买冷藏酸奶。但如果每个冰淇淋的价格下降到 1 元甚至是 5 角，你自然会多买一些。由于需求量随着价格下降而增加，随着价格上升而减少，我们说，需求量与价格负相关。价格与需求量之间的这种关系对经济中大部分商品都是正确的，而且，实际上这种关系非常普遍，以至经济学家称之为**需求定理**（Law of Demand）：在其他条件不变时，一种商品的价格和需求量呈反向变动，即需求量随着价格下降而增加，随着价格上升而减少。"其他条件不变"是指除了商品本身的价格之外，下面分析的影响需求的其他因素都是不变的。离开了这一前提，需求定理就无法成立。

② 收入。如果某个夏天你失去了工作，将你对冰淇淋的需求会发生什么变化呢？很可能的情况是，需求减少。收入低意味着人的总支出减少，因此你不得不在某些商品——而且也许是大多数商品上——少支出一些。如果当收入减少时，一种商品的需求减少，这种商品就属于正常品。而当收入减少时，一种商品的需求增加，这种商品被称为低档品。低档品的一个例子是搭乘公共汽车。随着你收入减少，你不大可能买汽车或乘出租车，而是更多地乘坐公共汽车。

③ 相关商品的价格。假设冷藏酸奶的价格下降。需求规律表明你将多买冷藏酸奶。同时，你也许将少买冰淇淋。因为冰淇淋和冷藏酸奶都是冷而甜的奶油甜食，它们满足相似的欲望。当一种商品价格下降减少了另一种商品的需求时，这两种商品被称为替代品。其他成对的替代品包括热狗与汉堡包、毛衣与运动衫，以及长途客车与火车。现在假设新鲜软糖价格下

需求（Demand）指消费者在一定时期内，在不同价格水平下愿意并且能够购买的数量。

需求定理（Law of Demand）在其他条件不变时，一种商品的价格和需求量呈反向变动，即需求量随着价格下降而增加，随着价格上升而减少。

降。根据需求规律，你将买更多的新鲜软糖。但在这种情况下，你将买更多冰淇淋，因为冰淇淋和新鲜软糖通常是一起吃的。当一种商品价格下降增加了另一种商品的需求时，这两种商品被称为互补品，其他成对的互补品包括汽油与汽车、电脑与软件、乒乓球拍和乒乓球。

④ 偏好。决定你需求的最明显因素是你的偏好。如果你喜欢冰淇淋，你会买得多一些。偏好会受文化、广告、流行风尚、对健康的顾及和以前购买这种商品的经历等诸多因素的影响。

⑤ 预期。你对未来的预期也会影响你现在对商品与劳务的需求。例如，如果你预期下个月会赚到更多收入，你可能愿意用你现在的一些储蓄来买冰淇淋。再举一个例子，如果你预期明天冰淇淋的价格会下降，你就会不太愿意以今天的价格去买冰淇淋。

（3）需求表与需求曲线。

我们已经知道，有许多因素决定一个人对冰淇淋的需求量。为了简化分析，我们假设价格之外的其他影响因素都不变，只考虑价格如何影响需求量。表2-1所示冰淇淋在不同价格时，王涵小朋友每个月的购买数量。如果冰淇淋价格是5角，王涵买10个，随着价格上升，他的需求量越来越少。当价格达到3元时，王涵不再购买冰淇淋。这个表是一个需求表（Demand Schedule），即一个表示一种商品价格与其需求量之间关系的数字序列表。

表2-1 王涵的需求表

冰淇淋的价格（元）	王涵对冰淇淋的需求量（个）
0	12
0.5	10
1.0	8
1.5	6
2.0	4
2.5	2
3.0	0

根据需求表我们可以建立坐标系，冰淇淋价格作为纵轴，冰淇淋需求量作为横轴，描出王涵对冰淇淋的个人需求曲线，如图2-1所示。

图2-1这条需求曲线是根据表2-1的需求表画出的，把价格与需求量联系在一起的向右下方倾斜的曲线被称为需求曲线（Demand Curve）。需求曲线可以更加直观地表示出某种商品价格与需求量之间的关系。图2-1中的需求曲线是一条直线。实际上，需求曲线可以是直线型的，也可以是曲线型的，如图2-2所示。

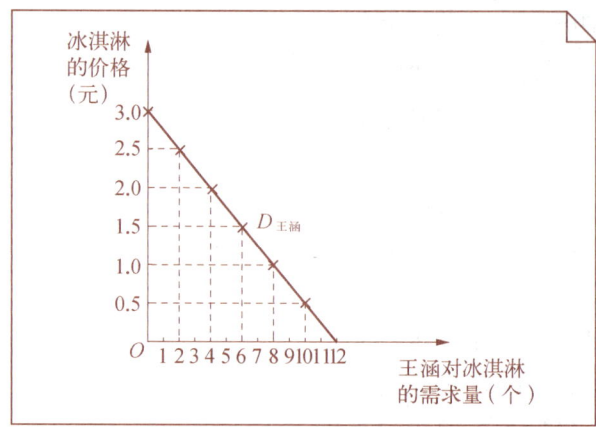

图2-1 王涵的需求曲线

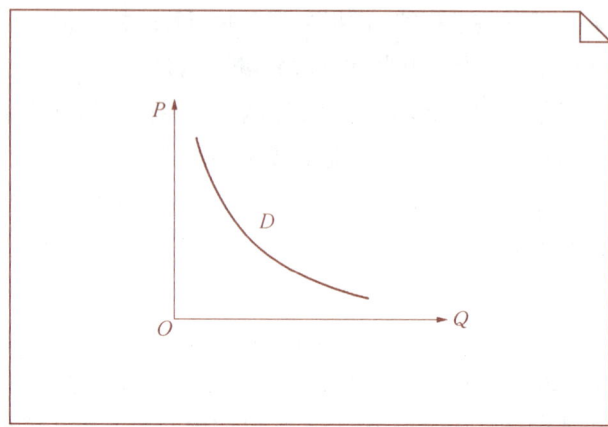

图2-2 需求曲线

（4）个人需求到市场需求。

到现在为止我们已经讨论了个人对一种商品的需求。为了分析市场如何运行，我们需要确定市场需求，市场需求是所有个人对某种商品或劳务需求的总和。为了简化分析，我们假设该小镇的冰淇淋市场中只有两个消费者：王涵和黄晗晞。表2-2是两个小朋友的需求表，那么市场需求就是在每一价格时，两个人对于冰淇淋的个人需求量加总。由于市场需求是从个人需求推导出来的，所以，市场需求取决于决定个别买者需求的因素。即市场需求不仅取决于一种商品的价格，而且还取决于买者的收入、偏好、预期，以及相关商品的价格。它也取决于买者的人数（如果更多消费者加入王涵和黄晗晞的行列，每种价格时的需求量会更多）。表2-2的需求表表示当决定需求量的所有其他因素不变时，随着价格变动，需求量发生的变动。

表2-2 个人与市场需求关系表

冰淇淋的价格（元）	王涵对冰淇淋的需求量（个）	黄晗晞对冰淇淋的需求量（个）	市场需求（个）
0	12	7	12+7=19
0.5	10	6	10+6=16
1.0	8	5	8+5=13
1.5	6	4	6+4=10
2.0	4	3	4+3=7
2.5	2	2	2+2=4
3.0	0	1	0+1=1

通过把个人需求曲线水平相加（即把个人需求曲线横轴上表示的个人需求量相加）我们可以得出市场需求曲线。图2-3描绘了冰淇淋的市场需求曲线。

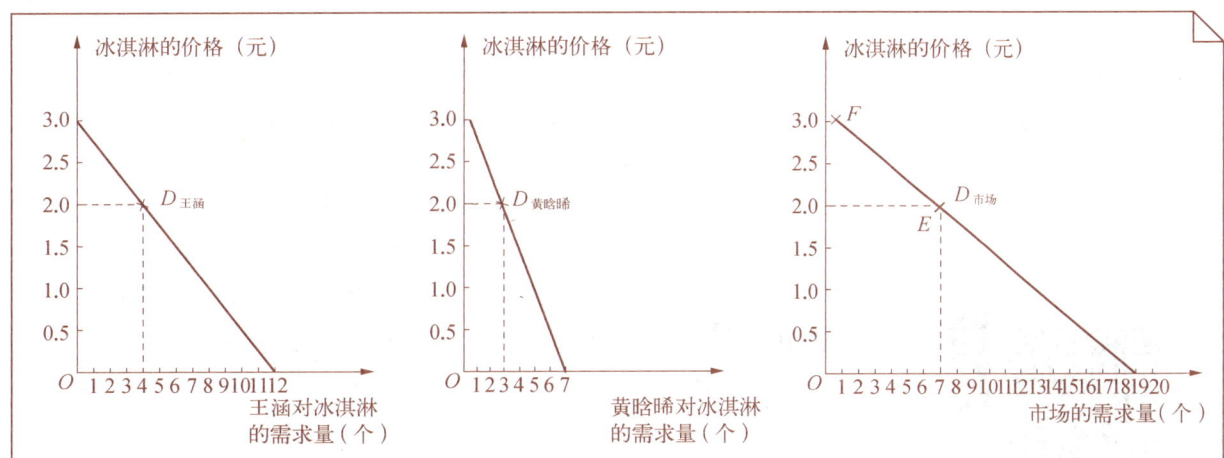

图2-3 冰淇淋的市场需求曲线

由于我们更关心的是分析市场如何运行，所以我们经常会用到市场需求曲线。市场需求曲线表示一种商品的总需求量如何随着该商品的价格变动而变动。

（5）需求量的变动与需求的变动。

需求量的变动是指在其他条件不变时，由某商品的价格变动引起的该商品需求数量的变动。需求量的变动表现为某一既定需求曲线上点的移动。例如在图2-3中，当冰淇淋的价格发生变化，由2元逐步上升为3元，它所引起的冰淇淋需求数量由7个逐步减少为1个，商品的价格和需求量组合由E点沿着既定的市场需求曲线，移动至F点。

需求的变动是指在某商品本身价格不变的条件下，由于其他因素的变动所引起的该商品在既定价格水平下的需求量发生变动，即需求发生变动。这里的其他因素是指收入、相关商品价格、偏好、预期等。在图形中，需求的变动表现为需求曲线的位置发生移动。以图2-4加以说明。

图中冰淇淋原来的需求曲线为D_1。在价格不变的前提下，如果其他因素的变化使得需求增加，例如天气炎热使得消费者对冰淇淋的偏好增强，需求曲线向右平移，如由图中的D_1曲线向右平移到D_2曲线的位置。如果其他因素的变化使得需求减少，例如冷藏酸奶的价格下降，需求曲线向左平移。需求的变动可以理解为商品在每一价格水平下由于影响需求的其他因素发生变化，需求数量都增加或减少了。显然，需求的变动所引起的是需求曲线位置的移动，表示整个需求状态的变化。

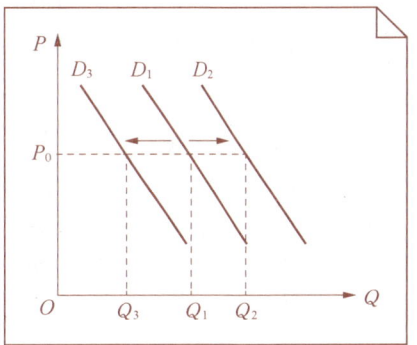

图2-4 需求的变动和需求曲线的移动

2. 冰淇淋的供给

现在我们转向市场的另一方，考察卖者的行为。为了集中思考，仍然以冰淇淋这种商品加以说明。

> **供给**（supply）指厂商（生产者）在某一特定时期内，在不同价格水平下愿意并且能够出售的商品数量。

> **供给定理**（Law of Supply）在其他条件不变时，一种商品的价格和供给量呈同向变动，即供给量随着价格的上升而增加，随着价格的下降而减少。

（1）供给。

供给（Supply）是指厂商（生产者）在某一特定时期内，在不同价格水平下愿意并且能够出售的商品数量。显然，理解供给概念也有几个要点：① 一个统一。一是出售的欲望，二是生产的能力，两者缺一不可。② 两个变量。商品的价格（Price）及与该价格相对应的供给数量（Quantity Supplied），供给实际上反映了商品价格 P 与对厂商商品的供给数量 Qs 这两个变量之间的关系。③ 区分个人供给与市场供给。所谓个人供给，是指单个厂商的供给，而市场供给则是指在某一商品市场中所有厂商的个人供给之和。

（2）个人供给的影响因素。

设想你经营一家生产并销售冰淇淋的公司。哪些因素会影响你愿意生产并提供销售的冰淇淋数量呢？下面是一些可能的回答。

① 价格。冰淇淋的价格是供给量的一个决定因素。当冰淇淋价格较高时，出售冰淇淋是有利可图的，因此，你的供给量也较大。相反，当冰淇淋的价格较低时，对你的经营不太有利，你将生产较少的冰淇淋；在一个更低的价格时，你甚至会选择完全停止营业，你的供给量减少为零。由于供给量随着价格上升而增加，随着价格下降而减少，所以我们说，某种商品的供给量与价格是正相关的。价格与供给量之间的这种关系被称为**供给定理**（Law of Supply）：在其他条件不变时，一种商品的价格和供给量呈同向变动，即供给量随着价格的上升而增加，随着价格的下降而减少。"其他条件不变"是指除了商品本身的价格之外，下面分析的影响供给的其他因素都是不变的。离开了这一前提，供给定理就无法成立。

② 生产成本。为了生产冰淇淋，公司会发生各项成本支出：奶油、糖、香料、冰淇淋机、生产冰淇淋的厂房，以及搅拌各种材料并操作机器的工人劳动。当这些支出中的一种或几种价格上升时，生产冰淇淋就不太有利，你的公司提供的冰淇淋就较少。如果投入价格大幅度上升，你会关掉你的公司，根本不提供冰淇淋。因此，一种商品的供给量与生产这种商品所支出的成本负相关。

③ 技术。把各种投入变为冰淇淋的技术也是供给量的另一个决定因素。例如，机械化的冰淇淋机的发明减少了生产冰淇淋必需的劳动量。技术进步通过减少公司的生产成本增加了冰淇淋的供给量。

④ 预期。你现在供给的冰淇淋量还取决于对未来的预期。例如，如果你预期未来冰淇淋的价格会上升，你就将把你现在生产的一些冰淇淋贮存起来，并减少当前的市场供给。

（3）供给表与供给曲线。

影响冰淇淋供给量决策的因素有许多，但价格起着特殊甚至决定性的作用。在其他条件相同时，一种商品的价格和生产者对它的供给量呈同向变动，这是我们前面讲到的供给定理。表2-3表明一个冰淇淋卖者张三在冰淇淋各种价格下的供给量。在价格低于1元时,张三根本不供给冰淇淋,随着价格上升,供给的数量越来越多。根据供给表(Supply Schedule)中的数据我们绘制成卖者张三的供给曲线(Supply Curve),如图2-5。可以很直观地看到,供给曲线向右上方倾斜,因为其他条件相同的情况下,冰淇淋的价格越高供给量也越大。如同需求曲线一样,供给曲线可以是直线型,也可以是曲线型。

> **即问即答**
> 为什么需求曲线向下方倾斜而供给曲线向右上方倾斜?

表2-3 卖者张三的供给表

冰淇淋的价格(元)	张三对冰淇淋的供给量(个)
0	0
0.5	0
1.0	1
1.5	2
2.0	3
2.5	4
3.0	5

(4)个人供给到市场供给。

为了分析冰淇淋市场如何运行,我们还需要确定市场供给。为了简化分析,我们假设该小镇的冰淇淋市场中卖者只有两个:张三和李四。表2-4是两个卖者的冰淇淋供给表,那么市场供给就是在每一价格时,两个人对于冰淇淋的个人供给量加总。图2-6描绘了冰淇淋的市场供给曲线。

(5)供给量的变动与供给的变动。

供给量的变动是指在其他条件不变时,由某商品的价格变动所引起的该商品供给数量的变动。在图形中,这种变动表现

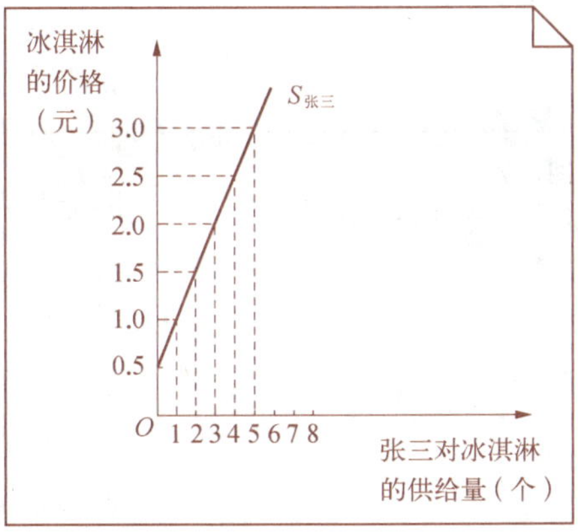

图2-5
卖者张三的供给曲线

表2-4 个人与市场供给关系表

冰淇淋的价格(元)	张三对冰淇淋的供给量(个)	李四对冰淇淋的供给量(个)	市场供给(个)
0	0	0	0+0=0
0.5	0	0	0+0=0
1.0	1	0	1+0=1
1.5	2	2	2+2=4
2.0	3	4	3+4=7
2.5	4	6	4+6=10
3.0	5	8	5+8=13

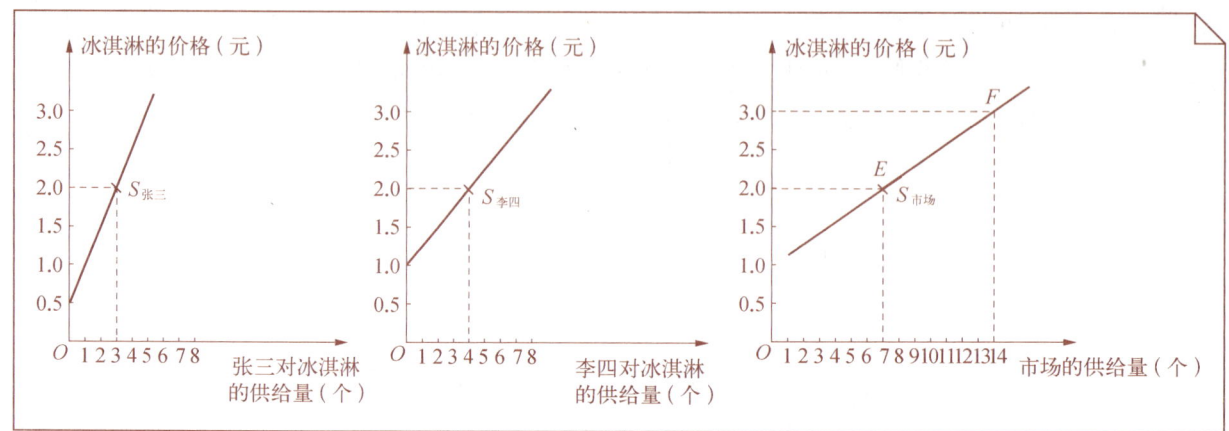

图 2-6 冰淇淋的市场供给曲线

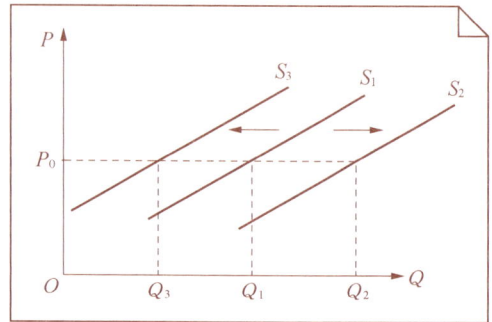

图 2-7 供给的变动和供给曲线的移动

为商品的价格—供给数量组合点沿着同一条既定的供给曲线的运动。例如在图 2-6 中,随着冰淇淋价格从 2 元上升到 3 元,引起供给数量逐步增加,沿着同一条供给曲线由 E 点运动到 F 点。

供给的变动是指在商品价格不变的条件下,由于其他因素变动所引起的该商品在每一价格水平下的供给量都发生变动。这里的其他因素变动可以指生产成本的变动、技术水平的变动、生产者的预期变化等,在图形中,供给的变动表现为供给曲线的位置发生移动。以图 2-7 加以说明。

二、冰淇淋的供需均衡与均衡变动

1. 市场均衡

在分别考察了冰淇淋的供给与需求之后,现在我们把两者结合起来,说明供需如何共同决定冰淇淋的价格和销售量。

图 2-8 表示冰淇淋市场供给与市场需求的结合。可以看到,市场供给曲线与市场需求曲线相交于一点 E,这一点被称为市场的均衡点。均衡点所对应的冰淇淋的价格被称为**均衡价格**(Equilibrium Price)。在这里冰淇淋的均衡价格是 2 元,在这个价格水平下,买者愿意而且能够购买的冰淇淋数量刚好与卖者愿意而且能够出售的数量相等,供给与需求这两种决定价格的力量处于平衡状态,达到**市场均衡**(Market Equilibrium),这个相等的供需量被称为**均衡数量**(Equilibrium Quantity),也叫均衡产量,在这里是 7 个冰淇淋。

卖者和买者的行动会自然而然地使市场向供需的均衡点变动。为了说明原因,我们考虑当市场价格不等于均衡价格,而是高于或者低于均衡价格时会出现什么情况。

- **均衡价格**(Equilibrium Price)——一种商品供给量与需求量相等时的市场价格。
- **市场均衡**(Market Equilibrium)——一种商品的供给量和需求量相等时的市场状态。
- **均衡数量**(Equilibrium Quantity)——一种商品达到供求均衡时所对应的相等的供需量,也叫均衡产量。

首先假设市场价格高于均衡价格,如图2-9(a)所示。在这种情况下,每个冰淇淋的价格是2.5元,冰淇淋的供给量(10个)超过需求量(4个),市场出现供给过剩,冰淇淋积压,无法卖出,卖者的反应自然是降低价格。因价格下降需求量将增加、供给量将减少,价格会一直下降到市场供需均衡为止。

假设市场价格低于均衡价格,如图2-9(b)所示。在这种情况下,当每个冰淇淋的价格是1.5元时,冰淇淋的需求量(10个)超过供给量(4个),市场商品短缺,冰淇淋供不应求,众多的买者抢购少量的商品,卖者可以提高价格而不降低销售量。随着价格上升,需求量减少,市场又一次向均衡变动。

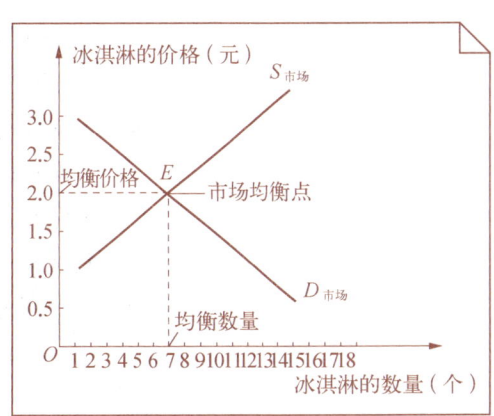
图2-8 冰淇淋市场的供需均衡

许多买者和卖者的活动自发地把市场价格推向均衡价格。一旦市场达到均衡价格,所有买者和卖者都得到满足,也就不存在价格上升或者下降的压力。在大多数自由的市场上,产品过剩和短缺都只是暂时的,任何一种产品随着价格的调整其供给与需求都将达到平衡。

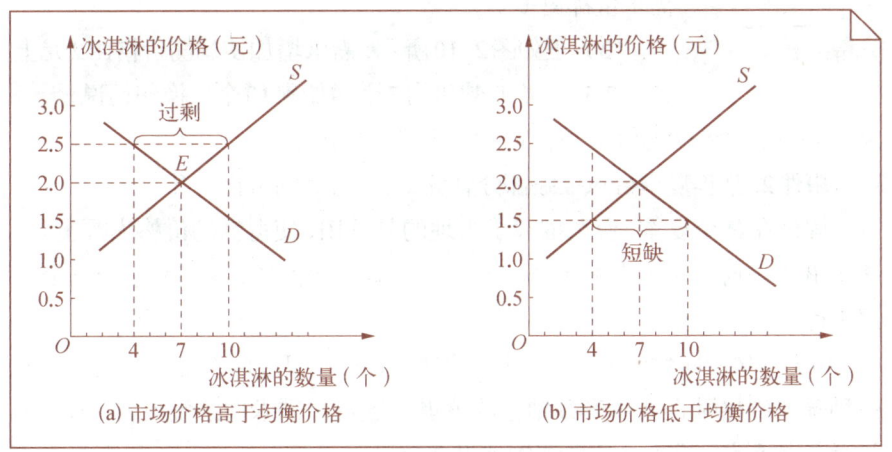

图2-9 市场价格不等于均衡价格的情况

2. 均衡变动

到目前为止,我们已经明白了供给与需求如何共同决定市场均衡,如何决定产品的价格和均衡供需量。当然,均衡价格与均衡数量取决于供给曲线与需求曲线的位置。当某些事件使供给或需求发生变动,其中一条曲线发生移动时,市场的均衡也就改变了,从而产生买者和卖者之间新的均衡价格和均衡数量。

当分析某个事件如何影响一个市场时,我们按三个步骤进行:

(1)我们确定该事件是影响供给还是影响需求,使供给曲线移动还是使需求曲线移动,或者是使两条曲线都移动;

(2) 我们确定曲线的移动方向,是向右移动还是向左移动;

(3) 我们运用供求图来比较原来的均衡和新均衡,说明均衡价格和均衡数量如何变动。

下面我们就用这种方法考察可能影响冰淇淋市场的各种事件。

事件 1. 某年夏季天气特别炎热

假设某一年夏季天气特别热。这种情况如何影响冰淇淋市场呢?为了回答这个问题,我们遵循三个步骤进行:

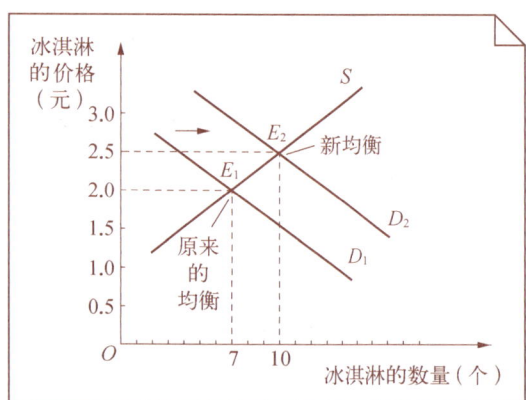

图 2—10
需求增加如何影响均衡

(1) 天气炎热通过改变人们对冰淇淋的嗜好而影响需求曲线。这就是说,天气改变了人们在任何一种既定价格时想购买的冰淇淋数量。供给曲线不变,因为天气并不直接影响销售冰淇淋的企业。

(2) 由于天气热使人们想吃更多的冰淇淋,所以,需求曲线向右移动。图 2—10 表示随着需求曲线从 D_1 移动到 D_2,需求增加了。这种移动表明,在每种价格下,冰淇淋的需求量都更多了。

(3) 正如图 2—10 所示,需求增加使均衡价格由 2 元上升到 2.5 元,均衡数量由 7 个增加到 10 个。换句话说,天气炎热提高了冰淇淋的价格,增加了冰淇淋的销售量。

事件 2. 某年夏季台风摧毁部分甘蔗田,使得糖的价格上升

假设在某个夏季,台风摧毁了当地的甘蔗田,使得糖的价格大幅上升。这个事件如何影响冰淇淋市场呢?为了回答这个问题,我们又遵循三个步骤进行:

(1) 台风影响供给曲线。台风使得糖的价格上升,成本上涨改变了任何一种既定价格时企业生产并销售的冰淇淋数量。需求曲线没变,因为台风并没有直接改变家庭希望购买的冰淇淋数量。

图 2—11
供给减少如何影响均衡

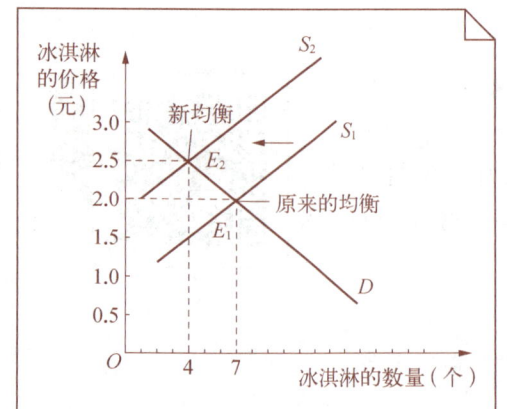

(2) 供给曲线向左移动,因为在任何一种价格时,企业愿意并能够出售的总量减少了。图 2—11 说明了随着供给曲线从 S_1 移动到 S_2,供给减少了。

(3) 正如图 2—11 所示,供给曲线移动使均衡价格从 2 元上升到 2.5 元,使均衡数量从 7 个减少为 4 个。由于台风,冰淇淋的价格上升了,销售量减少了。

事件 3. 天气炎热与台风发生在同一个夏季

现在假设天气炎热和台风同时发生。为了分析两个事件的这种结合,我们仍遵循三个步骤进行。

(1) 我们确定,两条曲线都应该移动。天气炎热影响需

求曲线，因为它改变了家庭在任何一种既定价格时想要购买的冰淇淋数量。同时，台风改变了供给曲线，因为它改变了企业在任何一种既定价格时想要出售的冰淇淋的数量。

（2）这两条曲线移动的方向与我们以前分析中它们的移动方向相同：需求曲线向右移动，而供给曲线向左移动。图2-12说明了这些移动。

（3）正如图2-12所示，会引起两种可能的结果，这取决于需求和供给移动的相对大小。在这两种情况下，均衡价格均上升。在（a）图中，需求有大幅度增加，而供给减少很小，均衡数量增加了。与此相比，在（b）图中，供给有大幅度减少，而需求增加很小，均衡数量减少了。因此，事件3肯定会提高冰淇淋的价格，但它对冰淇淋销售量的影响是不确定的。

3. 供求规律

我们刚刚说明了如何用供求曲线分析均衡变动的三个例子。只要一个事件移动了供给曲线或需求曲线，或同时移动了这两条曲线，你就可以用这些工具预测这个事件将如何改变均衡时的销售量和出售物品的价格。表2-5表示这两条曲线任何一种移动结合的预期结果。

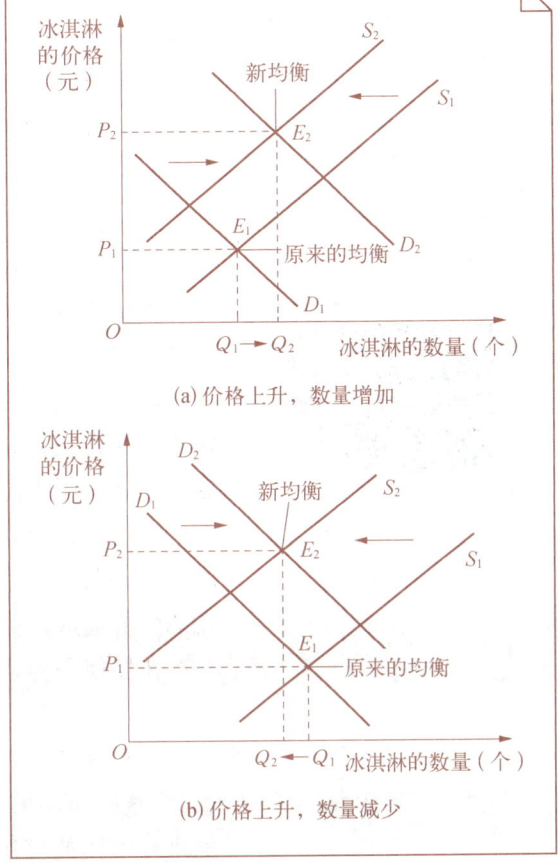

图2-12
供给和需求的变动

表2-5 供给或需求变动对价格和数量的影响

	供给未变	供给增加	供给减少
需求未变	价格相同	价格下降	价格上升
	数量相同	数量增加	数量减少
需求增加	价格上升	价格不确定	价格上升
	数量增加	数量增加	数量不确定
需求减少	价格下降	价格下降	价格不确定
	数量减少	数量不确定	数量减少

即问即答

给市场均衡下定义并描述使市场向均衡变动的力量。

综上所述，供给与需求变动对市场均衡的影响可以归结为如下三种情况：

（1）供给不变而需求变动时，均衡价格和均衡数量与需求同方向变动；

（2）需求不变而供给变动时，均衡价格与供给反方向变动，均衡数量与供给同方向变动；

（3）需求与供给同时同方向变动，均衡数量与供求同方向变动，均衡价格可能提高、降低或不变；需求与供给同时反方向变动，均衡价格与需求同方向变动，均衡数量则有可能增加、减少或不变。

这就是西方经济学中的**供求定理**（Law of Supply and Demand）。

> **供求定理**（Law of Supply and Demand）是指在需求与供给变动时，均衡价格与均衡数量的变动规律。

三、亚当·斯密"一只看不见的手"

1. 价格如何配置资源？

市场通常是一种组织经济活动的好方法。虽然要判断市场结果是好还是坏仍然早了一点，但在本节中我们开始了解市场是如何运行的。

本节首先分析了市场中影响和决定价格的两个最基本的力量：供给与需求。尽管我们的分析集中在某小镇的冰淇淋市场上，但在这里所学到的结论也适用于大部分其他市场。只要你到商店去买某种东西，你就对那种东西的需求做出了贡献。只要你找工作，你就对劳动服务的供给做出了贡献。由于供给与需求是如此普遍的经济现象，所以，供求模型是一种十分有用的分析工具。在以后学习中我们要经常使用这个模型。

在任何一种经济制度中，都需要把稀缺资源配置到竞争性用途中。市场经济利用供给与需求的力量来实现这个目标。供给与需求共同决定了经济中许多不同物品与劳务的价格；价格又是指导资源配置的信号。例如，考虑一下海滩土地的配置。由于这种土地量有限，并不是每一个人都能享受海滩的奢华生活。谁能得到这种资源呢？答案是任何一个愿意而且能够支付这种价格的人。海滩土地的价格要一直进行调整，直至这种土地的需求量与供给量平衡。在市场经济中，价格是配置稀缺资源的机制。同样，价格决定了谁生产某种物品，以及生产多少。例如，考虑一下农业的情况。由于生存需要食物，一些人从事农业是至关重要的。什么因素决定谁是农民、谁不是农民呢？在一个自由的社会中，并不存在作出这种决策并确保充足食物供给的政府计划机构。相反，把工人配置到农业中是千百万工人的工作决策。这种分散的决策制度运行良好，因为这些决策取决于价格。食物价格和农业工人工资（他们劳动的价格）调整确保了有足够的人选择当农民。

如果一个人从未见过市场经济的运行，这整个思想看来就是荒谬的。经济中有一大群从事相互依存活动的人，什么因素使分散决策免于陷入混乱呢？用什么来协调千百万有不同能力与欲望的人的行动呢？用什么来保证需要做到的在实际上也实现了呢？用一个词来回答就是"价格"。正像亚当·斯密（Adam Smith）的著名论断那样，市场经济由"看不见的手"指导，价格制度就是"看不见的手"用来指挥经济交响乐队的指挥棒。

2. 亚当·斯密与"看不见的手"

经济学之父亚当·斯密在《国富论》中提出了"一只看不见的手"的命题。最初的意思是，个人在经济生活中只考虑自己的利益，受"看不见的手"的驱使，即通过分工和市场的作用，可以达到国家富裕的目的。后来，"看不见的手"便作为市场经济中完全竞争模式的形象用语。这种模式的主要特征是人人都有获得市场信息的自由，企业之间自由竞争，无须政府干预经济活动。亚当·斯密的后继者们以均衡理论的形式完成了对于完全竞争市场机制的精确分析。在完全竞争条件下，生产是小规模的，一切企业由企业主经营，单独的生产者对产品的市场价格不发生影响，消费者用货币作为"选票"，决定着产量和质量。生产者追求利润最大化，消费者追求效用最大化。价格自由地反映供求的变化，其功能一是配置稀缺资源，二是分配商品和劳务。通过"看不见的手"，企业家获得利润，工人获得由竞争的劳动力供给决定的工资，土地所有者获得地租。

亚当·斯密在《国富论》中较为详细地描绘了"看不见的手"作用的过程：

"每种商品的上市量自然会使自己适合于有效需求。因为，商品量不超过有效需求，对所有使用土地、劳动或资本而以商品供应市场者有利；商品量少于有效需求对其他一切人有利。"

"如果市场上商品量一旦超过它的有效需求，那么它的价格的某些组成部分必然会降到自然率以下。如果下降部分为地租，地主的利害关系立刻会促使他们撤回一部分土地；如果下降部分为工资或利润，劳动者或雇主的利害关系也会促使他们把劳动或资本由原用途撤回一部分。于是，市场上商品量不久就会恰好足够供应它的有效需求，价格中一切组成部分不久就升到它们的自然水平，而全部价格又与自然价格一致。"

"反之，如果市场上商品量不够供应它的有效需求，那么它的价格的某些组成部分必定会上升到自然率以上。如果上升部分为地租，则一切其他地主的利害关系自然会促使他们准备更多土地来生产这种商品；如果上升部分是工资和利润，则一切其他劳动者或商人的利害关系也会马上促使他们使用更多的劳动或资本，来制造这种商品并送往市场。于是，市场上商品量不久充分供应它的有效需求。价格中一切组成部分不久都下降到它们的自然水平，而全部价格又与自然价格一致。"

市场机制就是依据经济人理性原则而运行的。在市场经济体制中，消费者依据效用最大化的原则做购买的决策，生产者依据利润最大化的原则做销售决策。市场就在供给和需求之间，根据价格的自然变动，引导资源向着最有效率的方面配置。这时的市场就像一只"看不见的手"，在价格机制、供求机制和竞争机制的相互作用下,推动着生产者和消费者做出各自的决策。而当经济个体自私地追求个人利益时,他或她像被一只看不见的手所引导而去实现公众的最佳福利。

马克思后来指出,斯密的"看不见的手",就是价值规律,用现在时髦的话来说,就是市场机制。在商品经济或市场经济下,都存在一只看不见的手在幕后调节参与经济生活的每个人的行为,调节着有限的社会资源合理地在各部门和各生产者之间的配置。这是一只只要有商品交换行为就存在的手、商品经济条件下无所不在的手。

> **即问即答**
> 请描述市场经济中价格的作用。

第二节 你的效用最大化了吗

诺贝尔经济学奖获得者美国经济学家保罗·萨缪尔森把幸福当作一个经济问题进行研究,提出了一个幸福方程式:幸福=效用/欲望。显然,幸福取决于两个因素:效用与欲望。效用越大越幸福;欲望越低越幸福。因为做到清心寡欲对我们这些"凡夫俗子"来说非常困难,所以,想要更幸福只能从效用着手了,那么,你的效用最大化了吗?

一、认识效用

1. 什么是效用?如何理解效用?

西方经济学家用**效用**(Utility)来表示消费者从消费物品中得到的主观享受或满足,满足程度高,效用大;满足程度低,效用小。可见,效用是消费者的一种主观心理感觉,它的大小取决于消费者对商品和劳务的主观评价,因此它会因人、因时、因地而异,为了更好地理解效用这个概念,我们来看下面3个小故事。

> **效用**(Utility)消费者从消费商品中获得的主观满足程度。

(1)最好吃的东西。

兔子和猫争论,世界上什么东西最好吃。兔子说,"世界上萝卜最好吃。萝卜又甜又脆又解渴,我一想起萝卜就要流口水。"猫不同意,说,"世界上最好吃的东西是老鼠。老鼠的肉非常嫩,嚼起来又酥又松,味道美极了!"兔子和猫争论不休、相持不下,跑去请猴子评理。猴子听了,不由得大笑起来:"瞧你们这两个傻瓜蛋,连这点儿常识都不懂!世界上最好吃的东西是什么?是桃子!桃子不但美味可口,而且长得漂亮。我每天做梦都梦见吃桃子。"兔子和猫听了,全都直摇头。世界上到底什么东西最好吃呢？

这个故事告诉我们，效用完全是个人的心理感觉。消费者不同的偏好决定了对同一种商品效用大小的不同评价。比如，香烟对于喜欢吸烟的人来说效用很大，但对于不喜欢吸烟的人来说，则效用很小，甚至因吸烟痛苦而产生负效用。

（2）傻子地主。

从前，某地闹起了水灾，洪水吞没了土地和房屋。人们纷纷爬上了山顶和大树，想要逃脱这场灾难。在一棵大树上，地主和长工两人聚到一起。地主紧紧地抱着一盒金子，警惕地注视着长工的一举一动，害怕长工会趁机把金子抢走。长工则提着一篮玉米面饼，呆呆地看着滔滔大水。除了这篮面饼，长工已一无所有了。几天过去了，四处仍旧是白茫茫一片。长工饿了就吃几口饼，地主饿了却只有看着金子发呆。地主舍不得用金子去换饼，长工也不愿白白地把饼送给地主。又几天过去了，大水悄悄退走了。长工高兴地爬到树下，地主却静静地躺着，永远留在大树上了。

这个故事形象地说明了同样的物品在不同的时间和地点，效用也不同。同样是一杯水，对于一个住在山泉旁的人和一个在沙漠中长途跋涉的人来说，效用肯定大不相同。

（3）钻石和木碗。

一个穷人家徒四壁，只得头顶着一只旧木碗四处流浪。一天，穷人登上一条渔船去帮工。不幸的是，渔船在航行中遇到了特大风浪，船上的人几乎都淹死了，穷人抱着一根大木头，才幸免于难。穷人被海水冲到一个小岛上，岛上的酋长看见穷人头顶的木碗，感到非常新奇，便用一大口袋最好的珍珠宝石换走了木碗，派人把穷人送回了家。一个富翁听到了穷人的奇遇，心中暗想，一只木碗都能换回这么多宝贝，如果我送去很多可口的食物，该换回多少宝贝！于是，富翁装了满满一船山珍海味和美酒，找到了穷人去过的小岛。酋长接受了富人送来的礼物，品尝之后赞不绝口，声称要送给他最珍贵的东西。富人心中暗自得意。一抬头，富人猛然看见酋长双手捧着的"珍贵礼物"，不由得愣住了！

这个故事揭示了我们都熟知的一个道理：物以稀为贵。越是稀少的商品带给消费者的满足即效用越大，这个道理我们在后面还会进一步说明。

效用的大小会因人、因时、因地而不同。因此，除非给出特殊的假定，否则，效用是不能在不同的人之间进行比较的，但就某一个确定的消费者而言，可以判定某种商品对他的效用的大小。

2. 基数效用与序数效用

在19世纪和20世纪初期，西方经济学者普遍使用基数效用的概念。

基数效用论的基本观点是：效用是可以计量并可以加总求和的。表示效用大小的计量单位被称为效用单位（Utility Unit）。因此，效用的大小可以用基数（1、2、3……）来表示，正如长度单位可以用米来表示一样。基数效用理论采用的分析方法是边际效用分析法。基数效用论的假设条件包括：

① 效用量可以具体衡量；

② 边际效用（MU）递减；

③ 货币的边际效用不变。

到了20世纪30年代，序数效用的概念为大多数西方经济学者所使用。序数效用论的基本观点是：效用作为一种心理现象无法计量，也不能加总求和，只能表示出满足程度的高低与顺序，因此，效用只能用序数（第一、第二、第三……）来表示。

序数效用论用消费者偏好的高低来表示满足程度的高低。该理论建立在以下假定上：

① 完备性，即指消费者对每一种商品都能说出偏好顺序；

② 可传递性，即消费者对不同商品的偏好是有序的，连贯一致的：若A大于B，B大于C，则A大于C；

③ 不充分满足性，即消费者认为商品数量总是多一些好。

二、钻石与水的价值悖论

众所周知，钻石对于人类维持生存没有任何价值，然而其售价却非常高，售价昂贵。相反，水是人类生存的必需品，其售价却非常低廉。这种强烈的反差就构成了价值悖论，也称作钻石与水的矛盾。为什么出现这样的现象呢？

钻石与水之悖论最早由亚当·斯密在《国富论》中提出。他指出：没有什么东西比水更有用；能用它交换的货物却非常有限；很少的东西就可以换到水。相反，钻石没有什么用处，但可以用它换来大量的货品。这一悖论即是前面"钻石和木碗"故事中归结出的中国俗谚：物以稀为贵。

若不考虑市场上的其他因素，沙漠地区的水比钻石贵，或者是需求面的因素。就供给面来说，水的数量非常大，且几乎随处可见（如果不考虑荒漠干旱地区，地球上几乎处处都有水，包含大气层中的水汽）；而钻石呢，是蕴藏在地表底下，且必须经过时间与适当的条件产生（如果不考虑人工钻石而单纯考虑自然钻石），供给非常的少，因此水供给大，而钻石供给少，故会产生这样的现象。这是运用我们前面学到的供需决定价格理论对悖论做出的解释。

凯恩斯经济学对此做出了另一角度的解释。经济学家约翰·梅纳德·凯恩斯认为物品的价格不光是由它的价值决定，还由边际价格决定，即在当前情况下再增加一单位该物品所花费的价格就是该物品的边际价格，边际价格的高或者低主要由消费者从增加的这一单位物品消费所获得的满足感决定。我们把消费者从增加一单位商品消费中得到的满足程度称为**边际效用**（Marginal Utility, MU）。价格取决于消费者从商品消费中获得的边际效用。

与边际效用有着紧密联系的另一概念是**总效用**（Total Utility, TU），总效用指人们消费一定量某种商品所得到的满足程度的总和，也等于消费者消费一定数量商品的所有边际效用的加总。总效用与边际效用之间的数量变动关系可以用表2-6来说明。

○ **边际效用**（Marginal Utility, MU）消费者消费某种商品，每追加一个消费单位所增加的总效用或增加的满足程度。

○ **总效用**（Total Utility, TU）消费者消费一定数量的某种商品所获得的总满足程度。

表2-6 消费某种商品总效用和边际效用数量表

消费量（Q）	总效用（TU）	边际效用（MU）
0	0	——
1	3	3
2	5	2
3	6	1
4	6	0
5	5	−1
6	3	−2

根据表2-6可以作出总效用与边际效用曲线图，如图2-13所示。

图2-13中，横轴代表物品消费量，纵轴代表总效用和边际效用。图中的TU为总效用曲线，MU为边际效用曲线。由表2-6及图2-13都可以看出：如果边际效用大于0，说明这一单位商品的消费带给消费者正的效用增量，此时，总效用递增；如果边际效用小于0，说明这一单位商品消费带给消费者是不好的、甚至是厌恶的感觉，负的边际效用累加到总效用中，总效用递减；临界状态即边际效用等于0时，总效用最大。换句话说，在边际效用等于0之前，商品消费的增加可以增加总效用；而在边际效用等于0之后，商品消费的增加，则会使总效用减少。因为在这一点之后，边际效用为负。

随着消费商品数量不断增加，消费者从增加的一单位商

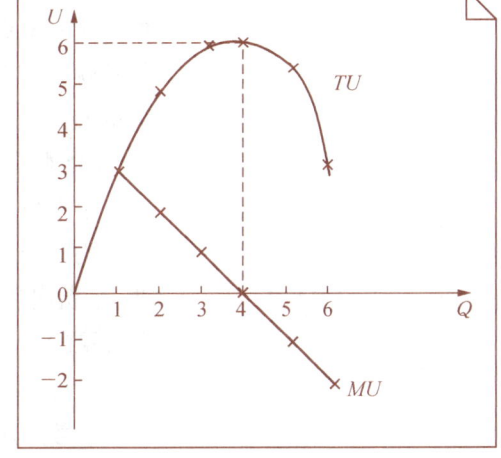

图2-13
总效用与边际效用曲线图

> **边际效用递减规律**（The Law of Diminishing Marginal Utility）在一定时间内，在其他商品的消费数量保持不变的条件下，随着消费者对某种商品消费量的增加，消费者从该商品连续增加的每一消费单位中所得到的效用增量即边际效用是递减的。

品消费中得到的满足程度即边际效用会逐渐下降，这就是**边际效用递减规律**（The Law of Diminishing Marginal Utility）。边际效用递减规律是经济学的基本规律之一，这个规律对我们理解消费者的消费行为非常重要。运用这一规律我们可以对水与钻石的价值悖论做出如下解释：水虽然很宝贵，没有水，我们无法生存，水给我们带来的总效用是巨大的，可是水在地球上很多，由于消费者在消费过程中边际效用递减，于是水的相对于数量的边际效用就很低，由它决定的水的边际价格也很低。而钻石刚好相反，由于我们购买的钻石极少，所以，它的边际效用就大。人们愿为边际效用高的钻石支付高价格，为边际效用低的水支付低价格是一种理性的行为。"物以稀为贵"的道理正在于"稀"的物品边际效用高。

三、基数效用下的消费者均衡分析

1. 消费者均衡的含义

> **消费者均衡**（Consumer's Equilibrium）指消费者在收入既定和商品价格既定的情况下，购买一定数量的各种商品，获得最大的满足程度，实现总效用最大化。

消费者均衡（Consumer's Equilibrium）是指消费者在收入既定和商品价格既定的情况下，选购一定数量的各种商品，得到最大的满足程度，即实现总效用最大，然后维持商品的购买数量组合不变，消费者就实现了均衡。消费者均衡是消费者行为理论的核心。

2. 消费者均衡实现的假设条件

（1）消费者的偏好既定。

这就是说，消费者对各种物品效用的评价是既定的，不会发生变动。比如一个消费者到商店去买盐、电池和点心，在去商店之前，对商品购买的排列顺序是盐、电池、点心，这一排列顺序到商店后也不会发生改变。

（2）消费者的收入既定。

因为收入有限，需要用货币购买的物品很多，但不可能全部都买，只能买自己认为最重要的几种。因为每一元货币的功能都是一样的，在购买各种商品时最后多花的每一元钱都应该为自己增加同样的满足程度，否则消费者就会放弃不符合这一条件的购买量组合，而选择自己认为更合适的购买量组合。

（3）物品的价格既定。

由于物品价格既定，消费者就要考虑如何把有限的收入分配于各种物品的购买与消费上，以获得最大的满足感。由于收入固定，物品价格相对不变，消费者用有限的收入能够购买的商品所带来的最大的满足程度也是可以计量的。

3. 消费者均衡的限制条件

基数效用论下消费者达到均衡的条件有两个：① 钱要花光；② 消费者

用单位货币购买的各种商品的边际效用相等,即消费者所购买的各种商品的边际效用与它们的价格之比相等,都等于货币的边际效用。这个道理具体表现为两个公式

$$P_1 \times Q_1 + P_2 \times Q_2 + P_3 \times Q_3 \wedge P_n \times Q_n = M \tag{2.1}$$

$$\frac{MU_1}{P_1} = \frac{MU_2}{P_2} = \frac{MU_3}{P_3} \wedge \frac{MU_n}{P_n} = MU_m \tag{2.2}$$

知识链接

货币的边际效用

基数效用论者认为,货币的效用就是给其所有者带来的满足,它的大小也取决于货币持有者的满足程度,货币的边际效用也是递减的,即收入越高,持有货币数量越多,每增加一单位货币给货币持有者带来的满足程度越小。由于购买某种商品所支出的货币只占购买者持有货币量的微小部分,所以,当消费者购买的商品量发生少量变化时,货币的边际效用的变化非常微小,可以忽略不计。因此,在只有一种商品购买量发生变动的情况下,货币的边际效用被认为不变,是一个常数,公式(2.2)中记为 MUm。

(2.1)式是消费者实现消费均衡的收入约束条件,说明收入是既定的,购买商品的货币支出不能超过收入总额 M,也不能小于收入总额 M。超过收入的商品购买组合是无法实现的,而小于收入的购买组合达不到既定收入时的效用最大化。(2.2)式是消费者均衡实现的评价条件,这一条件可以用边际效用决定需求价格和边际效用递减规律来进行说明。为了分析的方便,我们假定消费者在市场上只购买两种商品 X 和 Y,由于收入和价格都是既定的,增加 X 的购买量就必须减少 Y 的购买量,购买量的变化,必然引起它们的边际效用的变化。这就是说,如果消费者发现多花一元钱在一种商品上取得的增加的效用(边际效用)不如多花一元钱在另一种商品取得的增加的效用大,他就会改变主意,把取得边际效用较小的那种商品上的花费转移到较大的边际效用的商品上。由于花费转移,原来取得边际效用较小的商品,现在可能变得具有较大的边际效用了,而原来取得边际效用较大的商品,现在可能变得具有较小的边际效用了。如果后者的边际效用小于前者,那么,就会再次发生花费转移的情形。这样,消费者根据边际效用的大小,自由地改变花费的方向。最后,必须达到一种最优的花费状态,他所花费的每一元钱都取得相等的边际效用,即商品的边际效用与价格之比相等,表示

为：$MU_x/P_x=MU_y/P_y=MU_m$，此时总效用达到最大。

消费者均衡理论看似难懂，其实一个理性的消费者，他的消费行为已经遵循了消费者均衡的理论。比如你在现有的收入和储蓄下是买房还是买车，你会做出合理的选择。你走进超市，见到如此之多的琳琅满目的物品，你会选择你最需要的。你去买服装时肯定不会买回你已有的服装。所以说经济学是选择的经济学，而选择就是在你的资源（货币）有限的情况下，实现消费满足的最大化，使每1分钱都用在刀刃上，这时就实现了消费者均衡！

序数效用与基数效用相比，虽然对于效用的理解、偏好的假定不同，对于消费者均衡的分析工具也存在差异，但最终分析得出的消费者如何实现效用最大的结论却是相同的，正所谓殊途同归。关于序数效用下消费者均衡的分析，可以参考本章阅读材料进行拓展学习。

即问即答

了解序数效用论下消费者均衡的分析，试比较其与基数效用论分析消费者均衡问题的异同。

第三节 学做理性消费者

扫一扫

从理论上来讲，个人消费的最优点是对于特定的消费者，一切消费品的边际效用都相等。不过在现实生活中，效用不过是个人的主观感受，它受个人偏好的影响，难以进行比较，也无法准确测度，如何让自己在日常消费决策时更加理性呢？

一、商家大促销，该不该拿出钱包？

"换季狂甩、全场3折、买一送一、买100送50、买100返100……"每当大小节日、季节替换的时候，各地各大商场便会推出这样的促销活动，引得大量的消费者奔赴商场奋力血拼。商场里人山人海、摩肩接踵，相信很多人都有亲身经历，然而商场促销打折背后的消费陷阱，未必人人能完全知晓。下面我们就来一一列举。

1. 虚假广告

商场促销活动的消费陷阱之一就是利用不真实、不准确的广告描述误导消费者，如对赠品的数量、规格、型号不予说明，以很小的字体或在不引人注意的位置注明赠送的附加条件等。比如一些商场在宣传中把"3折起"中的"起"字写得很小，消费者往往看成了"3折"，待消费者赶到商场抢购，结果发现商品基本上都是7折、8折，回头再去看那个广告牌，才发现原来还有个小小的"起"字。

2. 打折优惠

商场促销最常用的手段就是打折优惠。节日期间或季节更替的时候，各大商家纷纷进行打折促销，尤其是换季时期，商家更是打出"清仓狂甩、最低1折"这样的噱头，以致许多冲动型消费者贪图便宜而一口气买下很多用不着的商品。可是，天上哪有免费的午餐，羊毛还是出在羊身上。实际上，商家对商品进行打折之前，可能已先提高商品价格，再以"打折""降价""抽奖"等为诱饵，将消费者引入"消费陷阱"。比如，有消费者投诉称，按照七折的优惠价格从超市买回一台标价2 500元的洗衣机，此后却发现其原标价只有1 800元左右。

3. 以次充好

除了在价格上做文章以外，一些不良商家甚至在商品上也有猫腻。据一位有过多年商场销售经验的业内人士介绍，商场里有很多品牌在旺季或者商场搞活动的时候经常断货，为了救急，就从一些批发市场进货，把自己的商标缝上去，以次充好，消费者吃了亏也不知道，还自以为占了大便宜。还有些无良商家在做活动的时候，把积压在仓库的旧货拿到商场上糊弄消费者，这样的陷阱也经常让人防不胜防。

4. 消费赠券

有一些商家为招徕顾客，采取消费满一定数额即获现金赠券或优惠券等促销手法，如"买100送50""买100返100"，但是当你到商场一看，商品价格标得也非常巧妙，"199、299、399……"，有时候顾客为了凑满100块，又不得不多消费一些。更有些赠券活动不说明使用条件，待消费者要求兑现优惠券时，却发现柜台上到处写着"本柜台恕不参加活动"，而能使用优惠券的商品往往是高价、高利润商品。其实，商家就是让这种活动不断刺激消费者的欲望，引诱人们掉进循环购物的"无底洞"。而且绝大多数商家的赠券使用期限都很短，赠券消费也不设找零，对购物带来很大不便。

5. 购货赠物

许多商场在做活动的时候，会通过赠送积压、过期甚至假冒伪劣商品为诱饵，引诱顾客前来消费。而一旦赠品出现质量问题就以"特价、处理商品不享受三包""赠品不享受三包"等借口拒绝承担责任。有些商家在有奖促销活动中，用残次品或劣质品充当奖品赠送给顾客，同时提出，"奖品是无偿赠送的，出现质量问题概不负责"。

6. 设解释权

无论是打折、降价还是返券、赠品，商家一般都附有"本店保留对此活动的最终解释权"字样。如"庆佳节，内衣买一送一"，实际上是买一件内衣送一条内裤等。当消费者提出质疑时，店家总是振振有词，商店有最终解释权。

商家大促销,该不该拿出自己的钱包?大家还真要擦亮眼睛,保持理性。

二、买广告还是买产品?

1. 谁为巨额的广告买单?

打开电视,摊开报纸,点击网络,形形色色、各式各样的广告迎面扑来,让你眼花缭乱、目不暇接。据统计,中国的广告市场规模1980年仅为1 000万元,2010年已达到2 340亿元,占GDP比重为0.57%,2020年更是突破9 000亿元,占GDP比重提升至0.90%,中国已成为仅次于美国的全球第二大广告市场。是什么支撑着9 000亿元的广告市场,又是谁在为这笔巨额支出买单?

中央电视台3·15报道的打假大案:埃及王妃容颜不老的秘诀——金丝置入法。把犹如头发丝细般的金丝置入女人的脸部,以达到永葆青春。在没被打假以前,国内的报纸、杂志、电视轰炸式地宣传。当时置入一根金丝的价格是12 000元,可被曝光以后大家才了解到,它的出厂价格仅为9元钱,其中还包括厂家自身的利润。从厂家的9元到市场的12 000元,它的原因何在?

我们经常在报纸上看到药品、减肥保健品、美容护肤品、食品、手机、汽车等商品整版篇幅的广告。要知道一整版广告一天的价格就是几万元,这些广告一做就是几个月。这钱又是从哪儿出?

从商品的销售价格上出。所有巨额的广告支出最终都由我们消费者买单。可以说,广告消费就像一个巨大的黑洞,吞噬着广大消费者的利益,搜刮着人们辛辛苦苦赚来的血汗钱,防不胜防。

诚然,广告作为人们了解商品的一种媒介,它可以使人们足不出户了解商品的特性、功用等,极大地方便了消费者的选择。只是作为理性的消费者,选择时千万不要单纯地被广告忽悠。有这么一句经典的广告词:买药,不看广告看疗效!借用此广告语:买东西,不看广告要看性价比!

2. 聪明消费,性价比才是关键

所谓性价比,全称是性能价格比,是一个性能与价格之间的比例关系,具体公式:性价比=性能/价格。聪明的消费者购买时,都会选择性价比高的产品。

举例说明:一位消费者选购手机。A型号,性能优越,价格昂贵;B型号性能略差,由于牌子比A型更有名气,所以和A型号在同等价位上。那么,A型号就比B型号的手机的性价比高。如果现在有C型号手机价格比A、B两种型号都低得多,性能只是略差,那么我们说C型号的性价比最高。我们花同样的价钱,买C型号手机是最划算的。

在购买过程中，商家强调某个产品与某某产品比较，价格优势如何，这时，你要小心，说不定这个大馅饼对你来说是个陷阱；还有，当产品价格变化时，不但要注意产品价格变化，还要注意产品性能的变化，要搞清楚为什么会变化，变化的主要原因在哪里，是工艺改进、促销、清货还是其他什么原因，不要只被低廉的价格所迷惑。记住，性价比才是关键。

由于性价比是一个比例关系，它存在其适用范围和特殊性，不能一概而论。而且，性价比应该建立在消费者对产品性能要求的基础上，也就是说，先满足性能要求，再谈价格是否合适。对性价比的合理运用会让我们买到价廉物美的商品，让我们成为聪明的消费者。

三、谨记理性消费的"5W原则"

这里给出理性消费的"5W原则"，请大家谨记！

1. Why（为什么要买）

任何家庭的消费都有三部曲：第一是生活必需品消费，如吃穿；第二是维持家庭生存的消费，如房租、水电费等；第三是供给家庭成员发展和时尚领域的消费，如教育投资、文化娱乐消费等。这三种消费对每个家庭而言都是合情合理的，但具体开支就要分清轻重缓急。一般说来，家庭的月收入首先要保证生活开支，而后才能考虑发展消费与享受消费。杜绝攀比跟风要贯彻始终，否则，势必使消费结构偏离健康态势，导致捉襟见肘。把血汗钱掏出口袋之前默念"十万个为什么"，绝对利大于弊。

2. What（买什么）

买什么当然不是根据广告，而是根据实际需要来决定。合理的家庭消费结构还必须根据收入情况来确定，总的原则是：量入为出，略有结余。从生存需求来看，柴米油盐等属于非买不可的物品；从享受需求来看，美味可口的高档食品、做工考究的精美服饰要与自己的经济实力挂钩；从发展需求来看，音响是否原装进口、电视是否高清激光等，就不属于必需之列了。

3. When（什么时间去买）

未雨绸缪，这个道理同样适用于家庭消费。等到自己急需的时候再去购买，即使被狠宰一刀也不敢吭声。另外，任何商品都有它的生命周期，商品的款式和质量都在不断地提高和改善，因此，生活中的消费应当注意节奏的把握，尽量避免在过时消费品上花钱。不急用的物品，也不要"赶热闹"盲目消费，不妨把闲散的钱存入银行以应急，等到市场饱和时再购买，就能一元钱当两元钱花，大大提高家庭消费的经济效益。

4. Where（到什么地方去买）

货比三家永远不会吃亏，当然，这不是说要你踏破铁鞋寻觅全市最低价。有的东西稍微动点脑筋便能猜到：土特产品在原产地购买，不仅价格低廉，而且货真价实；进口货舶来品在沿海地区购买，往往比内地花费要少。当然，如果只是一般的消费品，超市里都有，价格差异也不会大，就不必大动脑筋了；更简单的就是品牌专卖店，绝对的全国统一价。

5. Who（什么人去买）

有人把女性称为"消费的动物"，此话不无道理。一项全国性的网上调查显示，不管女性的社会地位如何，在家庭消费上，她们可谓绝对地当家作主。根据这项调查，女性除了自身的消费外，父母、子女、丈夫等家人的生活需求也大多由她们来安排满足。女性在购物时，首先考虑的是实用因素，其次为价格和品牌。但如此"一刀切"似乎也不尽合理，具体情况还需具体分析，买食品、服装和床上用品等，做妻子的往往比丈夫精明；而购买家电、家具等耐用消费品，做丈夫的比妻子内行。

正所谓"大富由天，小富由俭"，只要懂得精打细算，做个理性的消费者，就不愁做不好家庭消费这本明细账，小日子也同样可以过得有滋有味哦！

即问即答

在日常消费中你是否有不理性的行为？你觉得应如何消费以实现效用最大化？举例说明。

阅读材料一

"看得见的手"如何影响市场？

价格是调节经济的"看不见的手"。在大多数自由的市场中，由于价格机制的作用，产品过剩和短缺都只是暂时的，任何一种产品随着价格的调整，供给与需求都将达到平衡，有限的社会资源在各部门和各生产者之间实现合理配置。但由于价格调节是市场上自发进行的，不可避免地存在一定的盲目性。比如，某些生活必需品严重短缺，导致其价格上涨到很高，低收入者无法维持最基本的生活，必然影响到社会稳定；再比如，农产品过剩时，价格会大幅下降，将会抑制农业生产，打击农民的积极性，影响农业长期稳定。为了尽量避免或减轻这些问题，各国普遍采取价格控制政策，运用"看得见的手"干预价格，改善市场结果。当然价格控制并非尽善尽美，甚至有时可能会伤害它想要帮助的人。

1. 对农产品的支持价格政策

支持价格是政府为了扶植某一行业的生产而规定的该行业产品的最低价格。支持价格一定高于均衡价格。以农产品支持价格为例，可以通过图2-14作简要说明。

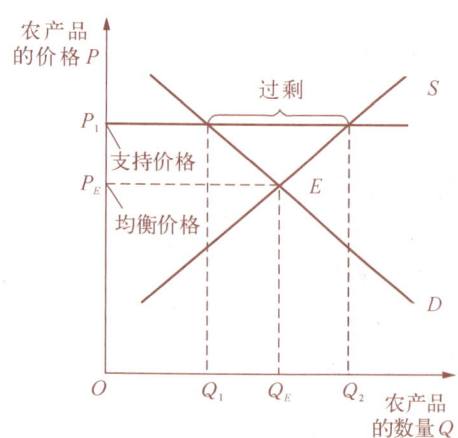

图2-14 实施支持价格政策的农产品市场

在图2-14中,农产品的供求所决定的均衡价格是P_E,均衡数量是Q_E。为了扶植和稳定农业,政府采取支持价格政策,支持价格为P_1,高于均衡价格P_E。这时,对应价格P_1,农产品市场的需求量为Q_1,供给量为Q_2,农产品供给过剩。各国政府通常会采用缓冲库存或稳定基金等方法解决过剩的农产品供给,但这会增加政府的财政支出。

农产品的支持价格政策有利于农业的发展:第一,稳定了农业生产,减缓了价格过低对农业的冲击;第二,通过对不同农产品制定的不同支持价格,可以调整农业结构,使之适应市场需求的变动;第三,扩大农业投资,促进了农业现代化的发展和劳动生产率的提高。支持价格的副作用主要是会使财政支出增加,让政府背上沉重的包袱。

2. 最低工资

最低工资规定了任何一个企业要支付的最低劳动力价格。下面考察劳动力市场。如图2-15所示,在劳动力市场中,工人决定劳动供给,而企业决定劳动需求,如果政府不干预,则工资调整会使得劳动的供求趋于平衡。

政府往往会针对劳动力市场制定最低工资政策,最低工资通常高于市场均衡水平,在最低工资的限制下,劳动供给量会大于需求量,结果就是导致失业。因此,对于最低工资这项政策,不同的经济学家持不同观点:

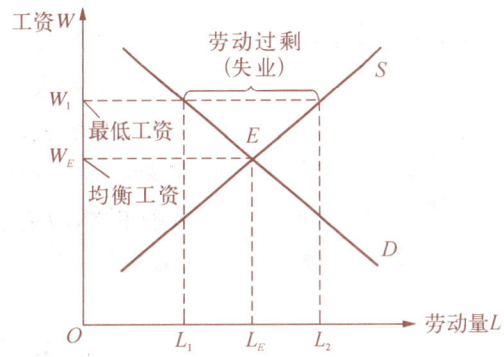

图2-15 有限制性最低工资的劳动力市场

支持者认为最低工资政策增加了贫穷工人的收入;反对者认为最低工资会引起失业,并使一些非熟练工人无法得到在职培训的机会,因此最低工资政策不是解决贫穷问题的最好方法。

3. 限制价格政策

和支持价格政策相对的限制价格政策,是指政府为了限制某些生活必需品的价格上涨而规定的这些产品的最高价格。限制价格一定低于均衡价格。政府这样做的目的,主要是为了稳定经济生活。比如稳定生活必需品的价格来保护消费者的利益,这样有利于安定民心。为了让限制价格政策发挥最大成效,政府常常需要采用配额与票证等辅助手段。图2-16表示政府实行价格上限的市场结果。

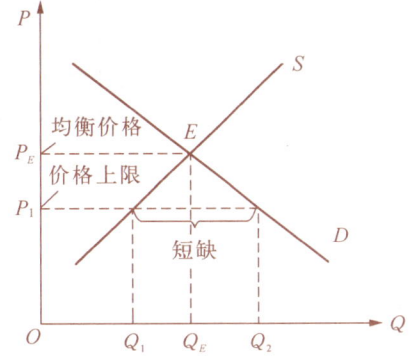

图2-16 实施价格上限的商品市场

限制价格的实行有利于社会平等的实现,有利于社会的安定。但其实行也有不利作用:第一,价格水平低不利于刺激生产,从而会使产品长期存在短缺的现象;第二,价格水平低不利于抑制需求,从而会在资源缺乏的同时造成严重的浪费;第三,限制价格造成的产品供需失衡也是社会风气败坏、官员腐败等不良风气的经济根源之一。

资料来源:根据一系列相关资料整理。

阅读材料二

序数效用论下的消费者均衡分析

在生活中消费者要做出多种决策,前面我们运用基数效用理论分析了消费者均衡问题。对消费者购买决策的分析还可以利用序数效用理论。下面我们将运用序数效用论下的无差异曲线法分析消费者的消费决策。

1. 无差异曲线

(1) 什么是无差异曲线?

> **无差异曲线**(Indifference Curve)也称等效用曲线,是用来表示两种商品的不同数量的组合给消费者带来的效用完全相同的一条曲线。

无差异曲线(Indifference Curve)也称等效用线,是用来表示两种商品的不同数量的组合给消费者带来的效用完全相同的一条曲线。假定现有 X 与 Y 两种商品的组合方式,如表2-7所示。各种组合方式能给消费者带来相同的效用,可以作出一条无差异曲线,如图2-17所示,无差异曲线一般用字母 I 表示。

表2-7 两种商品消费数量组合示意表

组合方式	X 商品	Y 商品
A	5	30
B	10	18
C	15	13
D	20	10
E	25	8
F	30	7

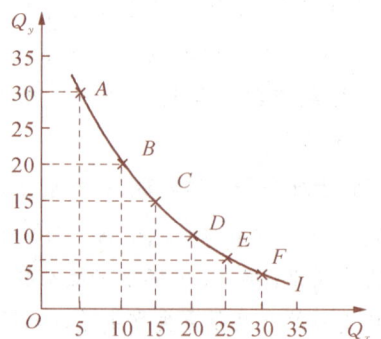

图2-17 两种商品消费量组合无差异曲线图

（2）无差异曲线的特征。

无差异曲线是一条从左上方向右下方倾斜的曲线，其斜率为负值。这就表明消费者为了获得同样的满足程度，增加一种商品的数量就必须减少另一种商品的数量，两种商品不可能同时增加或减少。

平面上有无数条无差异曲线，同一条无差异曲线代表相同的满足程度，不同的无差异曲线代表不同的满足程度，离原点越远的无差异曲线代表的满足程度越高，离原点越近的无差异代表的满足程度越低。在图2-18中I_1、I_2、I_3代表三条不同的无差异曲线，$I_1 < I_2 < I_3$。

在同一平面图上，任意两条无差异曲线不能相交。如图2-19所示，M、E在同一条无差异曲线I_1上，代表相同的效用水平，M、N在同一条无差异曲线I_2上，M、N代表相同的效用水平，因此N、E两点的效用水平也应该是相同的。但是在N点，X、Y两种商品的数量都要多于E点，所以，N点X和Y的组合提供的效用水平大于E点X和Y的组合提供的效用水平，即N、E两点的效用水平不能相等。所以在同一平面图上任意两条无差异曲线不能相交。

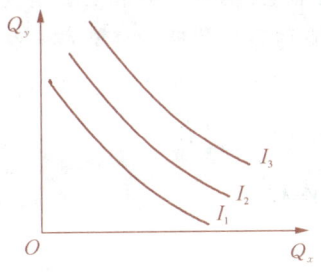

图2-18 平面上的无差异曲线

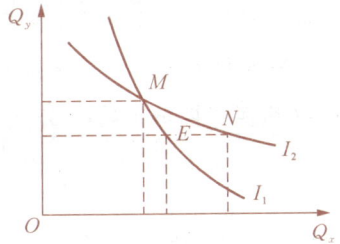

图2-19 无差异曲线不相交

一般情况下无差异曲线是凸向原点的，这一点可以用商品的边际替代率来说明。**边际替代率**（Marginal Rate of Substitution, MRS）是消费者在消费两种商品保持效用不变时，减少一种商品的消费量与增加的另一种商品的消费量之比。用公式表示为

$$MRS_{xy} = \left| \frac{\Delta Y}{\Delta X} \right| = \frac{MU_x}{MU_y} \qquad (2.3)$$

> **边际替代率**（Marginal Rate of Substitution, MRS）是消费者维持效用水平不变时，减少一单位的某种商品的消费量与增加的另一种商品的消费量之比。

式（2.3）中，边际替代率正是无差异曲线的斜率。MU_x是消费者消费X商品的边际效用，MU_y是消费者消费Y商品的边际效用。因为消费者收入的限制，为保持效用水平不变，一种商品消费量增加时，另一种商品消费量必然减少，因此边际替代率为负值，且它的绝对值随着商品组合中X

商品数量的增加而逐渐递减(X对Y的替代性随着商品组合中X数量的增加而逐渐减弱),这就决定了无差异曲线向右下方倾斜且凸向原点。依据上例中资料计算边际替代率,如表2-8所示。

表2-8 两种商品边际替代率计算表

变动情况	ΔX	ΔY	MRS_{xy}
B—A	5	−12	2.4
C—B	5	−5	1
D—C	5	−3	0.6
E—D	5	−2	0.4
F—E	5	−1	0.2

2. 消费预算线

(1) 什么是消费预算线?

消费预算线(Budget Line)又称等成本线,它是一条表明在消费者收入与商品价格既定的条件下,消费者所能购买到的两种商品最大数量组合线。假定消费者用一定的货币收入M购买X和Y两种商品,X商品的价格为P_x,Y商品的价格为P_y,则消费者的预算线可以表示为

$$P_x \times X + P_y \times Y = M \tag{2.4}$$

> **消费预算线(Budget Line)**
> 又称等支出线,它是一条表明在消费者收入与商品价格既定的条件下,消费者所能购买到的两种商品最大数量组合线。

(2) 消费预算线的绘制。

我们假设某个消费者所要购买的X和Y两种商品的价格分别为20元和10元,该消费者有100元货币用于购买这两种商品,我们可以列出该消费者可能购买的最大数量组合,见表2-9所示。

表2-9 X和Y两种商品购买数量组合表

数量组合	X商品购买数量	Y商品购买数量
A	0	10
B	1	8
C	2	6
D	3	4
E	4	2
F	5	0

我们可以根据表2-9中的资料绘出图2-20。在图2-20所表示的消费预算线中，消费者若购买预算线以内的商品数量组合，货币未用完，比如图中的 G 点，就表示没有实现满足程度最大化；若购买预算线以外的商品数量组合，因货币收入不足而无法实现，比如图中的 H 点。消费者可能购买到的两种商品的最大数量组合是预算线上的各点坐标所表示的数量组合。

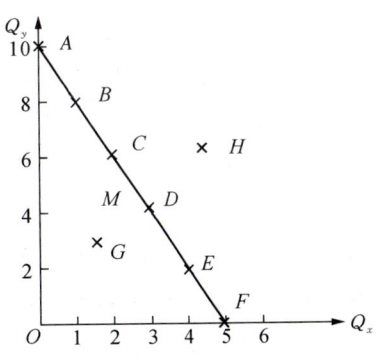

图2-20　两种商品的消费预算线

3. 序数效用论下的消费者均衡

无差异曲线代表消费者对不同商品组合的主观态度，而消费预算线显示了消费者具有支付能力的商品消费客观条件，序数效用论者正是将两者放在一起，从而找到了消费者的最优选择，如图2-21所示。

在图2-21中，消费预算线 M 与尽可能高位的无差异曲线 I 相切于点 E，切点 E 就是消费者均衡点，所对应的 X_E 和 Y_E 值就是在两种商品价格和消费者收入既定时，消费者实现效用最大化时的两种商品购买量。

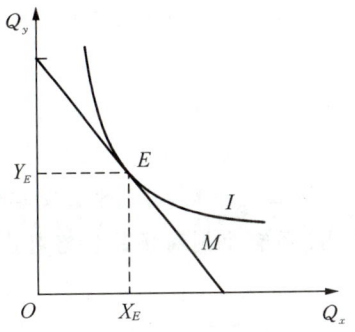

图2-21　消费者均衡示意图

从前面的分析中，我们知道，消费预算线的斜率是两种商品的价格比，无差异曲线的斜率是商品的边际替代率。消费预算线与无差异曲线相切，即两者斜率刚好相等。因此，可以得出结论：序数效用论下消费者达到最大效用的均衡条件是：两种商品的边际替代率或边际效用之比等于两种商品的价格之比，即：$MRS_{xy} = P_x/P_y = MU_x/MU_y$，调整得

$$\frac{MU_x}{P_x} = \frac{MU_y}{P_y} \tag{2.5}$$

很显然，这个结果同我们前面运用边际效用的分析方法得出的基数效用论下消费者均衡的结论是一致的。即：单位货币所购买商品的边际效用相等，或者说他购买的商品的边际效用与它们的价格之比相等。

资料来源：根据一系列相关资料整理。

阅读材料三

讨价还价的秘密——消费者剩余

我在海口时很想买一部电子词典，逛了数码商城之后，相中了一款"名人310"。逛了几家后发

现这一款商品的价格都在600元以上,而且打折的余地很小。我虽然很喜欢这部电子词典,但由于价格不够理想,所以还不能下决心购买它。

到上海学习期间,离我住的地方不远处也有一家数码城,有一天下午我逛街时就进去了,在电子辞书的专售柜台果然有"名人310"在出售,标价580,比海口便宜一点,看了机器之后我便开始了讨价还价,售货员是一个二十出头的姑娘,人虽然很热情活泼,但价格却咬得很死。我坚持的底线是530元,当我最后报出来后,小姑娘的态度有了一定的变化,她说:"这个价格实在太低了,我得请示一下。"她打电话不知跟谁说了几句之后就对我说:"好了,就做给你吧!"

小姑娘态度的突然转变反使我产生了一丝犹豫。因为一是我还没有货比三家,二是根据买东西的经验,小姑娘有故弄玄虚之嫌,就像有些卖主嘴里说着"您再添点吧,这价钱实在太低了,没法卖!",但手里已经在给你整理东西的时候,他已经向你发出了想卖的信号一样,都是想让顾客感到自己得到了很大便宜的一种姿态而已。但我不会上当。正在不想买的当头,商场看门的大爷不耐烦地嚷嚷道:"早就下班了,要关门啦!"我正好顺水推舟地说:"唉,时间来不及了,明天再说吧!"却见柜台里的小姑娘面露遗憾之色,嘴里还说着:"不要紧的,我马上给你开票,很快的!"但我已溜之大吉。

第二天一大早,我坐公交车到比较远的地方多看了几家数码商城,发现价格和昨天那家都相差无几,还有个别商场的价格赶上了海口的水平。最后我来到了一家叫"大润发"的规模很大的超市。一进超市,首先看到了一条很醒目的提示标语:"如果您在周边地区购买了比我处更便宜的同类商品,请持有关证明,大润发无条件为您补差!"看到这条承诺,我心里一下子轻松了,看来可能不虚此行。

找到了数码柜台,果然看到了"名人310"。更使我惊喜的是,上面赫然标价378元!这是我从来没有见过的低价,而且是在一家有信誉的大超市。物美价廉,我还犹豫什么?立马决定买下。当售货员拿出机器后,我发现这不是我喜欢的颜色,而且再没有别的颜色了。我问售货员:"下午还会有别的颜色吗?"她说不清楚,因为下午不是她的班。我只好遗憾地回去了。中午休息后,我突然萌生了再去一趟"大润发"的念头。到了"大润发"后,我发现柜台换了一位小伙子,我问他:"名人310有没有淡绿色的?""有啊!"果然他拿出了我最喜欢的那一款。这回大功告成,我终于如愿以偿。那天我很快乐,因为通过购买"名人310",我得到了(530−378)=152元的消费者剩余。

资料来源:根据一系列相关资料整理。

扫一扫

知识链接

消费者剩余

消费者剩余(Consumer Surplus)是指消费者为获得一种商品所愿意支付的价格与他为该商品实际支付的价格之间的差额。"消费者剩余"这一概念由英国经济学家阿尔弗雷德·马歇尔首先提出。马歇尔在他的《经济学原理》一书中是这样来表示消费者剩余的:如图2-22所示,以横

轴 OQ 代表商品数量，纵轴 OP 代表商品价格，D 代表需求曲线，消费者以价格 P_E 购买了 Q_E 单位商品，则消费者购买商品所获得的消费者剩余为阴影三角形的面积。

传统的消费者行为理论认为，消费者剩余根源于递减的边际效用，由于消费品对先前各单位都要比最后的一单位做出更高的效用评判，消费者从先前的每一单位商品消费中都享受到了效用剩余。因此，消费者剩余衡量的是消费者从某一物品的购买中所得到的超过他们所为之支付的那部分额外效用。

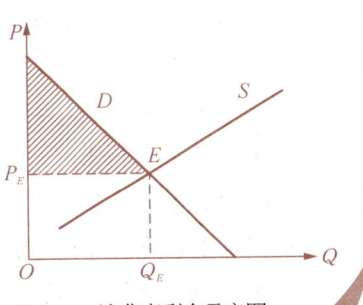

图 2-22　消费者剩余示意图

复习思考题

一、单项选择题

1. 一般情况下，猪肉价格大幅度上升，则牛肉价格将（　　）。
   A. 下降　　　　　B. 保持不变　　　　C. 上升　　　　D. 不确定
2. 一般情况下，飞机票价上调，火车的客运量将（　　）。
   A. 增加　　　　　B. 减少　　　　　　C. 不变　　　　D. 不确定
3. 一般情况下，汽车的价格大幅度上涨，汽油的销售量将（　　）。
   A. 增加　　　　　B. 减少　　　　　　C. 不变　　　　D. 不确定
4. （　　）会导致面包需求量的变动。
   A. 面粉价格上涨　　　　　　　　　　B. 面包价格下降
   C. 居民收入下降　　　　　　　　　　D. 小麦全面丰收
5. 政府为了扶持农业，对农产品规定了高于其均衡价格的支持价格。政府为了维持支持价格，应该采取的相应措施是（　　）。
   A. 增加对农产品的税收　　　　　　　B. 实行农产品配给制
   C. 收购多余的农产品　　　　　　　　D. 对农产品生产者予以补贴
6. 政府把价格限制在均衡水平以下可能导致（　　）。
   A. 黑市交易　　　　　　　　　　　　B. 大量积压
   C. 买者按低价买到了希望购买的商品　D. A 和 C
7. 下列哪一事件将使手表的需求曲线向右移动？（　　）
   A. 手表的价格下降

B. 手表为正常品且消费者的收入减少

C. 手表电池和手表为互补品且手表电池价格下降

D. 手表的价格上升

8. 以下各项都使手表供给曲线向右移动,除了( )。

A. 手表的价格上升　　　　　　　　B. 用于制造手表的技术进步

C. 用于制作手表的工人工资下降　　D. 制造者预期未来手表价格下降

9. 假设手表的供给和需求都增加。在手表市场上,我们可以预见( )。

A. 均衡数量增加,均衡价格上升

B. 均衡数量增加,均衡价格下降

C. 均衡数量增加,均衡价格保持不变

D. 均衡数量增加,均衡价格的变动是无法确定的

10. 当某消费者对商品X的消费达到饱和点时,则X的边际效用为( )。

A. 正值　　　　　　　　　　　　　B. 负值

C. 零　　　　　　　　　　　　　　D. 不确定,需视具体情况而定

11. 若消费者张某只准备买两种商品X和Y,X的价格为10,Y的价格为2,若张某买了7个单位X和3个单位Y,所获得的边际效用分别为:MU_x = 30个单位,MU_y = 20个单位。则( )。

A. 张某获得了最大效用

B. 张某应该增加X的购买,减少Y的购买

C. 张某应该增加Y的购买,减少X的购买

D. 张某要想获得最大效用,需要借钱

12. 同一条无差异曲线上的不同点表示( )。

A. 效用水平相同,但所消费的两种商品的组合比例不同

B. 效用水平相同,所消费的两种商品的组合比例也相同

C. 效用水平不同,所消费的两种商品的组合比例也不同

D. 效用水平不同,但所消费的两种商品的组合比例相同

13. 消费预算线反映了( )。

A. 消费者的收入约束　　　　　　　B. 消费者的偏好

C. 消费者人数　　　　　　　　　　D. 货币的购买力

14. 无差异曲线在消费者均衡点上的斜率( )。

A. 大于消费预算线的斜率　　　　　B. 等于消费预算线的斜率

C. 小于消费预算线的斜率　　　　　D. 以上三种情况都有可能

15. 消费者剩余是消费者的( )。

A. 实际所得　　　　　　　　　　　B. 主观感受

C. 没有购买的部分　　　　　　　　D. 消费者剩余部分

二、应用分析题

1. 考察家用旅行车市场,运用供求图分析下列事件对家用旅行车的价格和数量的影响:
(1) 人们决定多生孩子;
(2) 钢铁工人罢工致使钢材价格上涨;
(3) 运动性多功能车价格上升;
(4) 股市崩溃减少了人们的财产。

2. 运用供求图说明下列事件对运动衫市场的影响:
(1) 飓风损害了该地区的棉花作物;
(2) 皮夹克的价格下降;
(3) 所有大学都要求穿合适的服装做早操;
(4) 发明了新的织布机。

3. 如果你有一辆需要四个轮子才能开动的车,只有三个轮子,那么当你有第四个轮子时,这第四个轮子的边际效用似乎超过了第三个轮子。这是不是违反边际效用递减规律?

4. 请画出以下两种情况的无差异曲线,并说明其形状特征:
(1) 可口可乐和百事可乐;
(2) 眼镜片和眼镜架。

三、计算题

1. 假设某大学里篮球赛票价是由市场力量决定的,现在,需求与供给表如下:

价格(元)	需求量(张)	供给量(张)
4	10 000	8 000
8	8 000	8 000
12	6 000	8 000
16	4 000	8 000
20	2 000	8 000

(1) 画出需求曲线和供给曲线。这条供给曲线有什么不寻常之处?为什么会是这样?
(2) 篮球票的均衡价格和均衡数量是多少?
(3) 下一年度该学校计划增加5 000名学生,增加的学生有以下的需求表:

价格（元）	需求量（张）
4	4 000
8	3 000
12	2 000
16	1 000
20	0

现在把原来的需求表与新生的需求表加在一起计算整个大学的新需求表。新的均衡价格和均衡数量是多少？

2. 根据下表计算：

面包的消费量	总 效 用	边 际 效 用
1	20	20
2	30	
3		5

（1）消费第二个面包时的边际效用是多少？
（2）消费三个面包的总效用是多少？

3. 某消费者的边际效用如下表，假设该消费者在某一时期内将14元钱全部用于商品1和商品2的购买，商品的价格 $P_1=1$ 元，$P_2=2$ 元，他应该购买多少商品1和多少商品2以实现最大的总效用呢？

商品计数	1	2	3	4	5	6	7	8
MU_1	11	10	8	6	5	4	3	2
MU_2	20	18	14	13	12	10	8	6

4. 假设你是一名大学生，即将参加三门功课的期终考试，你能够用来复习功课的时间只有6小时。又设每门功课占用的复习时间和相应会有的成绩如下表所示：

小时数	0	1	2	3	4	5	6
经济学分数	40	54	65	75	83	88	90
数学分数	40	52	62	70	77	83	88
统计学分数	70	80	88	90	91	92	93

问：为使三门功课的成绩总分最高，你应怎么分配复习时间？说明理由。

5. 假设某消费者的均衡如下图所示。其中,横轴 OX_1 和纵轴 OX_2 分别表示商品1和商品2的购买数量,线段 AB 为消费者的预算线,曲线 I 为消费者的无差异曲线,E 点为均衡点。已知商品1的价格 $P_1=2$ 元。

求:

(1) 消费者的收入;

(2) 求商品2的价格 P_2;

(3) 写出预算线方程;

(4) 求预算线的斜率;

(5) 求 E 点的 MRS_{12} 值。

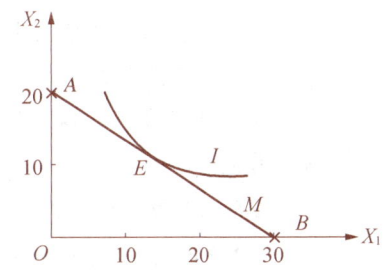

实·训·项·目

一、实训目标

1. 运用供求规律解释市场价格的波动与均衡;
2. 运用正确的程序和方法分析企业的市场价格决策;
3. 消费者偏好与效用及消费心理分析。

二、实训项目与要求

1. 辩论赛——影视明星的高收入合理吗?

项目要求:

(1) 查阅材料,了解影视明星的收入状况。

(2) 学生分成偶数组,两两对弈,双方各自持有不同观点,进行讨论和资料准备。

(3) 教师主持辩论赛,并选出获胜者,进行点评。

2. 市场调查——实训基地企业或某个社会实际消费品的市场供需

项目要求:

(1) 分组,每个小组有专门负责人,各自选择某一种消费品。

(2) 分组进行市场供求状况调查,根据调查结果,组长认真组织讨论,讨论要尽量围绕问题进行,避免跑题或走题。

(3) 讨论市场上消费品的销售是否符合供求法则?有没有例外情况?例外情况的原因是什么?2019年猪肉价格大幅上涨,此时对老百姓的猪肉消费量有什么样的影响?同时,大米价格也有所上涨,需求和供给状况如何?两者有无区别?

(4) 小组每位成员都要发言,在某人发言时,其他成员要认真倾听,不管是否同意某人的观点,都不要随意打断对方,要让每一位成员把自己的观点表述出来。

(5) 组长要指派专人进行记录,记录员要认真记录小组成员的发言。待小组成员都发表意见后,小组再来讨论、归纳本组主要观点。

(6) 选派小组代表进行班内汇报,教师对各小组讨论结果进行归纳和点评。

3. 趣味游戏竞赛——钻石与水的价值之谜

项目要求:

(1) 每个同学拿到一张"××××学院课业任务纸"。

(2) 在2分钟之内,写出自来水的一切可能的用途,看谁能够在有限的时间内写得更多,选出优胜者。

(3) 在2分钟之内,写出钻石的一切可能的用途,看谁能够在有限的时间内写得更多,选出优胜者。

(4) 讨论:水与钻石谁更有用?为什么钻石的价格比水高得多?

(5) 再进行一次游戏,"假设你只有一杯水",在上一个游戏中写出的水的用途中选择一个,说出你选择的原因。

(6) 分成小组交换意见,讨论消费者效用理论。

学习领域 三

管理经济学
—— 投入、产出、成本与利润

从"三季稻不如两季稻"总结企业生产中客观存在的边际产量递减规律，从"小的是美好的"还是"大的是美好的"回答中引出对企业适度规模的思考，从"言利必有义"谈企业利润最大化的经营目标，认知投入、产出、成本与利润，掌握管理经济学初步。

 学习目标

- 了解企业经营目标并能够客观看待企业的逐利属性；
- 理解边际产量递减规律并能够运用规律分析生产中的实例；
- 了解规模报酬并能够根据行业与市场特点分析企业的适度规模；
- 掌握企业利润最大化经营原则并能够结合具体企业分析寻找利润增长点的途径；
- 领会企业运营基本规律，建立对收益、成本、利润核算的敏感度，构建基本的企业运营经济思维。

 关键词汇索引

企业　生产要素　生产函数　边际产量递减规律　规模报酬　规模经济　规模不经济　会计成本　经济成本　总收益　利润最大化

第一节 | 三季稻不如两季稻
—— 边际产量递减规律

一、企业与生产

1. 企业及其类型划分

和消费者相对应，企业在市场上扮演的是产品和服务供给者的角色，经济学假定所有的企业都是理性的经济人，即企业从事生产的目的就是追求利润最大化。

> **企业**(Firm)是指从事生产、流通、服务等经济活动,以生产或服务满足社会需要,实行自主经营、独立核算、依法设立的一种营利性的经济组织。

企业(Firm)按不同的标准可以划分为不同类型:

(1) 按投资人的出资方式和责任形式分为:个人独资企业、合伙企业、公司制企业。

(2) 按投资者的不同分为:内资企业、外商投资企业和港、澳、台商投资企业。

(3) 按所有制结构可分为:全民所有制企业、集体所有制企业和私营企业。

需要注意的是,公司(Company)是依照公司法设立的以盈利为目的的企业法人。企业的概念大于公司。

2. 生产要素与生产函数

在市场经济中,企业从要素市场上购买生产要素(劳动力、机器、原材料等),经过生产过程,产出产品或劳务,在产品市场上出售,供消费者消费或供其他生产者再加工,以赚取利润。所以,**生产**(Production)就是企业对各种生产要素进行组合以制成产品的行为,是把投入转化为产出的过程。

> **生产**(Production)企业对各种生产要素进行组合以制成产品的行为,是把投入转化为产出的过程。

> **生产要素**(Production Factor)生产中投入的各种资源,即劳动、资本、土地与企业家才能。

(1) 生产要素。生产中投入的各种资源统称为**生产要素**(Production Factor),即劳动、资本、土地与企业家才能。劳动(Labor)是指劳动者所提供的服务,可以分为体力劳动和脑力劳动。资本(Capital)是指生产中所使用的资金。它包括两种形式:有形的物质资本和无形的人力资本。前者指在生产中使用的厂房、机器、设备、原料等资本品;后者是指劳动者的身体、文化、技术状态以及信誉、商标、专利等。在生产理论中主要是指前一种物质资本。土地(Land)是指生产中所使用的各种自然资源,是在自然界所存在的,如土地、水、自然状态的矿藏、森林等。企业家才能(Entrepreneurship)是指企业家对整个生产过程的组织与管理工作,包括经营能力、组织能力、管理能力、创新能力。企业家根据市场预测,有效地配置上述生产要素从事生产经营,以追求最大利润。经济学家特别强调企业家才能,认为把劳动、土地、资本组织起来,使之演出有声有色生产经营话剧的正是企业家才能。

> **生产函数**(Production Function)是指在技术水平不变的情况下,反映一定时期内生产要素的数量与某种组合和它所能生产出来的最大产品的产量之间依存关系的函数。

(2) 生产函数。**生产函数**(Production Function)是指在技术水平不变的情况下,反映一定时期内生产要素的数量与某种组合和它所能生产出来的最大产品产量之间依存关系的函数。它反映企业生产过程中投入和产出之间的技术数量关系。

以 Q 代表产品总产量,L、K、N、E 等分别代表投入到生产过程中的劳动、资本、土地、企业家才能等生产要素的数量,则生产函数可表示为

$$Q = f(L, K, N, E, \cdots)$$

为了简化分析,只考虑劳动(L)和资本(K)两种要素投入,将生产函数

简化为

$$Q = f(L, K)$$

上式表明,在一定时期一定技术水平下,一定数量的劳动 L 与资本 K 的组合所能产出的最大的产品产量 Q。

为了分析投入的生产要素与产量之间的关系,可以假定厂商处于生产的短期,仅使用劳动与资本两种投入,且资本的投入量保持不变(因为资本形成通常需要一定的时间间隔)。此时厂商的短期生产函数可表示为

$$Q = f(L, \overline{K})$$

上式中,$\overline{K}$ 表示资本量不变,产品产量只取决于劳动量 L。因此,生产函数也可以记为

$$Q = f(L)$$

根据上式,我们就可以在假定资本量不变的情况下,分析劳动量投入的增加对产量的影响,以及劳动量投入多少最合理。

二、三季稻不如两季稻——边际产量递减规律

1. 总产量、平均产量和边际产量

经济学中,产量的概念是指实物量,而不是指产值。经济学常使用的产量概念有以下三个:

总产量(Total Production, TP),是指在资本投入量既定条件下由可变要素劳动投入所生产的产量总和。表达式为

$$TP = f(L)$$

平均产量(Average Production, AP),是指平均每个单位劳动所生产的产量。表达式为

$$AP = \frac{TP}{L}$$

边际产量(Marginal Production, MP),是指每增加或减少一单位劳动所带来的产出量的变化。表达式为

$$MP = \frac{\Delta TP}{\Delta L}$$

图 3-1 中,以劳动量 OL 为横轴,产量 TP、AP、MP 为纵轴,总产量曲线

> **总产量**(Total Production, TP)指投入一定量的劳动所得到的产出量总和。

> **平均产量**(Average Production, AP)指平均每单位劳动带来的产出量。

> **边际产量**(Marginal Production, MP)指每增加或减少一单位劳动所带来的产出量的变化。

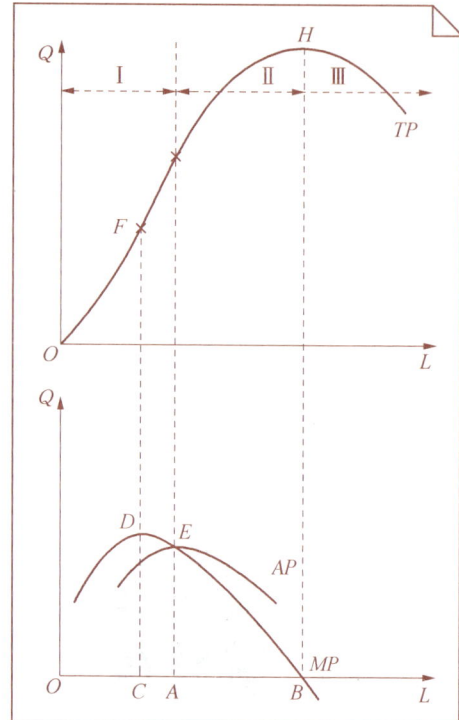

图 3-1
TP、AP、MP 的相互关系

> **边际产量递减规律**（The Law of Diminishing Marginal Production）又称边际报酬递减规律，是指在技术水平不变的条件下，当把一种可变的生产要素投入到一种或几种不变的生产要素中时，最初这种生产要素的增加会使产量增加，但当它的增加超过一定限度时，所带来的产量增加量是递减的，最终还会使总产量绝对减少。

TP、平均产量曲线 AP 和边际产量曲线 MP 之间的关系有以下几个特点：

① 在其他生产要素不变的情况下，随着一种生产要素的增加，总产量曲线、平均产量曲线和边际产量曲线都是先上升而后下降。

② 边际产量曲线与平均产量曲线相交于平均产量曲线的最高点 E。在相交前，边际产量大于平均产量（MP > AP），平均产量是递增的；在相交后，边际产量小于平均产量（MP < AP），平均产量是递减的；在交点 E，边际产量等于平均产量（MP=AP），平均产量达到最大。

③ 当边际产量为零时（B 点），总产量达到最大，之后，当边际产量为负数时，总产量会绝对减少。

2. 边际产量递减规律及实例

边际产量递减规律（The Law of Diminishing Marginal Production）又称边际报酬递减规律，是指在技术水平不变的条件下，当把一种可变的生产要素投入到一种或几种不变的生产要素中时，最初这种生产要素的增加会使产量增加，但当它的增加超过一定限度时，所带来的产量增加量是递减的，最终还会使总产量绝对减少。表现在图 3-1 中，MP 曲线是先上升（O→D）而后下降（D→B），直至为零为负；TP 曲线的变化特征是先加速上升（O→F），然后增加但速度变慢（F→H），最后下降（H 点之后）。

举个例子来说，一个面包坊有两个烤炉且固定不变，作为可变生产要素的工人从 1 人增加到 2 人时，面包的边际产量和总产量都会增加。如果增加到 3 个工人，1 个工人打杂，尽管这个工人增加的产量不如第 2 个工人（边际产量递减），但总产量仍增加了。如果增加第 4 个工人，面包坊内拥挤，工人之间发生矛盾，总产量反而减少了。

边际产量递减规律在各部门都存在，但在农业中最突出。三季稻不如两季稻正说明了这一点。在农业仍为传统生产技术的情况下，土地、设备、水利资源、肥料等都是固定生产要素。两季稻改为三季稻并没有改变这些固定生产要素，只是增加了可变生产要素（劳动与种子）。两季稻是农民长期生产经验的总结，它行之有效，说明在传统农业技术下，固定生产要素已经得到了充分利用。改为三季稻之后，因土地过度利用引起肥力下降，设备、肥料、水利资源等由两次使用改为三次使用，每次使用的数量不足。这样，三季稻的总产量就低于两季稻了。群众总结的经验是"三三见九，不如二五一十"。这就是对边际产量递减规律的形象说明。

当然，和其他经济规律一样，边际产量递减规律的作用也是有条件的。只有在生产技术没有发生重大变化和固定生产要素不变的情况下才成立。在长期中，如果生产技术进步或固定生产要素增加（或者说一切生产要素都是可变的），边际产量递减规律也就不起作用了，代之而起的是其他经济规律。所以，我们也不能把边际产量递减规律绝对化。

> **即问即答**
> 什么是边际产量？边际产量递减意味着什么？

三、短期生产中可变要素投入的合理区间

根据劳动投入量与总产量、平均产量和边际产量之间的关系，图3-1可分为三个区域：

Ⅰ区域是劳动量从零增加到A的阶段，此为第一阶段。这时平均产量呈上升趋势，并且边际产量大于平均产量，这说明在此阶段，相对于不变的资本量而言，劳动量投入不足，所以劳动量的增加不仅可以使资本得到充分利用，而且还使产量递增。由此看来，劳动投入量最少要增加到A点为止，否则资本无法得到充分利用。因此理性的厂商不会把劳动的投入确定在这一区域。

Ⅱ区域是劳动量从A增加到B这一阶段，这时平均产量开始下降，边际产量小于平均产量且递减，但仍大于零，所以总产量仍增加，但是以递减的比率增加。当劳动投入量增加到B点时，边际产量为零，总产量达到最大。

Ⅲ区域是劳动增加到B点以后，这一阶段劳动的边际产量为负值，即继续增加劳动投入不但不会增加产量，反而会使总产量绝对减少，因此厂商也不会把劳动的投入确定在这一区域内。

从以上分析可以看出，理性的生产者不会选择第一阶段和第三阶段进行生产，必然选择在第二阶段组织生产，即只有Ⅱ区域才是可变要素劳动的合理投入区域。但在这一区域中，劳动投入量增加到哪一点所达到的产量能实现利润最大化，还必须结合成本与产品价格来进行分析。

> **即问即答**
> 根据短期生产三阶段理论，理性的厂商应该选择在哪一区域组织生产？为什么？

第二节 "小的是美好的"还是"大的是美好的"

一、"人多力量大"与"三个和尚没水喝"——规模报酬

"人多力量大""船大好冲浪""众人拾柴火焰高"，这些耳熟能详的谚语都在说明一个道理：只有形成规模，才能发挥强大力量。从经济学上讲，

规模报酬（Return to Scale）指在其他条件保持不变的情况下，企业内部各种生产要素按相同比例变化时所带来的产量变化。

这涉及一个组织的规模问题。用专业术语描述，就是**规模报酬**（Return to Scale）问题。它是指在其他条件保持不变的情况下，企业内部各种生产要素按相同比例变化时所带来的产量变化。"人多力量大"固然是事实，但"两个和尚抬水喝，三个和尚没水喝"的现象也存在。企业规模大了，未必经济效率也更高。企业规模报酬变化可以分为规模报酬递增、规模报酬不变和规模报酬递减三种情况，我们举例加以说明。

假设某大型啤酒生产企业月产10万吨啤酒，耗用资本100个单位，耗用劳动50个单位。现在企业扩大生产规模，使用200个单位的资本和100个单位的劳动（生产规模扩大1倍）。由此带来的收益变化可能有如下三种情形：

（1）产量大于20万吨，产量增加比例大于生产要素增加比例，称为规模报酬递增；

（2）产量等于20万吨，产量增加比例等于生产要素增加比例，称为规模报酬不变；

（3）产量小于20万吨，产量增加比例小于生产要素增加比例，称为规模报酬递减。

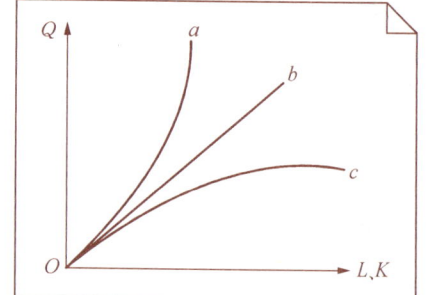

图 3-2
规模报酬递增、不变与递减

我们可以用图3-2表示规模报酬的三种不同情况。图中横轴是资本和劳动这两种生产要素的投入量，纵轴是产品的产量。则曲线Oa表示规模报酬递增，Ob表示规模报酬不变，Oc表示规模报酬递减。

二、规模经济与规模不经济

长期生产中，随着生产规模的变化，企业规模报酬也在发生变化，引发这种变化的原因是什么呢？答案是规模经济与规模不经济。

1. 船大好冲浪——规模经济

19世纪末，英国经济学家阿尔弗雷德·马歇尔提出了这样一个理论：工业革命带来高效大型机器设备的广泛应用，必然导致企业规模扩大，企业生产规模的扩大，有利于企业使用更先进的技术，实行更精细的分工、协作和专业化生产；也有利于企业产品零部件的标准化、通用化，生产经营的联合化和多样化，大量销售、大量采购和对产品进行综合利用等各种积极因素的充分发挥，从而产生规模效应，这就是所谓的**规模经济**（Economies of Scale）。规模经济分为外在经济和内在经济两种。

规模经济（Economies of Scale）指企业由于扩大生产规模而使经济效益得到提高。

外在经济是指整个行业生产规模扩大和产量增加后，给个别企业带来产量和收益的增加。引起外在经济的原因是：个别企业可以从整个行业的扩大中得到更加方便的交通辅助设施、更多的信息与更好的人才，从而使产量与收益增加。

内在经济是指企业在生产规模扩大时，由自身所引起的产量和收益的增加。引起内在经济的原因主要有：

（1）可以使用更加先进的机器设备。机器设备这类生产要素有其不可分割性。当生产规模小时，无法购置先进的大型设备，即使购买了也无法充分发挥效用。只有在大规模生产中，大型的先进设备才能充分发挥其作用，使产量更大幅度地增加。

（2）可以实行专业化生产。在大规模的生产中，专业分工可以更细，这样就会提高工人的技术水平，提高生产效率。

（3）可以提高管理效率。各种规模的生产都需配备必要的管理人员，在生产规模小时，这些管理人员无法得到充分利用，而生产规模扩大时，可以在不增加管理人员的情况下增加生产，从而就提高了管理效率。

（4）可以对副产品进行综合利用。在小规模生产中，许多副产品往往被作为废品处理，而在大规模生产中，就可以对这些副产品进行再加工，做到"变废为宝"。

（5）在生产要素的购买与产品的销售方面也会更加有利。大规模生产所需各种生产要素多，产品也多，这样，企业就会在生产要素与产品销售市场上具有垄断地位，从而可以压低生产要素收购价格或提高产品销售价格，获利更大。

2. 并非越大越好——规模不经济

但是，生产规模也不是越大越好。企业规模扩大以后，对外与市场的协调成本越来越高，内部运行机制的协调难度越来越大，加上管理与指挥系统的复杂化，信息的上传下达速度减慢，使管理效率大大降低，边际收益下降，甚至会变成负值，出现**规模不经济**（Diseconomies of Scale）现象。规模不经济分为外在不经济和内在不经济两种。

> **规模不经济**（Diseconomies of Scale）指企业生产扩张到一定规模以后，继续扩大生产规模，会导致经济效益下降。

一个行业的生产规模过大也会使个别企业的产量与收益减少，这种情况称为外在不经济。引起外在不经济的原因是：一个行业过大会使各个企业之间竞争更加激烈，各个企业为了争夺生产要素与产品销售市场，必须付出更高的代价。此外，整个行业的扩大，也会使环境污染问题更加严重，交通紧张，个别企业要为此承担更高的代价。

内在不经济是指一个企业由于本身生产规模过大而引起产量或收益减少。引起内在不经济的原因主要是：

（1）管理效率的降低。生产规模过大也会使管理机构由于庞大而不灵活，管理上也会出现各种漏洞，从而使产量和收益减少。

（2）生产要素价格与销售费用增加。生产要素的提供并不是无限的，生产规模过大必然大幅度增加对生产要素的需求,而使生产要素的价格上升。同时,生产规模过大,产品大量增加,也增加了销售的困难,需要增设更多的销售机构和配备更多的人员,增加了销售费用。

报纸的发行是规模问题的一个很好的例证。一般情况下,省级以上有点影响的报纸的发行量都比较理想,报纸的发行量越大,单份报纸的所摊费用就越少。但发行量也不能无限制地大,也有一个规模问题。因为报纸的主要收入靠广告,一期报纸的广告收入是固定的,超过了一定的规模,就会出现单份报纸成本、发行和管理费用增多的现象,就会出现规模不经济。

> **即问即答**
>
> 解释导致规模经济或规模不经济的原因。

三、"小的"还是"大的"——企业的适度规模

由以上分析来看,一个企业和一个行业的生产规模不能过小,也不能过大,即要实现适度规模。对一个企业来说,就是长期中劳动和资本两种要素的增加应该适度。生产规模的扩大应该正好使规模报酬递增,当达到最大这一状态时就不再增加生产要素,并使这一生产规模维持下去。对于不同行业的企业来说,适度规模的大小是不同的,并没有一个统一的标准。在确定适度规模时应该考虑到的因素主要有:

1. 行业的技术特点

一般来说,需要的投资量大、所用的设备复杂且先进的行业,适度规模也就大。例如冶金、机械、汽车制造、造船、化工等重工业厂商,生产规模越大经济效益越高。相反,需要投资少、所用的设备比较简单的行业,适度规模也小。例如服装、服务这类行业,生产规模小能更加灵活地适应市场需求的变动,对生产更有利,所以适度规模也更小。

2. 市场条件

一般来说,生产市场需求量大,而且产品标准化程度高的企业,适度规模也应该大,这也是重工业行业适度规模大的原因。相反,生产市场需求小,而且产品标准化程度低的企业适度规模也应该小,所以,服装行业的适度规模就要小一些。

3. 其他因素

当然,在确定适度规模时要考虑的因素还有很多。例如,在确定某一采矿企业的规模时,还要考虑矿藏量的大小。其他诸如交通条件、能源供给、原料供给、政府政策等,都是在确定适度规模时必须考虑到的。而且,各国各地由于经济发展水平、资源、市场等条件的差异,即使同一行业,规模经济的大小也并不完全相同。

应该注意的是,随着技术进步,规模经济的标准也在变化。尤其在

重工业行业，规模经济的生产规模呈不断扩大的趋势。这是因为这些行业的设备日益大型化、复杂化和自动化，投资越来越多，从而只有在产量达到相当大数量时，才能实现规模经济。此外，规模经济也并不一定都采取集中的方式，在生产连续性强的工业中，集中是扩大规模的主要途径，但在商业中，实现规模经济并不是要盖越来越大的商场，而是进行连锁经营。连锁经营是由一个配送中心对一个城市、一个地区，甚至一个国家的众多连锁商店进行统一管理、储运和调配，从而节约流通成本，提高效益。所以，连锁经营是商业规模经营的主要形式，连锁业得到了蓬勃的发展。

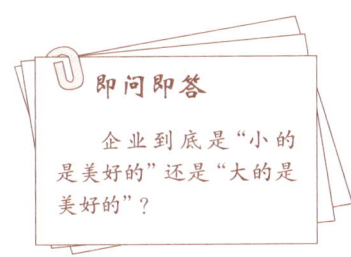

即问即答

企业到底是"小的是美好的"还是"大的是美好的"？

第三节 言利必有义
——企业的经营目标

一、企业的经营目标——利润最大化

经济学家把包括企业家在内的所有人都作为理性的经济人，即他们行为的目标是为了实现个人利益的最大化。个人作为居民提供生产要素是为了收入最大化，作为消费者购买物品与劳务是为了效用最大化，作为企业家从事经营活动是为了实现利润最大化。

在我们民族的传统文化中，"利"是受到排斥的，"唯利是图"是一个贬义词。长期以来，我们也习惯于把个人利益与社会利益对立起来。好像"利己"必定"损人"。有些企业家喜欢以"儒商"自居。如果"儒商"的含义是有文化的企业家，企业家以此为追求是有意义的。如果"儒商"的含义是儒家的"言义不言利"，那就或者是言不由衷，或者是给自己定错了位。经济学家强调个人的利己，实际上是认为个人利益与社会利益是一致的。企业追求利润最大化的过程也就是为社会作出贡献，增进社会利益的过程。

今天，"唯利是图"不应是一个贬义词，"利润挂帅"也不是什么修正主义。企业追求"利"，"义"也就在其中。中国所需要的正是大胆言利、敢作敢为的企业家。

会计成本（Accounting Cost）
又称显性成本，是指企业在生产经营中实际支出的货币成本，也就是企业记录在会计账面上的客观的和有形的支出。

二、会计师与经济学家眼中不一样的成本与利润

成本与利润在经济学家和会计师眼中是不一样的。**会计成本**

经济成本(Economics Cost) 是企业使用的所有资源的机会成本。包括会计成本,也包括会计账面没有体现的厂商使用自有要素的机会成本,即隐性成本。

(Accounting Cost)是指企业在生产经营中实际支出的货币成本,也就是企业记录在会计账面上的客观的和有形的支出,通常也称为显性成本(Explicit Cost)。销售收入减去会计成本就是会计利润。**经济成本**(Economics Cost)是企业使用的所有资源的机会成本。经济成本不仅包括会计账面体现的显性成本,也包括会计账面没有体现的厂商使用自有要素的机会成本,即隐性成本(Implicit Cost)。当作出一个决策时,不仅要考虑得到什么,还要考虑为此而放弃了什么。如果所放弃的大于所得到的(即机会成本大于获利),那么,即使从会计报表来看是获利的,但从经济学的角度看就有亏损了。

机会成本的概念为我们做出决策提供了一种很好的指导,可以帮助我们把资源用于获利最大的用途。再回到企业的经营目标——利润。由于经济学家和会计师用不同方法衡量企业的成本,他们也会用不同的方法衡量利润。利润等于总收益减去成本,这里的**总收益**(Total Revenue, TR)指企业销售一定量产品所获得的总销售收入。会计师衡量企业的会计利润,即企业的总收益只减企业的显性成本。经济学家衡量企业的经济利润,即企业总收益减生产所销售物品与劳务的所有机会成本,两者眼中不一样的成本与利润概念见图3-3。只有考虑到机会成本的经济利润最大化才是真正的利润最大化。

总收益(Total Revenue, TR) 企业销售一定量产品所获得的总销售收入,用产品的单价乘以销售量来计算。

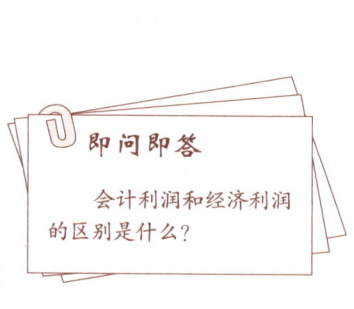
即问即答
会计利润和经济利润的区别是什么?

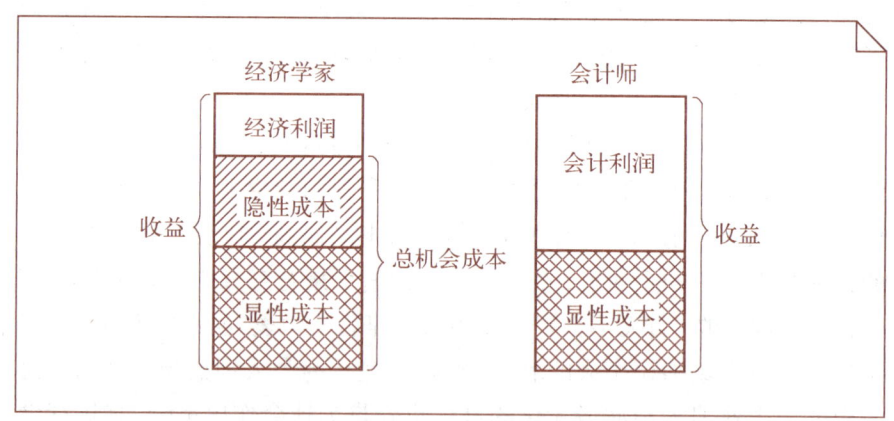

图3-3 成本与利润图

三、企业实现利润最大化的理论原则和有效途径

1. 企业实现利润最大化的理论生产原则

企业从事生产或出售商品不仅要求获取利润,而且要求获取最大利润,企业**利润最大化**(Maximum of Economics Profits)的生产原则就是产量的边际收益等于边际成本。学习领域一讲到过这两个概念:边际收益

利润最大化(Maximum of Economics Profits) 即企业总收益减去总成本后的经济利润达到最大。企业利润最大化的理论原则是产量的边际收益等于边际成本。

（Marginal Revenue, MR）是最后增加一单位销售量所增加的收益，边际成本（Marginal Cost, MC）是最后增加一单位产量所增加的成本。如果最后增加一单位产量的边际收益大于边际成本，就意味着增加产量可以增加总利润，于是企业会继续增加产量，以实现最大利润之目标。如果最后增加一单位产量的边际收益小于边际成本，那就意味着增加产量不仅不能增加利润，反而会发生亏损，这时企业为了实现最大利润目标，就不会增加产量而会减少产量。只有在边际收益等于边际成本时，企业的总利润才能达到最大值。所以 $MR=MC$ 为利润最大化的条件，这一条件适用于所有类型的市场。

2. 企业寻找利润增长点的三种途径

（1）从利润的来源上寻找。利润=收益-成本。企业通过营销手段扩大收益、通过管理手段降低成本以实现利润的增长，两者不是孤立和静止的，而是相互作用和转化的。例如，京东商城线上零售业务主要以自营模式为主，而自营模式下的盈利主要是赚取进销差价和收取供应商广告投放费，成本端主要为自营商品采购成本及仓储物流等费用。京东从利润的来源出发，注重对商品品质和用户服务的提升，满足平台消费者的核心购物需求，同时，不断优化供应链管理，提高商品和资金流转效率。近年，京东不断在海量服务网络、仓储配送网络、数智化技术网络端布局深耕，"正品行货、多快好省"的背后正是京东对网上零售品质保障和供应链效率的极致追求。而阿里巴巴旗下淘宝（包括天猫）属于平台型电商，为第三方提供开设店铺的基础设施，本身并不提供具体的商品，核心服务对象为开设店铺的组织或个人。淘宝的利润是通过为商家提供配套服务来获取的，所以淘宝对产品品质的关注不是最高，它更加关注的是平台生态系统的搭建，通过淘宝和天猫品牌，聚集足够的人气，不断发掘生态内不同角色的需求，开发面向商家的各种服务，如广告推广、旺铺服务、数据统计分析等，实现对利润的获取。

（2）从利润的生成过程中寻找。很多人非常习惯也非常擅长从利润差价中寻找利润的增长点，对利润的生成过程却想得不多，办法也很少。所谓的利润生成过程是指"利润最大化的交易时间、地点和可复制程度"。例如，一个原来在超市中卖了很久的朗姆酒，销量和市场份额都不错，但是由于竞争者的不断加入，产品利润持续下降。企业经过仔细分析利润的生成过程之后，发现这种酒在酒吧和KTV等娱乐场所交易的价格更高，于是设计了一个与产品相匹配的玩具，只随产品一起供应，结果产品销量和利润持续同步增长；再比如，一个服装企业定位于高端人群，它既不设专卖店，也不做广告，而是只针对写字楼里的老板进行个人定制服务，结果在上海一个地方每年的利润就有将近一千万元，这种盈利模式不是从广告、营销，更不是从产品销售角度思考能够得来的。这样的例子很多，尤其是在产品同化、销售同化的时代，着眼于利润的生成过程往往会得到意想不到的收益。

（3）从利润的产出形式上寻找。在美国西海岸曾经有一个连续多年蝉联越野车销售冠军的汽车销售商，不但销售的数量是同行的冠军，而且利润也是第一。刚开始的时候，卖越野车靠规模、新产品、促销等手段可以维持销量，但利润得不到保障，因为大家在利润的来源和生成过程上大同小异，于是这家企业的老板开始在利润的产出形式上做文章，经过研究他做出这样的调整：新车厂价销售，不要任何利润，但车辆改装独家签约承揽。因为他发现开越野车的人在买新车的时候不愿意多花一块钱，可是改装自己的车却愿意不断地大把大把地掏钱。实际上，很多时候利润的多少不仅仅是由差价决定的，利润的产出形式变得越来越重要，能否发现这种产出形式上的细分差别往往决定了一个产品或者一个企业的盈利能力。

即问即答

请针对自己比较了解的某个行业或企业，列举其实现利润最大化的有效途径。

阅读材料一

门庭冷落的餐馆与保龄球馆为什么不停业？

你是否曾经走进一家餐馆吃午饭，却发现里面几乎没有顾客？你不禁要问为什么餐馆还要开门呢？因为看起来几个顾客的收入不可能弥补餐馆的经营成本。夏季度假区的保龄球馆经营者也面临着类似的决策。由于不同的季节收入变动很大，企业必须决定什么时候开门，什么时候停业。下面我们就运用简单的成本与收益理论分析这个经济问题。

我们知道，经济学在分析企业活动时区分长期与短期：长期就是可以根据产量调整一切生产要素的时期，短期是只能调整部分生产要素的时期。具体来说，短期中生产设备、管理人员这些生产要素不能随产量变动而调整，称为固定要素；原料、工人这些生产要素能随产量变动而调整，称为可变要素。用于固定要素的支出称为**固定成本**（Fixed Cost, FC），固定成本不受业务量增减变动的影响，用于可变要素的支出称为**可变成本**（Variable Cost, VC），可变成本随产出水平变化而变化，两者之和

○ **固定成本**（Fixed Cost, FC）指用于购买固定要素的支出，固定成本不受业务量增减变动的影响。

○ **可变成本**（Variable Cost, VC）指用于购买可变要素的支出，可变成本随产出水平变化而变化。

称为**总成本**（Total Cost, TC）。如果把这些成本分摊到每一单位产品上则分别称为短期平均固定成本、短期平均可变成本和短期平均成本（或称短期平均总成本）。门庭冷落的餐馆和保龄球馆停业与否的奥秘正在于这些短期成本。

> **总成本**（Total Cost, TC）指固定成本与可变成本之和。

　　餐馆经营的固定成本有租金、厨房设备、桌子、盘子、餐具等，我们知道，这些支出不论餐馆是开门营业还是关门大吉都要产生。而可变成本主要包括增加的食物价格和额外的侍者工资，这部分成本只有餐馆开门营业才会发生。那么，只要在午餐时，从顾客就餐得到的收入多于可变成本的部分，即可以弥补一部分固定成本，餐馆就还要坚持营业，因为，餐馆选择停业的话，将损失所有的固定成本，两害取轻，餐馆会选择继续经营；当餐馆营业从顾客就餐得到的收入少到不能弥补餐馆的可变成本时，餐馆老板一定会关门大吉。

　　保龄球馆也存在同样的情况。短期中保龄球的设备、折旧费用、管理人员工资的支出都属于固定成本，而维持保龄馆的支出、服务员的工资都属于可变成本。短期中无论是否营业固定成本都不可变，即使没有一个人光顾，这些费用仍要支出。如果短期中停业，固定成本没法减少，所减少的只是可变成本。因此，只要继续营业的收入能弥补可变成本就不必停业。因为收入大于可变成本，经营尽管有亏损，但还能弥补部分固定成本损失，经营下去当然有利。只有在收入低于可变成本时，企业才停业。

　　经济学家把收入等于可变成本的一点称为停止营业点。在停止营业点时是否营业无所谓，高于这一点则一定要通过营业来补偿部分固定成本，只有低于这一点，收入甚至小于可变成本才必须停业。你看到门庭冷落的餐馆和保龄球场馆在营业时就一定要想到，它们营业的收入一定大于可变成本，或至少等于可变成本。"虽然很高的固定成本是企业亏损的原因，但永远不会是企业停业的原因。"你现在可以理解这一说法了吗？

　　当然，上述分析只适用于短期遇到一定困难的企业。我们看到的那些仍然营业但门庭冷落的餐馆与保龄球馆就是遇到了短期困难。那些长期无希望的企业，例如过多过滥的游乐场还是早早关闭为好，想想当初投资失误的原因，再不犯类似错误，才是唯一出路。

资料来源：根据一系列相关资料整理。

阅读材料二

不谋而合的消费者均衡与生产者均衡

在经济学中，均衡指的是这样一种状态：各个经济决策者（消费者、生产者等）所做出的决策正好相容，并且在外界条件不变的情况下，每个人都不愿意再调整自己的决策，从而不改变其经济行为。所谓均衡分析方法，就是假定外界诸因素（自变量）是已知的和固定不变的，然后再研究因变量达到均衡时应具备的条件。在均衡状态下，当事人的决策对个人来说，已使私人利益极大化，或已达到最优。消费者均衡与生产者均衡就是因此规则而研究出来的，它们采用的分析思路与方法可谓不谋而合。因为前面的学习领域对消费者均衡已经做过介绍，这里重点补充说明生产者均衡的分析。

> **生产者均衡**（Producer Equilibrium）指厂商谋求利润最大化或成本最小化而达到的最优状态。

生产者均衡（Producer Equilibrium）指厂商谋求利润最大化或成本最小化而达到的最优状态。但是受制于其他条件或其他利益主体，主要是提供要素的厂商、市场价格等方面的约束，各种要素交织在一起，使生产者达到最优状态。与消费者均衡的分析类似，生产者均衡的分析也要用到两条线，它们分别是等产量线和等成本线。

一、等产量线

在长期中，生产函数中的各种生产要素都是可变的，所以同一数量的产出往往可以由各种要素的多种不同组合来得到。生产函数的这一特征可以用等产量线来描述。

> **等产量线**（Oquant Curve）是一条由用技术上有效的方法生产一定产量的劳动和资本要素可能组合点所组成的曲线。

假定某一种商品的生产需要投入劳动 L 和资本 K 两种要素，两种要素都是可变的，并且两者之间可以相互替代，那么**等产量线**（Oquant Curve）就是一条由用技术上有效的方法生产一定产量的劳动和资本要素可能组合点所组成的曲线。如生产 100 个单位的产量，既可以用 2 个单位劳动和 4 个单位资本，又可以用 6 个单位劳动和 1 个单位资本。使用资本多、使用劳动少的叫资本密集型生产，反之则称为劳动密集型生产。等产量线图示见图 3-4，与无差异曲线的特性相类似，等产量线的特征包括：(1) 处在较高位置上即离原点较远的等产量线总是代表较大的产出；(2) 同一等产量线图上的任意两条等产量线是不相交的；(3) 等产量线凸向原点并向右下方倾斜，其斜率为负。（劳动对资本的边际技术替代率就是等产量线斜率的绝对值，即 $MRTS_{LK} = \left| \dfrac{\Delta K}{\Delta L} \right|$，$MRTS_{LK}$ 的递减决定了等产量线凸

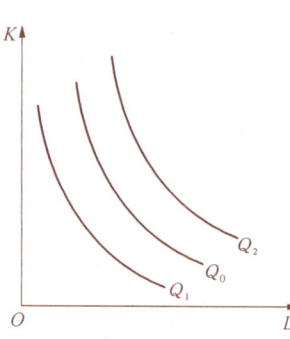

图3-4 等产量线

向原点。)

二、等成本线

等成本线(Isocost Line)是在既定的成本和既定的要素价格条件下生产者可以购买的两种要素的各种不同的最大数量组合的轨迹。与等产量线类似,等成本线上的每一点也表示劳动与资本的一种组合。

同样假定生产要素为劳动 L 和资本 K 两种,劳动的价格为工资 w,资本的价格为利率 r。假定厂商的总成本为 C,其成本构成就是: $C=w×L+r×K$,其中 $w×L$ 是劳动的成本,$r×K$ 是资本的成本,对应这个函数的曲线就是等成本线,如图3-5所示。

等成本线向右下方倾斜,斜率为负。这表明要增加某种要素的投入量而保持总成本不变就必须相应地减少另一种要素的投入量。将等成本线方程 $C=w×L+r×K$ 变形为 $K=C/r-(w/r)×L$,可以看出,在要素价格给定的情况下,等成本线的斜率是一个常数,其绝对值即为两种投入要素价格之比 w/r。

> **等成本线**(Isocost Line)是在既定的成本和既定的要素价格条件下生产者可以购买的两种要素的各种不同的最大数量组合的轨迹。

图3-5
等成本线

三、生产者均衡

1. 产量既定

由于产量既定,所以某一产量下的等产量线就是已知的,假设生产要素的价格也是确定的,那么等成本线的斜率的绝对值也可以知道,即两种要素的价格比,如图3-6所示。

在众多的等成本线中必有一条,而且也只有一条等成本线与既定的等产量线相切。在等成本线 AB 上除切点外的其他任何一点代表的要素所费成本,同切点所代表的要素成本虽然相同,但不能生产出所要求的既定产量;等成本线 AB 左侧的等成本线虽然代表的成本支出比较少,但生产不出要求的既定产量;等成本线右侧的有些要素组合虽然可以生产出要求的既定产量,但相应的成本也随之增加,因此,只有在等产量线与等成本线相切的切点 E 是符合条件的要素投入组合。

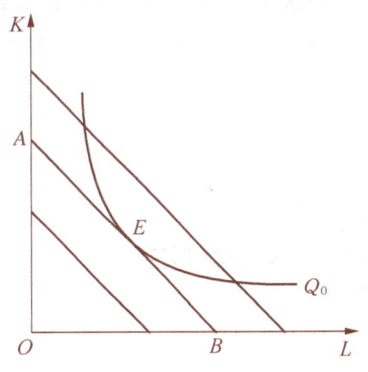

图3-6
生产者均衡(产量既定,成本最低)

2. 成本既定

假设厂商愿意花费的成本既定,而且生产要素的价格确定,从而等成本线 AB 是确定的,需要寻求能够使产量达到最大化的生产要素投入组合。如图3-7所示:

现有技术条件下的等产量线有很多,但为了使一定成本下的总产量

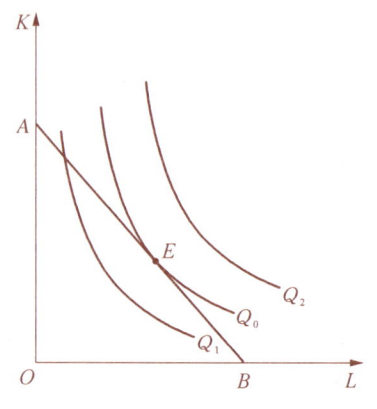

图 3-7 生产者均衡（成本既定，产量最大）

达到最大，只有等产量线与既定等成本线相切的切点 E 处是符合要求的要素投入组合。因为等产量线 Q_2 所代表的产量虽然大于等产量 Q_0，但所需要的总成本也比较大，也就是说，现有的成本支出难以购买到那么多生产所需要的投入要素；至于等产量线 Q_1 与既定的等成本线有交点，且交点处代表的成本也没有增加，但其产量小于 Q_0，也就是说，用既定成本购买到的生产要素组合不能使产量达到最大。因此，同前述一样，成本既定条件下的要素最优投入组合在等产量线与等成本线的切点 E 处。

3. 不谋而合的结论

生产要素的最优搭配为等产量线与等成本线相切时的搭配，意味着等产量线与等成本线相切时的点的斜率等于等成本线的斜率。

$$\frac{\Delta K}{\Delta L} = -\frac{\omega}{\gamma} = -\frac{MP_L}{MP_K}$$

$$MRTS_{LK} = \frac{MP_L}{MP_K} = \frac{\omega}{\gamma} \quad 即 \quad \frac{MP_L}{\omega} = \frac{MP_K}{\gamma}$$

生产者均衡的条件可以概括为：生产者用单位货币购买的各种生产要素的边际产量相等，即所购买的各种生产要素的边际产量与它们的价格之比相等。在市场经济体制中，消费者依据效用最大化的原则购买商品，生产者依据利润最大化的原则生产商品并销售。在市场供给和需求之间，根据价格的自然变动，引导资源有效配置。

资料来源：根据一系列相关资料整理。

阅读材料三

和王迈一起创业

一、王迈的暑期创业计划——进军房屋粉刷业

房屋粉刷业只在夏季出现，因为那时白天又长又热，高中和大学的学生正好放暑假，可以胜任这个要求不高的工作。为了赚点零花钱，王迈打算在上完经济学入门课程之后，利用夏天的时间开设粉刷公司。

开设公司肯定涉及一笔数目不小的开支。王迈需要购买一辆二手汽车作运输之用，当然也少不了其他许多物资，如刷子、油漆以及方便顾客联络用的电话线路和应答装置，制作广告和宣传单，雇人四处散发，还要印刷名片和估价单据等等。不过，因为他将在户外从事粉刷工作，他不需要另外寻找办公地点，可以省下一笔租金。表3-1列出了粉刷公司的固定成本。

表3-1　粉刷公司的固定成本

固　定　成　本	金额(元)
二手汽车	5 000
刷子和油漆	2 000
广告和宣传单	1 200
名片和估价单据	500
电话线路和应答装置	300
总　　额	9 000

王迈雄心勃勃地开始工作了。他给潜在顾客打电话，上门估计粉刷房屋可能需要多少钱，然后提出一个价格看对方是否接受。当然，他面对许多竞争对手，除非他可以提出具有竞争力的价格，否则他就做不成生意。

作为雇主，王迈同时必须留意劳动力市场的价格情况。如果目前的劳动力价格是每小时10元，而在现实世界里他还需要考虑添加刷子和油漆的成本。为简化起见，我们假设他在开工之前已经买好足够的刷子和油漆。于是他的公司的可变成本就与他所雇佣的劳动力有关。

可变成本不能忽略粉刷一幢房子所需要的时间。如果你雇佣到最好的人手，派给他们最简单的工作，工作当然可以迅速完成；反过来，如果你只雇佣到没有多少经验的生手，派给他们最复杂的工作，工作进度自然放慢。表3-2显示了粉刷公司的可变成本。

表3-2　粉刷公司的可变成本

粉刷房屋数(幢)	雇佣的劳动力小时数	工资支出(元)
5	100	1 000
10	300	3 000
15	600	6 000
20	1 000	10 000
25	1 500	15 000
30	2 100	21 000

由此王迈可以计算出公司的各项成本，如表3-3所示。其中，总成本等于固定成本与可变成本之和，它是粉刷一定数量房屋所需的成本总额。从统计角度分析总成本的构成，还有平均成本和边际

成本概念。在这里,平均成本是平均粉刷一幢房屋所需的成本额,等于总成本/粉刷房屋数。而边际成本是指每增加一幢房屋的粉刷所增加的成本。

表3-3 粉刷公司成本

粉刷房屋数(幢)	可变成本(元)	总成本(元)	平均成本(元)	每幢房屋边际成本(元)
0	0	9 000	——	——
5	1 000	10 000	2 000	2 000
10	3 000	12 000	1 200	400
15	6 000	15 000	1 000	600
20	10 000	19 000	950	800
25	15 000	24 000	960	1 000
30	21 000	30 000	1 000	1 200

最困难的是如何计算粉刷一幢房屋需要多少时间。确实,谁能预计工人的熟练程度以及粉刷一幢常见房屋可能花费的时间呢?王迈当然可以从经验中学习。不过,如果他在计算当中犯了一个严重错误,那么这个夏天结束后他可能出现亏本。

根据前面的成本分析,王迈认为,如果市场情况允许他为粉刷一幢常见房屋开价1 000元或以上,那么他就会在粉刷至少25幢房屋之后开始盈利。大致而言,这就是他的夏季计划:每幢房屋收取1 000元,一共粉刷25幢,最后盈利1 000元。

确切地说,这只是他的想法。在上述表格中王迈并没有考虑到他的时间的机会成本,因为他在粉刷房屋之外还要忙于接洽生意、雇佣和组织工人、接听顾客电话、处理顾客投诉。

假设现在还有另外一份餐厅服务生的工作摆在王迈面前,就是在暑假工作8个星期,每星期40小时,工资是每小时5元(含小费),那么他在这个夏天就能赚取1 600元,而且没有什么压力或风险。如果把这个机会成本计算在王迈开设公司的固定成本里,他显然一定亏本。如此分析,王迈应该放弃自己的创业计划,选择在餐厅做一个暑期的服务生。

果真如此吗?

二、对大学生自主创业的几点忠告

王迈进军房屋粉刷业的创业计划也许不能带给他丰厚的收益,但其"初生牛犊不怕虎"的创业精神值得所有当代大学生发扬光大。在高校扩招之后,越来越多的大学生走出校门,大学生创业在逐渐被社会所承认和接受的同时,也肩负起提高大学生就业率和稳定社会的历史使命。大学生创业成为大学生就业之外的一个社会新问题。

一般来说，创业需要经过四个阶段：第一为酝酿阶段，第二为筹划阶段，第三为准备阶段，第四才是开张营业。在酝酿阶段，创业者要从宏观角度来考虑问题，如自己为什么创业、自己是否适合创业、采用什么形式创业、自己具备了哪些条件、具体做什么项目、自己还需要从哪些方面去收集信息等。当创业者对这些宏观性的问题有了基本的把握之后，再进入创业的第二个阶段，即筹划阶段。在筹划阶段，创业者考虑的角度要从宏观转向微观，即对自己所选择的具体项目进行分析。在这个阶段要做的第一件事就是做创业计划。在这个创业计划里，要想清楚如何销售、如何采购、盈利前景、需要多少流动资金、如何筹集启动资金等。根据这些情况，写一个项目的可行性报告。如果创业者自己也觉得"项目可行性报告"可行，那就进入创业的第三阶段，即准备阶段，开始实际操作，如给公司起名、选择办公地点、签订租房合同、装修办公室、与进货商和代理商谈合作、制定促销战略、聘用员工等，最后去办理工商执照等手续，进入创业的第四阶段，开张营业。

在把创业梦变成现实的整个过程中，有以下七个关键点，当是对大学生自主创业的几点忠告吧！

1. 必不可少的创业计划书

创业不是仅凭热情和梦想就能支撑起来的，因此在创业前期制定一份完整的、可执行的创业计划书应该是每位创业者必做的功课。通过调查和资料参考，要规划出项目的短期及长期经营模式，以及预估出能否赚钱、赚多少钱、何时赚钱、如何赚钱以及所需条件等。当然，以上分析必须建立在现实、有效的市场调查基础上，不能凭空想象、主观判断。根据计划书的分析，再制定出创业目标并将目标分解成各阶段的分目标，同时制定出详细的工作步骤。

2. 周密的资金运作计划是保证"有粮吃"的重要步骤

在项目刚启动时，一定要做好3个月以上或到预测盈利期之前的资金准备。但启动项目后遇到不可避免的变化，则需适时调整资金运作计划。如果能懂得一些必要的财务知识，计划好收入和支出，始终使资金处于流动中而不出现"断链现象"，那么在项目的初期就能为未来发展打好基础。

3. 不断强化创业能力与知识

俗话说"不打无准备之战"，创业者要想成功，必须扎扎实实地做好充分准备和知识的不断积累。除了合理的资金分配，创业者还必须懂得营销之道，比如如何进货，如何打开产品的销路，消费者对产品的需求，都要进行充分的调查研究。获取的这些知识渠道可以是其他成功者的经验，也可以是书本理论知识。同时还要学会和各类人士打交道，如工商、税务、质检、银行等，这些部门都与企业的生存和发展息息相关，要善于同他们交朋友，建立和谐的人际关系。

4. 为自己营造一个好的氛围

由于缺少社会经验和商业经验，大学生创业总是显得"心有余而力不足"。不如给自己营造一个小的商业氛围，比如加入行业协会，就可以借此了解行业信息，学会借助各种资源结识行业伙伴，建立广泛合作，提升自己的行业能力。千方百计给自己营造一个好的商业氛围，这对创业者的起步十分重要。

5. 学会从"走"到"跑"

在创业的初期，受资金的限制，或许很多事都需要创业者本人亲自去做，不要认为这是"跌份"或因此叫苦不迭，因为不管任何一个企业，从"走"到"跑"都是要经历一个过程的，只有明确目标并不断行动，才能最终实现目标。同时在做事的过程中，要分清主次轻重，抓住关键，重要的事情先做。每天解决一件关键的事情，比做十件次要的事情会更有效。当企业立了足，并有了资金后，就应该建立一个团队。创业者应从自己亲力亲为，转变为发挥团队中每一个人的作用，把合适的工作交给合适的人去做。一旦形成了一个高效稳定的团队，企业就会跨上一个台阶，进入一个相对稳定的发展阶段。

6. 盈利是做企业最终的目标

做企业的最终目的就是盈利，无论你的点子有多少，不能为企业盈利就不具备商业价值。因此无论是制定可行性报告、工作计划还是活动方案，都应该明确如何去盈利。企业的盈利来源于找准你的用户，了解你最终的使用客户是谁，他们有什么需求和想法，并尽量使之得到满足。

7. 在失败中学会成长

从创业成功案例中不难发现，创业者往往都有"见了南墙挖洞也要过去"的信心。从小就知道"失败是成功之母"这个真理的大学生创业者，又有多少人真正体会到其中的力量呢？如果创业失败了，你又应该怎样面对失败？充分的准备和不断学习能够在很大程度上减少失败的概率。与此同时调整方案，换个方式和方法继续前进，永远不要停止前进的脚步。经历过一个"死而复生"的过程，就能在未来的发展中脚步更加坚定。永远要记住一点：信心是企业迈向成功的阶梯。

资料来源：根据一系列相关资料整理。

扫一扫

> **友情提示**
>
> 更多大学生创业信息可参考全国大学生创业服务网，网址：https://cy.ncss.cn/

复习思考题

一、单项选择题

1. 在微观经济分析中,厂商被假定为是合乎理性的经济人,厂商提供产品的目的在于追求(   )。
   A. 最满意的利润   B. 最优的成本   C. 最大的利润   D. 最大效益

2. 微观经济学的生产理论认为短期和长期的划分是以(   )。
   A. 生产者能否变动全部要素投入的数量作为标准
   B. 生产厂商的规模大小而定
   C. 厂商生产产品的周期长短而定
   D. 固定资产的多少而定

3. 当其他生产要素不变,只有一种可变生产要素增加时(   )。
   A. 总产量会一直增加   B. 总产量会一直减少
   C. 总产量先增加而后减少   D. 总产量先减少而后增加

4. 对一种可变生产要素的生产函数来说,边际产量表现出的先上升而最终下降的规律,这一规律被称为(   )。
   A. 边际报酬递减规律   B. 边际效用递减规律
   C. 边际资本-产量递减规律   D. 边际劳动-产量递减规律

5. 当劳动的边际产量为负值时,生产处于(   )。
   A. 劳动投入的Ⅰ阶段   B. 资本投入的Ⅲ阶段
   C. 劳动投入的Ⅱ阶段   D. 上述都不是

6. 规模报酬递减是在(   )情况下发生的。
   A. 按比例连续增加各种生产要素
   B. 不按比例连续增加各种生产要素
   C. 连续地投入某种生产要素而保持其他生产要素不变
   D. 上述都正确

7. 某企业主每年从企业的总收入中取出一部分作为自己管理企业的报酬,这部分资金属于(   )。
   A. 显成本   B. 会计成本   C. 经济利润   D. 正常利润

8. 企业外购生产要素支付的成本属于(   )。
   A. 显成本   B. 隐成本   C. 机会成本   D. 沉没成本

9. 假如某厂商的收益只能弥补他付出的可变成本,这表明该厂商(   )。

A. 应该继续生产
B. 应该停产,如果继续生产亏损更大,停止生产则无亏损
C. 无论生产与否都要遭受同样的亏损
D. 以上说法都不对

10. 企业确定利润最大化的产量时应该按照( )。
A. 边际收益等于平均收益原则　　　　B. 边际收益等于边际成本原则
C. 经济利润等于零原则　　　　　　　D. 会计利润等于零原则

二、应用分析题

1. 作图分析短期内一种可变生产函数合理投入的实现过程?

2. 某企业打算投资以扩大生产,其可供选择的筹资方案有两个:一是利用利率为10%的银行贷款,二是利用企业利润。该企业的经理认为应选择后者,理由是不用支付利息因而成本比较低。你认为他的理由有道理吗?

3. 你空出旺市居所的底楼,开了一家小面馆。一家三口辛苦了一个月,算算账,税后净赚了人民币8千元,你感到很高兴,似乎勤劳致富的路就在眼前。而有人却说你这是吃力不讨好,做的是亏本生意。你同意他的说法吗?

三、计算题

1. 假定某汽车公司经办到风景点A地的旅游业务,往返10天,由汽车公司为旅客提供交通、住宿和伙食。往返一次所需成本数据如下表所示:

固定成本	折　旧	1 200
	职工工资(包括司机)	2 400
	其　他	400
	往返一次全部固定成本	4 000
变动成本	每个旅客的住宿伙食费	475
	每个旅客的其他变动费用	25
	每个旅客的全部变动成本	500

(1) 如果向每个旅客收费600元,至少有多少旅客才能保本?如果收费700元,至少有多少旅客才能保本?

(2) 如果公司往返一次的目标利润为1 000元,定价600元,至少要有多少旅客才能实现这个利润?如定价700元,至少要有多少旅客?

（3）如收费 600 元/人，汽车往返一次的利润是多少？如果收费 700 元/人，往返一次的利润是多少？（设汽车满载且载客人数为 50 人）

2. 冬季为兴阳湖风景区的淡季。拥有 110 个房间的红枫酒店，入住率常低于 10%。2007 年春节，一家旅行社找到酒店营销部王经理，提出按 30 元一个标准间的价格包 50 个房间，时间为 7 天。王经理找财务科粗略算了账，提出每个房间的最低成本近 51 元，要求对方将价格提高到 51 元。但对方坚持原价不变。结果这笔业务没有谈成。事后王经理觉得还是应该同意，但又说不清楚理由。你认为王经理是否应该接受这笔业务？说明理由。

附财务科报出的每间客房每天最基本的成本支出：

贷款利息：16.4 元

折旧费：17.39 元

员工工资：6 元

客人免费早餐：6 元

水电费：5 元

合计：50.79 元

3. 某铁矿石公司是一家大型的铁矿石生产基地，在短期内主要采掘设备和地面选矿设备不变，企业的管理者根据近年来每天生产的铁矿石产量 Q（千吨）和每天上岗人数 L（千人）回归出短期的生产函数 $Q = 4.073L - 0.829L^2$，目前公司以每千吨 19 万元的价格出售铁矿石，每个工人每天的工资为 70 元，请帮助企业的管理者确定每天上岗的最佳人数。

四、案例分析题

浙江企业特别是温州企业以"小型""民营""低成本"和"劳动密集"而著称。这些特点在过去是优点，在今后还是优点。经验都一再证明，"小"不一定弱（正像"大"不一定强一样）。而且，从企业竞争的逻辑来说，能够长成大企业的小企业终究是少数。浙江企业已经度过初创期。企业从小到大的成长过程，就是通过竞争不断培育自身竞争力的过程。中国经济已经进入一个以住宅、汽车、电子通信、城市基础设施建设等行业为龙头，带动钢铁、机械、建材、石化、能源等行业快速增长的阶段。在这些行业中，多数具有较强的规模经济要求，也就是说，投资就要上大项目。最大的挑战在于，企业从无到有不易，从小到大更难。如果说第一阶段成功概率是百分之五十，第二阶段的成功概率可能不到百分之一。

阅读材料后回答问题：

（1）结合规模报酬理论谈谈你对企业"小"不一定弱、"大"不一定强的理解。

（2）根据适度规模理论，结合日常经验，给出服装业、钢铁业与饮食业企业规模从大到小的排序，并简要说明理由。

实训项目

一、实训目标

1. 理解专业化与规模经济的含义；
2. 理解各类成本的含义，准确把握利润最大化的企业经营目标；
3. 了解企业关键策略的制定与实施。

二、实训项目与要求

1. 案例分析——阅读案例"从当当网看新规模经济"（★辅助素材）

项目要求：

（1）归纳和总结案例中对规模经济与新规模经济的论述和观点。

（2）分小组讨论不同行业（企业）的规模经济。

（3）撰写一篇"×××行业（企业）规模经济之我见"的小论文（不少于1 000字）。

2. 实训基地企业采访——价格低于工厂成本的订单该不该接？

项目要求：

（1）按照分工的小组，带着问题到实训基地企业采访，了解企业的价格构成以及成本核算。

（2）小组讨论"价格低于工厂成本的订单什么情况下该接？什么情况下不该接？"

（3）小组给出分析的结果，并说明对"利润最大化"的理解。

（4）教师对各小组讨论结果进行归纳和点评。

3. 模拟商战——企业运营竞争沙盘模拟训练（★辅助素材）

项目要求：

（1）分组，每组运营一家企业，分工如下：总裁CEO、财务总监CFO、营销总监CSO和运营总监COO。

（2）小组通过直观的企业沙盘来模拟企业实际运营，进行为期6～8年的模拟决策。

（3）模拟结束后，以企业运营沙盘模拟软件计算最终得分，评出模拟商战的优胜组。

（4）选派优胜组代表进行班内汇报，教师对模拟竞争过程和结果进行点评。

学习领域 四

营销经济学
——抓住市场扩大效益

企业销售产品实现利润离不开市场。本学习领域通过对几个典型行业的分析,介绍完全竞争、完全垄断、垄断竞争、寡头垄断四种市场类型,重点把握不同市场中企业竞争策略的制定,如何抓住市场扩大效益是企业竞争永恒不变的主题。

 学习目标

- 了解市场与行业;
- 掌握不同类型的市场结构及其特点;
- 把握企业在特定市场类型中策略的制定;
- 能够运用初步博弈论分析现实经济中寡头企业的依存与竞争;
- 了解需求价格弹性及其在营销定价中的应用。

 关键词汇索引

市场　完全竞争市场　完全垄断市场　价格歧视　垄断竞争市场　寡头垄断市场　博弈论　占优策略　纳什均衡　需求价格弹性

第一节 | 完全竞争市场
——经济学的理想实验

一、认识市场

在研究不同类型市场的企业竞争策略之前先要了解两个最基本的概念:市场和行业。

市场(Market)是指从事某一特定商品买卖的交易场所或接触点。市场可以是一个有形的买卖商品的场所,譬如大米市场、服装市场等;也可以是一个利用现代化通信工具进行商品交易的接触点,如网上股票市场、期货市场。

> ✓ **市场**(Market)是指从事某一特定的商品买卖的交易场所或接触点。市场可以是一个有形的买卖商品的场所,也可以是一个利用现代化通信工具进行商品交易的接触点。

> **行业（Industry）**是指为同一产品或类似产品市场生产和提供产品的厂商集合。

与市场这一概念密切联系的是行业这一概念。**行业**（Industry）又称部门，是指为同一产品或类似产品市场生产和提供产品的厂商集合。如食品加工业、纺织业、机械制造业等。

> **即问即答**
>
> 区分2B铅笔、辣椒酱、唇膏、本地电力服务和电信服务的市场类型，并解释你的答案。

市场竞争程度的强弱是经济学划分市场类型的标准。影响市场竞争程度的具体因素主要有以下四个：第一，市场上厂商的数目；第二，厂商之间各自提供的产品的差别程度；第三，单个厂商对市场价格控制的程度；第四，厂商进入或退出一个行业的难易程度。根据以上四个因素，经济学中的市场被划分为四种类型，它们是完全竞争市场、垄断竞争市场、寡头垄断市场和完全垄断市场。这四种类型市场的特点可以用表4-1来说明。

表4-1 各类市场结构的特征说明表

	完全竞争市场	垄断竞争市场	寡头垄断市场	完全垄断市场
生产者的数量	非常多	较多	少数几个	一个
产品差别程度	完全无差别	有差别，但较小	有差别或同质	唯一产品，无替代品
对价格控制程度	企业接受市场价格，不能制定自己的价格	企业有一些定价能力，但不是很大的定价自由	企业制定自己的价格，但对竞争对手的反应十分关注	企业根据需求有很大的制定价格的自由，但会受到管制
进退市场的难易	自由，无障碍	比较容易	比较难	很困难，几乎不可能
典型行业举例	初级产品（如农产品）	日用品、副食品	汽车、钢铁、石油、电信	公用事业（如自来水、电力、铁路）
经济效率	效率最高	效率较高	效率较低	效率最低（自然垄断除外）

二、大型养鸡场为什么赔钱？

你听说过世界500强企业中有养鸡公司吗？或者说，你听到过什么知名的养鸡场吗？为了实现"市长保证菜篮子"的诺言，许多大城市都由政府投资修建了大型养鸡场，结果这些大型养鸡场反而竞争不过农民养鸡专业户或老太太，往往赔钱者众多，这是为什么呢？

1. 鸡蛋市场的特点

（1）市场上有无数的买者和卖者。

由于市场上有许许多多的商品需求者和供给者。他们中每一个人的购买份额或销售份额，相对于整个市场的总购买量或总销售量来说是微不足道的，好比是一桶水中的一滴水。他们中的任何一个人买与不买，或卖与不卖，都不会对整个商品市场的价格水平产生任何影响。所以，在这种情况下，每一个消费者或每一个厂商都是市场价格的被动接受者，没有一个买者和卖者可以影响市场价格。即使是一个大型养鸡场，在市场上占的份额也微不足道，难以通过产量来控制市场价格。用经济学术语说，每家企业都是价格接受者，只能接受整个市场供求决定的价格。

（2）同一行业中的每一个厂商生产的产品是完全无差别的。

完全无差别的商品，在这里不仅指商品之间的质量完全一样，还包括在销售条件、商标、包装等方面是完全相同的。因此，对消费者来说，购买哪一家厂商的商品都是一样的。如果有一个厂商提价，他的商品就会完全卖不出去。当然，单个厂商也没有必要降价。因为在一般情况下，单个厂商总是可以按照既定的市场价格实现属于自己的那一份相对来说是很小的销售份额。鸡蛋是无差别产品，企业也不能以产品差别形成垄断力量。大型养鸡场的鸡蛋与老太太的鸡蛋没有什么不同，消费者也不会为大型养鸡场的蛋多付钱。

（3）厂商进入或退出一个行业是完全自由的。

厂商进出一个行业不存在任何障碍，所有的资源都可以在各行业之间自由流动。这样，各行业的厂商规模和厂商数量在长期内是可以任意变动的。但是在短期内，厂商规模和厂商数量仍然是不可变的。由于鸡蛋市场自由进入与退出，任何一个农民都可以自由养鸡或不养鸡。

（4）市场中每一个买者和卖者都掌握与自己的经济决策有关的全部信息。

完全竞争市场上的每一个消费者或厂商都可以根据自己所掌握的完全的市场信息，确定自己的最优购买量或最优生产量，从而获得最大的经济利益。而且，这样也排除了由于市场信息不畅通而可能产生的一个市场同时存在几种价格的情况。

上述这些特点决定了鸡蛋市场是一个**完全竞争市场**（Perfect Competitive Market），即没有任何垄断因素，竞争充分且不受任何阻碍和干扰的市场结构。

> **完全竞争市场**（Perfect Competitive Market）又称纯粹竞争市场，是指竞争充分而不受任何阻碍和干扰的市场结构。

2. 大型养鸡场为什么赔钱?

在完全竞争条件下，由于商品同质，消费者和生产者有充分信息，市场上又有许许多多企业生产该产品，因此，价格是由市场供求关系自发决定的，企业不存在价格决策问题，任何一个企业只能是市场价格的被动接受者。按市场价格，企业想卖多少就能卖多少，但只要稍高于市场价格，就一点也卖不出去。从长期看，由于在完全竞争条件下，企业进入或退出这个行业相对很容易，因而，随着新企业的进入和老企业的退出，以及企业规模的调整，企业的经营利润（或经营亏损）会趋于消失。

在鸡蛋这样的完全竞争市场上，短期中如果供大于求，整个市场价格低，养鸡可能亏本。如果供小于求，整个市场价格高，养鸡可以赚钱。但在长期中，养鸡企业（包括农民和大型养鸡场）则要对供求作出反应：决定产量多少和进入还是退出。假设由于人们受胆固醇不利于健康这种宣传的影响而减少鸡蛋的消费，价格下降，这时养鸡企业就要做出减少产量或退出养鸡业的决策。假设由于发生鸡瘟，供给减少，价格上升，原有养鸡企业就会扩大规模，其他人也会进入该行业。在长期中通过供求的这种调节，鸡蛋市场实现了均衡，市场需求得到满足，生产者也感到满意。这时，各养鸡企业实现成本（包括机会成本在内的经济成本）与收益相等，经营利润为零。

在北京鸡蛋市场上，大型养鸡场的不利之处正在于压低成本和适应市场的调节能力远远不如农民养鸡者。鸡蛋市场上需要的是"造小船成本低"和"船小好掉头"。庞然大物的大型养鸡场反而失去了规模经济的好处。而且，即使将来农民养鸡也现代化了，也仍然是农民养鸡业的进步，难以有大型企业的地位。这是由行业生产技术特点决定的，这类企业本来就应该是"小的是美好的"。

三、完全竞争市场——经济学的理想实验

通过鸡蛋市场，我们更加形象地理解了完全竞争市场的特征——实际上，大多数农产品市场基本上都和完全竞争市场相似。

那么，这里产生了一个问题：在完全竞争市场或者近似的市场中，因为同质同价，卖方究竟怎样才能赚取更多的利润呢？的确，在完全竞争市场里，卖方完全受到市场支配，竞争激烈，在产品几乎完全相同的情况下，卖者就不得不在降低成本上下足功夫（比如降低运费，减少商业开支等）。除此，卖者可以进行价格之外的其他竞争，比如提供更加热情周到的服务，把鸡蛋装进盒子便于顾客提携、给鸡蛋贴上商标等非价格竞争策略，以吸引更多的顾客。

经济学家认为，市场结构的竞争程度越高，经济效率就越高；反之，垄断程度越高，经济效率越低。所以，完全竞争市场是经济效率最高的一种市场结构。在完全竞争条件下，只要企业追求最大利润，长期内不仅能使企业生产效率达到最高，而且资源的配置也是最优的。这正是市场机制这只"看不见的手"作用的结果。当然，完全竞争市场也有其缺点：首先，产品无差别，这样，消费者的多种需求无法得到满足。其次，完全竞争市场上生产者的规模都很小，这样，他们就没有能力去实现重大的科学技术突破，从而不利于技术发展。

严格地说，完全竞争市场是经济学的一个理想实验，在现实中并不存在。但是，有了这一理想化的模型，它就像一把尺子、一面镜子，可以很好地加深我们对不完全竞争市场的理解。

> **即问即答**
> 为什么电视中极少看到大米或者面粉等初级农产品的广告？试运用营销经济学的知识解释这一现象。

第二节 完全垄断市场中企业的价格歧视策略

一、2021年公共事业反垄断第一案

1. 案件回放

2018年12月,云南省市场监管局对蒙自四通泰兴供水有限公司涉嫌垄断问题立案调查。2021年1月21日,云南省市场监管局对当事人依法作出行政处罚决定,责令其停止违法行为,并对其处以2 495 422.79元的罚款。

经查,需要用水的项目建设单位因建设施工需要,向四通泰兴供水公司进行首次用水申请时,需签订四通公司拟定的《供水合同》,合同要求,用水单位必须由四通公司实地勘察、施工、安装供水设施,作为供水和抄表到户的必备条件。《城市供水条例》第十六条规定,只要持有相应资质的单位,均可进行城市供水工程的设计、施工。经调查组向省住房城乡建设厅了解,建设供水设施只要具备土建资质即可。也就是说,凡是具有土建资质的企业均可参与供水设施的建设。蒙自四通泰兴供水有限公司在由政府划定的供水区域内享有独家经营权,所提供的商品基本不具有可替代性,构成《反垄断法》"没有正当理由搭售商品或者在交易时附加其他不合理的交易条件"的滥用市场支配地位行为。供水公司的做法侵害项目建设单位自主选择供水施工企业的权利,还严重损害终端用水户的利益,增加项目建设成本,加重了群众购房负担。

2. 四通供水为何如此霸道

供水、供电、燃气、殡葬等公共事业逐渐成为反垄断执法的工作重点。案件中四通泰兴供水有限公司为何如此霸道?原因很简单,都是垄断惹的祸!**完全垄断市场**(Complete Monopoly Market)也叫纯粹垄断市场,它是指一种产品的生产和销售完全由一家厂商所控制的市场结构。如果一个厂商能够控制或影响整个市场的供给,那么它就构成了垄断。完全垄断具有以下四方面特征。

> **完全垄断市场**(Complete Monopoly Market)也叫纯粹垄断市场,一般简称垄断市场,是指一种产品的生产和销售完全由一家厂商所控制的市场结构。

(1)独家经营。

在完全垄断市场上,只有一个厂商。该厂商的产量就是整个行业的产量或供给量。四通供水最大的特征是云南蒙自市划定区域内唯一的供水企业,享有独家经营权,具备典型的完全垄断性。

(2)产品不能替代。

完全垄断厂商提供的产品没有相近的替代品。四通供水所提供的符合城市供水要求的自来水基本不具有可替代性。虽然市场有桶装饮用水供应,但由于价格远高于自来水,且受供应方式限制,在生产及日常生活中难以普遍用于除人饮用外的其他方面。

（3）价格控制力强，多实施价格歧视。

由于完全垄断厂商控制着整个行业的生产和产品供给，所以垄断者可以通过调整产量来直接影响市场的供求关系，从而达到控制或决定市场价格的目的，为了最大限度攫取利润，还可以根据销售条件的不同，在不同的地区或针对不同的消费群体，实行不同的销售价格，即实施价格歧视。

（4）要素不能自由流动。

由于受行业壁垒的阻碍或限制，新厂商很难或不可能进入完全垄断行业。正因为如此，完全垄断者可以长期保持其垄断地位。当产品市场上只有一个卖主，并且市场上不存在相同或相近的替代品，且行业壁垒极高的时候，企业就有"想怎么样就怎么样"的自由。四通供水当然可以理直气壮地向各地产开发公司甩出不平等条约，只有我一家自来水供应企业——我不上天堂，谁上天堂？

二、完全垄断是如何形成的？

1. 政府准入

单个厂商可能因为享受政府给予的某种特权而垄断某个市场。这种由政府准入形成的垄断通常是与公共福利、财政收入关系密切的产业，比如公用事业方面的邮政、铁路、供电、供水及公共交通等市场的垄断。

2. 技术封锁

就是政府授予某个厂商或个人独自使用自己创造发明的生产某产品的技术或享受相应经济利益的权利。如果一个厂商拥有某项产品或生产某项产品的基本加工工艺技术的发明专利权，就会受到法律的保护，其他厂商则不得生产该项产品或使用该项工艺技术。这种技术垄断往往导致产品市场的垄断。例如，戴比尔斯公司就是因为控制南非钻石矿区得以在很长一段时间里垄断世界钻石生产。

3. 关键资源由一家厂商拥有

某些行业生产的产品需要一种特殊的生产资源，而厂商对这种生产资源的独占排除了经济中其他厂商生产同种产品的可能性。例如，加拿大国际制镍公司由于控制了世界镍矿的90%，所以能够长期保持制镍业的完全垄断地位。

4. 规模经济

有些行业具有这样的特点：生产的规模效益需要在一个很大的产量范围和相应巨大的资本投入水平上才能得到充分的体现，以至于只有在整个行业的供给都由一个厂商来完成时才有可能达到这样的生产规模。在这类产品的生产过程中，行业内总会有某个厂商凭借其雄厚的实力最先达到这一生产规模，从而垄断了整个行业的生产和销售，这也称作是自然垄断。自然垄断往往会出现在资本密集型的行业上，如钢铁、化工等重工业，也包括其他一

即问即答

举出两个完全垄断的例子，并解释各自的原因。

些领域,比如电话、电力、天然气、自来水以及铁路、公路、邮政等公共事业上。

在现实中,大多数垄断都要受到政府或政府机构的某种方式的调节。

三、垄断市场中企业的价格歧视策略

1. 价格歧视的含义与条件

(1) 含义:在完全垄断市场上厂商可以运用价格歧视来获得利润。所谓**价格歧视**(Price Discrimination),实质上是一种价格差异,通常指商品或服务的提供者在向不同的接受者提供相同等级、相同质量的商品或服务时,在接受者之间实行不同的销售价格或收费标准。

(2) 垄断厂商实施价格歧视必须满足的条件:① 市场必须是可以细分的,而且各个市场部分须表现出不同的需求程度。② 以较低价格购买某种产品的顾客,没有可能以较高价格把这种产品倒卖给别人。③ 竞争者没有可能在企业以较高价格销售产品的市场上以低价竞销。④ 差别定价采取的形式不违法,且幅度不会引起顾客的反感。

2. 三类价格歧视及典型实例

价格歧视按照程度分为三类:一级价格歧视、二级价格歧视和三级价格歧视。

(1) 一级价格歧视与口渴难耐的买水故事。**一级价格歧视**(First-degree Price Discrimination)又称作完全价格歧视,即假定垄断者知道每一个消费者对任何数量的产品所要支付的最大货币量,并以此决定其价格,所确定的价格正好等于消费者对产品的需求价格,因而获得每个消费者的全部消费剩余。这是一种极端的情况,现实中很少发生,因为垄断者无法确切地了解每个消费者在一定消费数量下的支付意愿。但下面这个口渴难耐的买水故事在一定程度上可以看作是一级价格歧视的一个实例。

气象部门提供的资料显示,某年夏天天气特别炎热。这年暑假,华东师范大学的两位大学生从上海出发,骑自行车去杭州旅游。气温近40℃的中午,两位大学生在马路边农民搭的一个凉棚中稍作休息。由于随身携带的少量饮用水已经喝光,一个多小时没喝水的大学生见到凉棚中有白开水卖,兴奋异常。农民是将白开水装在一种不大的玻璃杯中出售的,看到两位大学生口渴难耐的样子,农民对每杯水的开价是5元。大学生大呼太贵,但由于实在太渴,经讨价还价,还是以每杯水4.5元成交。一杯水显然不解渴,大学生提出每人再买一杯,讨价还价的结果是每杯4元成交。大学生要每人再买第3杯,农民开始坚持每杯仍是4元。但大学生说,第3杯还卖这个价的话,我们就不买了,继续上路,有已经喝下的两杯水垫底,我们骑上几十分钟,前面肯定有商店或城镇可以买到水。在大学生的"威胁"下,农民最后以每杯3.5元

> **价格歧视**
> (Price Discrimination)通常指商品或服务的提供者在向不同的接受者提供相同等级、相同质量的商品或服务时,在接受者之间实行不同的销售价格或收费标准。

> **一级价格歧视**(First-degree Price Discrimination)指垄断企业向每个顾客索取他们愿意为产品支付的最高价格。

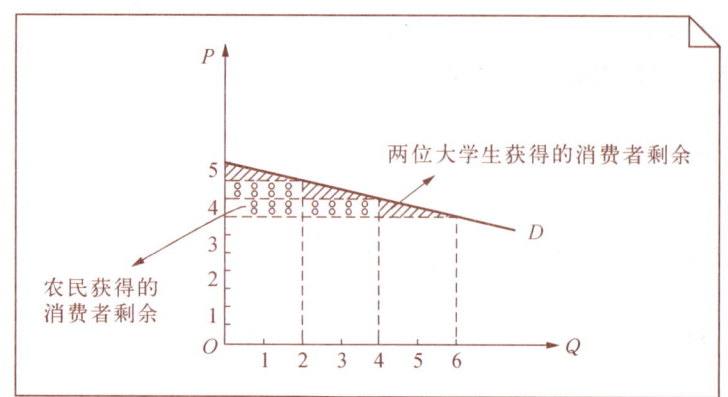

图4–1
垄断厂商攫取消费者剩余

的价格出售了第3杯水。与平时超市里的水比起来，凉棚中的3杯水都太贵，但两位大学生却都是心满意足地离开凉棚的。图4-1表明，农民在一级价格歧视下获取了绝大部分消费者剩余，大学生的消费者剩余已经只剩下图中斜线阴影部分了。如果价格和需求都是连续函数，则大学生的消费者剩余将被农民全部榨光。

实行完全价格歧视是垄断者利润最大化行为。这是因为，如果完全垄断厂商非常了解每个消费者在任何数量下愿意和能够支付的最高价格，就可以按消费者的需求曲线对每一数量产品逐个制定差别价格，以获得消费者的全部消费剩余。

◎ **二级价格歧视**
（Second-degree Price Discrimination）指垄断企业通过对相同商品或劳务消费的不同数量和区段来对消费者进行分类，然后按照类别差别定价。

（2）二级价格歧视的正向与逆向实施。**二级价格歧视**（Second-degree Price Discrimination）即垄断厂商了解消费者的需求曲线，把这种需求曲线分为不同段，根据不同购买量来确定不同价格，垄断者获得一部分而不是全部的消费者剩余。二级价格歧视分为正向二级价格歧视和逆向二级价格歧视。正向二级价格歧视，买得越多越便宜，比如，团购、批发、套餐、满减等。逆向二级价格歧视，买得越多越贵，比如，水、电和天然气的阶梯式定价收费，再比如租书用的时间越长收费越高，玩具店出租玩具，租期越长越贵等。以逆向二级价格歧视中的天然气定价为例，阶梯气价是指居民每年或每月超过天然气基本消费量后，执行高气价，对用户消费的气量分段定价。

阶梯气价将居民用气划分为三档。第一档用气量按覆盖区域内80%居民家庭用户的月均用气量确定，保障居民基本生活用气需求；第二档按覆盖区域内95%居民家庭用户确定；第三档用气量为超出第二档的用气部分。第一档气价按基本补偿供气成本的原则确定，并在一定时期内保持稳定；第二档气价按合理补偿成本、取得合理收益的原则制定；第三档气价要充分体现天然气资源稀缺程度。原则上，第一、二、三档气价按1∶1.2∶1.5的比价安排。各档具体气量和气价由各地结合当地实际确定。国家发改委印发指导意见并强调，各地制定具体方案各阶梯气量和气价时应充分考虑低收入家庭的经济承受能力，进行价格听证后实施。

◎ **三级价格歧视**（Third-degree Price Discrimination）指垄断企业对不同类型的消费者实行差别定价。

（3）三级价格歧视与民航机票的定价思路。**三级价格歧视**（Third-degree Price Discrimination）是指对不同类型的消费者，或对不同市场的消费者收取不同的价格。对消费者分类的主要依据有：收入、年龄、性别、地区等。在民航客票定价中，航空公司将潜在的乘机者划分为两种类型

（相当于将客票销售分割成两个市场）。一类是因公出差人员、私企公司高级职员等。他们对乘机时间要求较高，对票价不计较。因而，对他们可收取相对高的票价，而在时间上，允许他们提前一天订票。另一类是收入较低的旅行人员，淡季出游者等。这部分人群对时间要求不高，但在乎票价。对于他们，在票价上可相对较低，但其他方面如时间、改签或退票上要求对航空公司有利。这样，可以充分利用民航的闲置客运能力，增加公司收益。若不进行市场分割，实行单一的较高票价，就会把一部分潜在的消费者推出客运市场，公司的闲置客运能力便不能产生效益，这对公司是不利的。

这里需要指出，垄断者实施价格歧视的目的在于追求利润最大化，二级、三级价格歧视也广泛应用于垄断厂商的定价实践中，但如果这种差别定价损害了相关市场竞争，产生了限制竞争的危害，侵犯了消费者的合法权益，仍会受到价格监督检查与反垄断部门的查处。

即问即答

举出两个价格歧视的例子，在每种情况下，解释为什么垄断者选择遵循这种策略。

第三节 | 如何在垄断竞争市场中寻求优势

完全竞争市场与完全垄断市场都是属于市场结构中极端的市场类型，但在现实经济中，大多数行业的市场结构都属于兼有竞争与垄断因素的不完全竞争市场类型，如美容美发业、餐饮业、服装店和药店等。这些行业中，每个厂商都尽力使自己的产品与其他厂商的有所不同，于是每个厂商都拥有一些垄断力量，但这种力量通常是很小的，其他厂商的产品与之非常相似，产品间的可替代性导致厂商间激烈的竞争，这些行业的市场结构都可视为垄断竞争类型。

一、垄断竞争市场的定义与特点

垄断竞争市场（Monopolistic Competition Market）是一种既有垄断因素又有竞争因素，既不是完全垄断又不是完全竞争的市场结构，是处于完全竞争与完全垄断之间，且更接近于前者的一种市场结构。市场中有许多厂商，他们生产和销售的是同种产品，但这些产品又存在一定的差别。在这里，产品差别不仅指同一种产品在质量、构造、外观、销售服务条件等方面的差别，还包括商标、广告方面的差别和以消费者的想象为基础的虚构的差别。例如，虽然在两家不同饭馆出售的同一种菜肴（如清蒸鱼）在实质上没有差别，

◯ **垄断竞争市场**（Monopolistic Competition Market）指既有垄断因素又有竞争因素，是处于完全竞争与完全垄断之间，更接近于前者的一种市场结构。

然而，在消费者的心理上却认为一家饭馆的清蒸鱼比另一家鲜美。这时，即存在着虚构的产品差别。

在完全竞争市场和完全垄断市场条件下，行业的含义是很明确的，它是指生产同一种无差别的产品的厂商的总和。而在垄断竞争市场，产品差别这一重要特点使得上述意义上的行业不存在。为此，在垄断竞争理论中，把市场上大量生产非常接近的同种产品的厂商总和称作生产集团。

垄断竞争市场的特点包括：

1. 厂商和消费者数目较多

在同一产品集团内存在数目众多的厂商，每个厂商的产品在整个市场上占的比例都很小，单个厂商无力对整个产品集团的市场产生影响。另一方面，由于同一产品集团内厂商数量较多，以致单个厂商都期望自身的行为不为其对手所注意，故采取的行动也不会引起其对手的报复。这样，所有厂商都将采取相同（或类似）的行动，其最终结果是：长期中垄断竞争厂商都将获得最大限度的正常利润，单个厂商的经济利润为零。

2. 同类性能产品之间有差别

各厂商生产有差别的同种产品，这些产品彼此之间是非常接近的替代品。一方面，由于市场上的每种产品之间存在着差别，或者说，由于每种带有自身特点的产品都是唯一的，因此，每个厂商对自己的产品的价格都具有一定的垄断力量，从而使得市场中带有垄断的因素。一般说来，产品的差别越大，厂商的垄断程度也就越高。另一方面，由于有差别的产品相互之间又是很相似的替代品，或者说，每一种产品都会遇到大量其他相似产品的竞争，因此，市场中又具有竞争的因素。如此，便构成了垄断因素和竞争因素并存的垄断竞争市场。

3. 厂商进退市场较容易

由于产品集团中的厂商规模较小，其所需要的资金和技术不足以构成新企业进入的障碍，因而，新厂商为了追逐利润可以较容易进入该产品集团。反之，当产品集团内原有厂商受损失时，也容易退出。

二、垄断竞争市场中企业的差异化竞争策略

在垄断竞争市场上，厂商生产的产品或多或少存在相互替代的关系，厂商之间竞争激烈。如果采取价格竞争，则最终将导致厂商的经济利润消失，因此大部分垄断竞争厂商都不会轻易变动价格，转而采取差异化的策略，希望通过差异化来刺激产品的需求。厂商的差异竞争一般通过产品、服务和品牌三个方面来体现。正如美国著名营销大师迈克尔·波特（Michael E. Porter）教授说的那样：精明的人靠低成本领先，聪明的人则

描述垄断竞争的三个特点。垄断竞争哪些方面更像垄断？哪些方面更接近完全竞争？

实行差异化!

1. 产品差异策略

所谓产品差异化,是指同一产业内不同企业的同类产品在质量、性能、式样、销售服务、信息提供和消费者偏好等方面存在差异,导致产品间替代关系不完全性的状况,或者说是特定企业的产品具有独特的可以与同行业其他企业相区别的特点。

比如宝洁公司的海飞丝洗发水,强调3D头发护理,去屑去油止痒,特别强调成分中双重锌的去屑保护;力士的"玻尿酸"洗发水则是试图通过原料成分来加强产品的价值感。高露洁三重功效牙膏的膏体由三种颜色构成,给消费者以直观的感受:白色在洁白我的牙齿,绿色在清新我的口气,蓝色在清除我的口腔细菌。

产品差异化可减少顾客对市场价格的敏感度。对于差异化的产品来讲,因为消费者具有强烈的偏好,所以该类产品的价格需求弹性较小,消费者对价格的反应不敏感,即使企业稍微提高价格,其市场需求的下降幅度也很小。

2. 服务差异策略

在中国,通过服务差异化这一策略而赢得竞争力的企业中最具说服力的莫过于海尔集团。海尔集团提出了自己的"星级服务标准",即一个结果:交付完美的服务;两个理念:带走顾客的烦恼,留下海尔的真诚;三个指标:服务投诉率、服务遗漏率、服务不满意率小于十万分之一;四个要求:顾客所提到的所有问题都必须在数据库里记录下来、顾客提出的所有问题都必须处理、所有处理的结果都必须复查、所有处理的结果都必须通知到公司的所有相关部门。同时,海尔还把这些标准一一贯彻下去。随着物联网时代到来,海尔又率先向智慧服务转型,通过业内首创的"用户评价 用户付薪"机制,把主动权交到用户手中,以用户需求、用户评价驱动海尔服务质量持续提升,从而倒逼企业提供更加完善、便捷的全流程最佳服务体验。2018年海尔在家电服务业消费者权益保护调查中荣登服务满意榜首。在海尔成功的背后,我们可以看到所谓的服务差异化,就是在服务上建立自己的优势,通过交互用户、赋能用户、主动挖掘用户深层需求等,创造服务价值。

3. 品牌差异策略

品牌差异化也可以被看成是产品主体差异化的一个部分,但是由于近年来企业普遍对品牌策略给予了更高程度的重视,所以我们把它作为一种独立的差异化手段。所谓品牌差异化,不仅仅是企业要给自己的产品设计和注册一个不同的品牌名称,而且更要强调这个品牌名称必须能够让顾客对企业或企业的产品产生有效的联想,因此企业必须通过各种促销活动宣传产品品牌,丰富产品品牌的内涵,提高产品品牌的定位,树立良好的产品品牌形象,不断提高产品品牌的知名度和美誉度。

比如我们大家都非常熟悉的宝洁公司,巧妙地运用了品牌差异化,为其国内销售的洗发水品牌设计不同的个性化定位:有效去屑的海飞丝、柔顺秀发的飘柔、拯救干枯的潘婷、沙龙级养护的沙宣和控油丰盈的袋鼠,从而实现了在洗发水行业骄人的战绩。

由于现实的消费市场存在着信息不对称现象,品牌形象差异化可以最大限度地降低"信息不对称"程度,赢得消费者的信赖,最终增强品牌的竞争力。很多国际品牌正是充分地利用了品牌形象差异化而消除了消费者方面的信息缺失,比如一提到"耐克",大家就会想到它不同于其他运动鞋的各种信息,如它的优良品质、独特款式等,总之它就是"品牌"的代言词。

> **即问即答**
>
> 解释广告和品牌在差异化竞争策略中的作用。

第四节 垄断市场中寡头之间的竞争与串谋

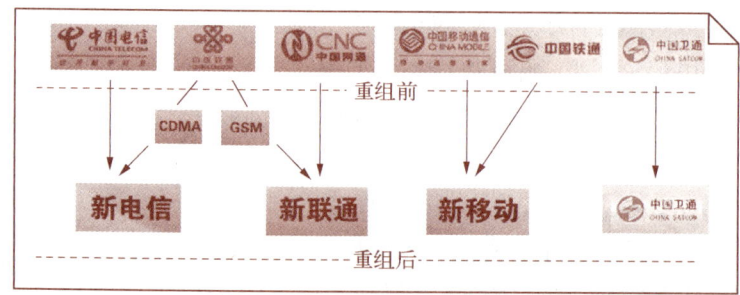

图4-2
2008年中国电信业重组方案图示

2008年中国电信业第三次大规模重组已尘埃落定。中国联通的CDMA网与GSM网被拆分,前者并入中国电信,组建为新电信,后者吸纳中国网通成立新联通,铁通则并入中国移动成为其全资子公司,中国卫通则剥离基础电信业务后并入航天科技集团。重组后中国电信业进入了"三国演义"时代,如图4-2所示。虽然中国电信业历经了数次拆分和重组,但终究也无法摆脱其寡头垄断的根本属性。

一、寡头垄断市场概述

寡头垄断又称寡头、寡占,意指为数不多的销售者。**寡头垄断市场**(Oligopoly Market)是一种同时包含垄断因素和竞争因素,更接近于完全垄断的市场结构。在寡头垄断市场上只有少数几家厂商供给该行业全部或大部分产品,每个厂家的产量占市场总量的相当大份额,对市场价格和产量有

> ⊘ **寡头垄断市场**(Oligopoly Market)是指一种商品的生产和销售由少数几家大厂商所控制的市场结构。

举足轻重的影响。寡头垄断市场同垄断竞争市场一样，都是中间形态的市场，但侧重偏向于完全垄断。寡头垄断市场在经济中占有十分重要的地位。在我国，电信行业、钢铁行业、汽车制造，甚至彩电、电脑、空调等家电业都属于寡头垄断。

1. 成因

（1）企业的规模经济性，某些产品的生产必须在相当大的生产规模上才能达到最好的经济效益；（2）行业中少数几家企业对生产所需的基本原材料的控制；（3）政府的扶植和支持；（4）掌握某种专利等。

2. 特点

（1）行业内企业屈指可数；（2）产品差别可有可无；（3）企业间利害关系直接，相互关系密切，相互依存；（4）进入该行业壁垒极大。

相互依存是寡头垄断市场最显著的特征。由于厂商数目少而且占据市场份额大，不管怎样，一个厂商的行为都会影响对手的行为，影响整个市场。所以，每个寡头在决定自己的策略时，都非常重视对手对自己这一策略的态度和反应。

3. 类型

（1）根据厂商的行动方式，可以分为有协议行为的寡头垄断市场和无协议行为的寡头垄断市场。有协议行为的寡头垄断市场上厂商间相互合作，通过协调生产与定价活动来限制市场产出并抬高市场价格，以增加集体利润和个体利润；无协议行为的寡头垄断市场上厂商独立行动，自主决定其产品价格和产量，通过彼此之间的激烈竞争来获取最大的个体利润。在寡头市场条件下，厂商之间的共谋行为方式是一种普遍的现象。但是，寡头厂商之间的合作协议往往是脆弱的，出于利益的考虑，串谋的每一方往往会私下违背协议，独自采取对自己更有利的行为，中国彩电巨头的数次结成价格同盟但又都以土崩瓦解收场便是明证。

（2）根据市场上产品是否存在差异性，可以分为纯粹寡头垄断市场和差别寡头垄断市场。纯粹寡头垄断市场是指各寡头生产的产品是同质的，也即寡头厂商提供的产品之间的替代性较强。如生产原材料和半制成品行业多属于这种类型，这类产品一般都有国家标准，顾客只要按型号与规格订货就行，不必考虑是哪家的产品，他们关心的只是产品的价格。差别寡头垄断市场是指寡头厂商生产的产品基本性能相同，但存在差异性。如生产汽车、计算机、电视等制成品和消费品的行业，多属于这种类型的寡头垄断。造成产品差别的因素有很多，诸如不同的设计、商标、包装、信贷条件和服务态度等。这时顾客不仅关心产品的价格，也十分关心产品商标或生产厂家。

（3）根据构成寡头垄断市场的厂商数目来分：一个行业可能只由两家厂商组成，即为双寡头市场；市场由三家厂商组成，即为三寡头市场；或由多家厂商所组成，即为多寡头市场。

二、寡头行为的博弈分析

寡头厂商之间存在较强的相互依存关系，厂商决策的结果不仅依赖于其决策本身，还取决于竞争对手的反应。下面两个博弈论经典案例将有利于大家进一步拓展寡头厂商相互依存的策略研究。

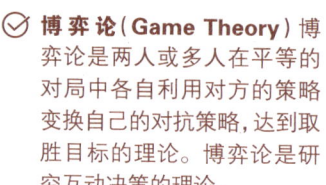

博弈论（Game Theory）是指两人或多人在平等的对局中各自利用对方的策略变换自己的对抗策略，达到取胜目标的理论。表示一个博弈至少需要三个要素：参与者或局中人；局中人可以选择的行动或策略；他们在不同的策略组合下将得到的报酬或支付。每一个参与者的报酬都是所有参与者各自所选择策略的共同作用的结果。描述和分析博弈的一个常用工具是**支付矩阵**（Payoff Matrix）（也称报酬矩阵）。我们用博弈论中经典的"囚徒的两难困境"和"性别之战"来说明。

1."囚徒的两难困境"——占优策略

警方逮捕甲、乙两名嫌疑犯，但没有足够证据指控两人入罪。于是警方分开囚禁嫌疑犯，并向这两个嫌疑犯交代量刑的原则：如果一方坦白，另一方不坦白，则坦白者从轻处理，立即释放，不坦白者从重处理，判刑8年；如果两人坦白，则每人都判刑5年。当然，如果两人都不坦白，则警方会由于证据不足，只能对每人各判刑1年。表4-2给出了这个博弈问题的支付矩阵。

表4-2 囚徒的两难困境

囚徒困境		嫌犯乙	
		坦白	不坦白
嫌犯甲	坦白	−5, −5	0, −8
	不坦白	−8, 0	−1, −1

从表4-2可以看出，如果甲、乙双方都选择不坦白，则对他们来说是最佳的结果，两人都只得−1年，总共−2年；如果甲、乙两者有一方选择坦白，而另一方选择不坦白，则选择坦白一方得0年，而选择不坦白一方得−8年；如果甲、乙双方都选择坦白，则对他们来说是最差的结果，两人都得−5年，总共−10年。那么，甲、乙双方博弈的最终结局是什么呢？

我们通过在支付矩阵图中画横线的方法来解决这一问题。先看甲的策略选择：当乙采取坦白策略时，甲会选择坦白策略（因为-5>-8），得报酬-5，我们在这一报酬下画一横线。当乙采取不坦白策略时，甲还是会选择坦白策略（因为0>-1），得报酬0，在这一报酬下画一横线。同理来看乙的策略选择：甲选择坦白或不坦白策略时，乙都会选择坦白策略，我们分别在相应的乙的报酬-5和报酬0下各画一横线。最后，矩形图中唯一的两个数字都被画上横线的那一格报酬组合(-5、-5)所对应的(坦白、坦白)的策略组合就是该博弈问题均衡策略，此时，由于甲、乙双方选择的都是自己的**占优策略**（Dominant Stategy）即坦白，任何一方都不想偏离，我们称这种状态为博弈均衡。

✓ **占优策略**（Dominant Stategy）
指无论其他参与者采取什么策略，某参与者的唯一的最优策略。

在一个博弈中，只要每一个参与者都具有占优策略，那么，该博弈就一定存在占优策略均衡。但是，在有的博弈中，参与者并不存在占优策略，仍可达到博弈均衡。以一个经典博弈案例"性别之战"来说明。

2."性别之战"——纳什均衡

一对情侣准备在周末晚上一起出去，男的喜欢听音乐会，但女的比较喜欢看电影。当然，两个人都不喜欢分开活动。不同的选择给他们带来的满足如表4-3所示。

表4-3 性别之战

性 别 之 战		女	
		音乐会	电 影
男	音乐会	<u>2</u>,<u>1</u>	0,0
	电 影	0,0	<u>1</u>,<u>2</u>

从上述支付矩阵中可以看到，分开将使他们两人得不到任何满足，只要在一起，不管是看电影还是听音乐会，两人都会得到一定的满足。但音乐会将使男的得到更大满足，看电影则使女的得到更大满足。

在这样一个博弈中，男的和女的都没有占优策略。实际上，他们的最优策略依赖于对方的选择。一旦对方选定了某一项活动，另一方选择同样的活动就是最好的策略。从这个意义上讲，两种策略组合(音乐会，音乐会)和(电影，电影)都能达到了一种均衡状态，这就是所谓**纳什均衡**（Nash Equilibrium）。纳什均衡指如果其他参与者不改变策略，任何一个参与者都不会改变自己的策略的状态。占优策略均衡可以理解为纳什均衡的特例，具有占优策略的一方拥有明显优势，处于竞争中的主动地位，占优策略往往是显而易见的，而纳什均衡更具有普遍意义，由约翰·纳什（John Nash）提

✓ **纳什均衡**（Nash Equilibrium）
指如果其他参与者不改变策略，任何一个参与者都不会改变自己策略的状态。

出的这一博弈均衡理论,奠定了现代主流博弈理论和经济理论的根本基础,它不仅扩大和加强了经济学与其他社会科学、自然科学的联系,甚至改变了经济学的语言、表达方法、体系和结构。在进化博弈论方面相当有造诣的日本经济学家神取道宏(Kandori Michihiro)对保罗·萨缪尔森的名言"你甚至可以把一只鹦鹉培养成一位训练有素的经济学家,只需教会它两个单词,'供给'和'需求'"做过一个幽默的引申,他说"现在这只鹦鹉需要再学两个词,那就是纳什均衡"。

三、寡头垄断市场中企业的策略选择

寡头垄断市场中的厂商如何对待竞争者呢?一般寡头厂商有两种选择:串谋或者竞争。一方面,寡头厂商的相互依赖性使得他们有可能串谋,以获得最大的行业利润。另一方面,寡头厂商又有同他们的同行相互竞争的倾向,目的是争得更大份额的企业利润,但价格战和广告又都会使得寡头厂商的利润下降。串谋与竞争对于寡头厂商而言是相互矛盾的。

1. 竞争条件下企业的选择

竞争条件下寡头企业的决策过程可以运用下面两个博弈实例来说明。

假定某地区啤酒市场有太子和雨滴两个寡头厂商,每个厂商都有两个可选择的策略,这两个策略都是合作与不合作。其支付矩阵如表4-4所示。

表4-4 "啤酒"寡头的占优策略均衡

"啤酒"寡头困境		雨滴	
		不合作	合作
太子	不合作	6,6	14,4
	合作	4,14	12,12

从表4-4中两个寡头的博弈可以看出:首先,(合作、合作)的策略组合要优于(不合作、不合作)的策略组合。这表明太子、雨滴两个寡头厂商相互团结起来,达成合作协议,共同谋求总报酬最大化(总报酬为24,每人得12),就可以避免由于双方都采取不合作策略和相互竞争所造成的两败俱伤的局面(总报酬仅为12,每人仅得6)。实际上,在寡头市场上,厂商之间经常会达成协议,串谋成立卡特尔组织,共谋组织的整体利益最大化,且每个成员也均得到一定的好处。然而,另一方面,在(合作、合作)策略组合的前提下,如果有一方坚持合作策略,而另一方偷偷地采取不合作策略,则对于

偷偷采取不合作策略的参与者来说，(合作、不合作)或(不合作、合作)的策略组合，要优于(合作、合作)的策略组合(因为14>12)。这意味着在寡头市场上厂商们在达成合作协议后，每一个寡头都有强烈的利己动机去偷偷地背离协议，以获得自身的更大的利益。由于每一个达成协议的参与者都会这样想和这样行为，最后结局将是(合作、合作)的策略组合让位于(不合作、不合作)的策略组合，即只有(不合作、不合作)策略才是均衡的。这正是前面讲到的"囚徒的困境"。正因为如此，寡头们之间所达成的卡特尔协定往往是不稳定的。而且，在不少地方，卡特尔组织是非法的，它不可能利用法律手段来制约和惩罚违约成员，这就更加深了卡特尔组织的不稳定性。

在市场竞争中，也存在着与"性别之战"类似的情况。公共技术标准的争夺就是一个典型的例子。20世纪90年代初，日本厂商在高清晰度电视的发展方面居于领先地位。高清晰度电视技术将极大地改善电视图像的质量，并将成为未来的互动式电视传播方式的基础。但高清晰度电视的发展面临一个重大的战略问题，即如何确定世界范围的技术标准？日本厂商已经有了他们的标准，而欧洲厂商也在开发他们自己的技术标准。假定这两类厂商的技术标准的策略选择使他们得到如表4-5所示的支付矩阵。

表4-5 高清晰度电视技术标准的争夺

技术标准之战		欧洲厂商	
		日本标准	欧洲标准
日本厂商	日本标准	120，60	40，30
	欧洲标准	10，5	70，100

由表4-5可见，对日本厂商来说，如果日本厂商和欧洲厂商都采用日本标准，他们将获得最大报酬；类似地，对欧洲厂商来说，他们的最大报酬要求双方都采用欧洲标准。由此可见，协调对双方都非常重要，如果他们各自采用自己的标准，他们的得益都将远远低于采用同一标准的情况。

在这一博弈中，我们也可以找到两个纳什均衡点，即(日本标准，日本标准)和(欧洲标准，欧洲标准)。也就是说，一旦一方选定了某种标准，另一方的最好策略就是采用与对方同样的技术标准。但问题是，双方对于采用何种技术标准的意见是完全对立的。或许我们会期望，两个纳什均衡中总有一个会成为最终的结局，但实际情况是：日本与欧洲至今并未达成有关高清晰度电视技术标准的协议，他们仍在各自发展自己的技术标准。

2. 串谋条件下企业的选择

寡头垄断市场中的企业数量很少，厂商之间如果能认识到相互间的依赖性，那么，寡头市场就会产生公开或秘密协议，并形成某种形式的联合组织。因为厂商间的协议，可以增加利润，减少不确定性，更强有力地阻碍新企业加入。

（1）公开的组织——**卡特尔**（Cartel）。卡特尔是指市场上的厂商通过正式协议，共同确定产品的价格、产量及分割市场。卡特尔是最早出现的这类组织之一。在世界许多国家里，卡特尔或厂商间的秘密协议联合，被认为违反了反垄断法，是不被允许的。然而，这并不意味着这类协定就不存在了。

> **卡特尔（Cartel）** 由一系列生产类似产品的独立企业所构成的组织，它的成员通过正式协议，共同确定产品的价格、产量和分割市场份额等方面的垄断组织。

（2）暗中的默契——价格领导。暗中的默契的主要方式是价格领导制，即由产业中某一厂商制定和变动价格，其他厂商跟着定价和变价。根据价格领导厂商的具体情况，可以分为以下三种价格领导类型。

① 支配型价格领袖。领先确定价格的厂商在市场中占据支配地位，它在市场上占有份额最大，因此对价格的决定起着举足轻重的作用。它根据自己利润最大化的原则确定产品价格及其变动，其余规模较小的寡头则根据这种价格来确定自己的价格以及产量。

② 效率型价格领袖。领先确定价格的厂商是本市场中成本最低，从而效率最高的厂商。它对价格的确定也使其他厂商不得不随之变动。

> **即问即答**
> 你能从电信、移动、联通三家运营商的校园博弈中归纳寡头垄断市场的特征并评价这种市场结构的任务吗？

③ 晴雨表型价格领袖。这种厂商在拿捏市场行情变化或其他信息方面明显优于其他厂商。该厂商价格的变动实际上是首先传递了某种信息，因此，它的价格在该市场中具有晴雨表的作用，其他厂商会参照这家厂商的价格变动而变动自己的价格。

第五节 | 定 价 策 略
——经济学与心理学的游戏

一、需求价格弹性与总收益

定价策略是企业营销策略组合的重要构成，企业定价直接关系到企业的收益，关系到企业的生存和发展。但在现实中有时价格的调整不但不能带来收益的提高，反而导致其进一步下降。这里就要考虑企业产品的需求价格弹性，即消费者的需求量对价格的反应程度。

1. 需求价格弹性

需求价格弹性（Price Elasticity of Demand）又称需求弹性或价格弹性，

> **需求价格弹性（Price Elasticity of Demand）** 又称需求弹性或价格弹性，它是指一种商品的需求量对其价格变动的反应程度。需求价格弹性系数等于需求量变动的百分比除以价格变动的百分比。

它是指一种商品的需求量变动对其价格变动的反应程度。用需求量变动的百分比除以价格变动的百分比,计算得到需求价格弹性系数 E_d 来度量。表示为公式(4.1):

$$E_d = -\frac{\frac{\Delta Q}{Q}}{\frac{\Delta P}{P}} = \left|\frac{\Delta Q}{\Delta P} \times \frac{P}{Q}\right| \qquad (4.1)$$

式(4.1)中,ΔQ 和 ΔP 分别表示需求量和价格的变动量,P 和 Q 分别表示价格和需求量的基量,E_d 代表需求价格弹性系数。例如,某型号电视机的价格下调20%,需求量增加了30%,则电视机的需求价格弹性为1.5。需求弹性系数的数值在绝大多数情况下都是负值,因为大多数商品的需求量和价格两个变量是呈反方向变化的。在实际运用时,为了方便起见,一般都取正值,在公式前加一个负号或取绝对值。

2. 需求价格弹性与总收益

在不同的需求价格弹性下,提价多少或者降价多少会带来企业总收益的增加还是减少是决策者最为关注的问题。

(1)当 $E_d = 1$ 时,需求对价格为单位弹性,即价格变化的百分比与需求量变化的百分比相等,$\Delta Q/Q = \Delta P/P$,价格下降对于企业的产品销售额几乎没有影响,企业这个时候可以考虑采用产品、分销和促销等其他的营销策略来促进产品销售量的增加,进而带动销售额的增加、总收益的增加。

(2)当 $0<EP<1$ 时,需求对价格缺乏弹性,即需求量变化的幅度小于价格变化的幅度。价格下降,虽然使需求量增加了,但增加得很少,企业的总收益(即销售额)会下降;反之,如果提高价格,虽然需求量会降低,但降低幅度同样小于价格提高的幅度,企业的总收益会增加。

(3)当 $1<EP<\infty$ 时,需求对价格是富有弹性的,即需求量变化的幅度大于价格变化的幅度。价格下降,不仅带动了需求量的大幅增加,也带动了总收益的增加;反之,如果进行提价,将会使得销售量减少,进而降低总收益。

可见,总收益的变化受需求价格弹性的影响和制约,企业要根据不同的产品需求价格弹性进行降价或者提价,以增加企业的总收益。

3. 影响需求价格弹性大小的因素

一般认为,生活必需品的需求是缺乏价格弹性的,而价格较高的消费品需求是富有价格弹性的。具体来说,影响产品需求价格弹性大小的因素主要有以下五个。

(1)商品的可替代性。

一般来说,一种商品的可替代品越多,相近程度越高,则该商品的需求价格弹性往往就越大；相反，该商品的需求价格弹性往往就越小。例如，苹果的替代品较多，如梨、柑橘等其他水果，这样，苹果的需求价格弹性就比较大。又如，对于食盐来说，没有替代品，所以，食盐价格的变化引起的需求量的变化几乎为零，它的需求价格弹性是极小的。

对一种商品所下的定义越明确、越狭窄，这种商品的相近替代品往往就越多，其需求价格弹性也就越大。譬如，和路雪牌香草冰淇淋的需求要比香草冰淇淋的需求更有弹性，香草冰淇淋的需求又比冰淇淋的需求更有弹性，而冰淇淋的需求价格弹性比冷饮的需求价格弹性又要大得多。

（2）商品用途的广泛性。

一般来说，一种商品的用途越是广泛，它的需求价格弹性就可能越大；相反，用途越是狭窄，它的需求价格弹性就可能越小。这是因为，如果一种商品具有多种用途，当它的价格较高时，消费者只购买较少的数量用于最重要的用途上。当它的价格逐步下降时，消费者的购买量就会逐渐增加，将商品越来越多地用于其他的各种用途上。

（3）商品对消费者生活的重要程度。

一般来说，必需品的需求价格弹性较小，非必需品的需求价格弹性较大。例如，当看病的价格上升时，尽管人们会比平常看病的次数少一些，但不会大幅度地改变他们看病的次数。同理，面粉、大米这些生活必需品的需求量并不会因为价格的变动而有太大的改变。与此相反，当游艇价格上升时，游艇需求量会大幅度减少，原因是大多数人把看病作为必需品，而把游艇作为消费品。

（4）该商品的消费支出在消费者预算总支出中所占的比重。

消费者在某种商品上的消费支出在预算总支出中所占的比重越大，该商品的需求价格弹性可能越大；反之，则越小。例如，报纸、铅笔、肥皂、打火机等商品的需求价格弹性就比较小。因为消费者每月在这些商品上的支出是很小的，他们往往对这类商品价格的变化不敏感。

（5）所考察的消费者调整需求量的时间。

一般来说，考察的时间越长，需求价格弹性就可能越大。因为，当消费者决定减少或停止对某种价格上升的商品的购买之前，他一般需要花费时间去寻找和了解该商品的替代品。例如，当汽油价格上升时，在开始的几个月内，汽油的需求量仅会有轻微的下降，但随着时间的推移，人们开始购买更节能的汽车、采取更廉价的交通方式如公共交通或搬到离他们的工作地址更近的地方居住，所以，在长期内，汽油的需求量会大幅度下降。

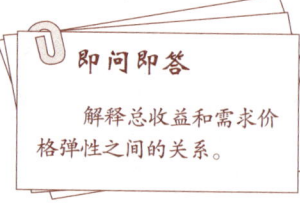

即问即答

解释总收益和需求价格弹性之间的关系。

二、薄利多销与谷贱伤农

俗话说"薄利多销"，我们可以用刚刚学过的需求价格弹性来解释。"薄利多销"中的"薄利"就是降价,降价就能"多销","多销"就能增加总收益。那么,是不是所有的商品都能通过降价的方式增加总收益呢?不是!只有需求价格弹性大于1的商品才能通过"薄利多销"的方式增加总收益,而需求缺乏弹性的商品如果降价反而会使总收益减少。因为对于需求富有弹性的商品来说,当该商品的价格下降时,需求量(从而销售量)增加的幅度大于价格下降的幅度,所以总收益增加。由此我们也可以看出研究需求价格弹性的意义,厂商在做出价格决策时要充分考虑产品的需求价格弹性,以免事与愿违。

"谷贱伤农"出自《汉书》。《汉书·食货志(上)》有"籴甚贵,伤民;甚贱,伤农。民伤则离散,农伤则国贫"。如今,"谷贱伤农"已经成为经济学的一个经典命题,又叫作"丰收悖论",意思是说粮食丰收后,粮价下跌,出现增产不增收的局面,使农民利益受损。农业的好消息却成为农民的坏消息!农民粮食收割后到底能卖多少钱取决于两个因素:产量和粮价,农民卖粮收入是两者的乘积。但这两个变量并不是独立的,而是相互关联的,其关联性由一条向右下倾斜的粮食需求线来决定。也就是说,价格越低,需求量越大;价格越高,需求量越小。另外还要特别注意的是,粮食需求缺乏弹性,也就是说,粮食需求对价格的变化不是很敏感。当粮价由于丰收而下跌时,对粮食的需求量会增加,但增加得不是很多。其基本的原因在于,粮食是一种必需品,对粮食的需求最主要的是由人们对粮食的生理需求所决定的。此外,对当今大部分人来说,粮食方面的花费在全部花费中所占比例已很小了,并且还会越来越小,这也导致人们对粮价的变化反应不敏感。认识到粮食市场的这一特性后,就不难理解下面的现象:当粮食大幅增产后,粮价要大幅下跌,如果粮价下跌的百分比超过粮食增产的百分比,就会出现增产不增收甚至减收的状况,这就是"谷贱伤农"。

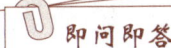

即问即答

"薄利多销"与"谷贱伤农"是互相矛盾的吗?请解释。

三、需求价格弹性在企业定价策略中的应用

在企业的实际营销活动中,必须根据产品的需求价格弹性来选择价格,灵活地进行价格调整。由于单位价格弹性产品在现实生活中一般比较少见,下面只针对需求富有价格弹性和缺乏价格弹性的产品定价策略进行分析。

1. 需求富有价格弹性的产品,适时采取降价策略

在这种情况下,企业宜采取降价的策略,而不能采取提价的策略,例如服装,1条连衣裙在最开始上市的时候可以定价为1 000元,随着时间的推移,企业可以打9折、8折、7.5折等,甚至于到最后清仓甩卖的时候可以达到1~2折。在成本的分摊方面,如果企业生产了1万件,可以把成本全部分摊在前面的3 000件,后面的卖一个赚一个。因此在最初一般采用撇脂定价策略(新产品上市之初把产品价格定得较高,以迅速收回成本的一种定价策

略。这种定价策略能够创造优质优价的产品形象，具有很大的调价余地）。通过不断地榨取消费者剩余，赚取更多的利润。在价格调整方面，企业应该根据产品之间的差异化来决定具体的策略。

(1) 产品差异化程度小或无。

在产品不存在较大差异的情况下，而且消费者对产品不是很了解的时候，企业可以通过概念营销的方式推出新产品，比如海尔防电墙热水器、排毒养颜胶囊等都是通过概念营销，带动了产品的销售，甚至是热卖。随着时间的推移，为了吸引更多的消费者，可以采用打折、买赠、送礼等方式。但是通过一段时间的使用之后，消费者发现产品之间的差异不是很大，此时消费者最在意的往往就是价格。因此为了抢占更多的市场份额，这时企业就应该撕掉概念营销的面纱，通过优质低价的产品来抢占市场。即企业可以通过价格战来不断地扩大自身的市场份额，而且越早发动价格战，可能获得的市场份额越大。比如"纳爱斯"在"宝洁""奇强"等企业通过优质优价，以高技术起步占领市场的情况下，纳爱斯集团经过广泛的市场调查以后另辟蹊径，认为要与实力强大的企业比产品、比品牌、比形象，只有先抢占市场，方能战胜对手。因此决定采用优质低价的策略去争得时间和市场，以赢得最广泛的消费者。在纳爱斯香皂上市时所采取的广告语是"NICE香皂同为世界一流精品，只有50%的售价"；在雕牌洗衣粉上市时所采取的广告语是"只买对的，不选贵的"；在雕牌超能皂上所采取的推销措施是"雕牌超能皂百万元大赠送"。毫无疑问，突破心理底线，一步到位的价格与密集的央视、卫视广告轰炸，加之各种公益活动的助阵，给消费者以看得见的最大利益，符合消费者求实、求廉的心理要求，形成了雕牌对经销商、消费者巨大的推动作用，造就了在中国皂类及洗衣粉市场的标志性品牌。

(2) 产品差异化程度较大或大。

对于有差异的产品，比如中低档汽车、电视机等，企业可以通过广告宣传、品牌文化、概念营销等多种非价格竞争的手段在消费者心中建立起感觉差异，通过消费者感觉差异影响消费者的心理价格，进而赚取更多的利润。随着新产品的不断推出和竞争的激烈，企业为了抢占更多的市场份额，应该在适当的时候降低产品的价格来扩大企业的市场份额，赚取更多的利润，但是必须与相应的产品改进相配合，以免对企业原有的高端产品产生影响，甚至于把企业带入万劫不复的深渊。

2. 需求缺乏价格弹性的产品，适时采取提价策略

在这种情况下，企业宜采取提价的策略，而不能采取降价的策略。比如药品（滋补品除外）、生活必需品等。

在对药品（滋补品除外）定价的时候，可以采用成本定价法和需求定价法相结合的方法。成本定价法只是作为一个价格的参考和底线,需求定价法是根据消费者的需求和心理预期来确定产品的最终价格,这个价格可以远远高于成本。

对于缺乏需求弹性的生活必需品,比如食盐、酱油、食用油等,一般采用习惯定价策略。比如500毫升装酱油,一般消费者习惯的价格区间在5～15元,如果低于这个价格,消费者会认为质量可能存在问题,不敢购买;反之,高于这个价格,消费者认为太贵了,也不会购买。但是企业在定价的时候,可以通过概念营销的方式,提高消费者的心理价格,进而为产品制定较高的价格,比如金龙鱼的1∶1∶1,大部分消费者都不能准确地说出是什么,但是消费者知道这代表的是营养的均衡,由此"金龙鱼"才能在同类产品中制定较高的价格。

对于生活必需品来说,即使企业提价很多,消费者也不得不购买。在经济危机中,在消费者的价格指数不断下降的情况下,这些生活必需品的价格不但没有下降,反而不断地提价。在这种情况下,企业为了防止引起消费者的反感,可以通过改进产品的方法,变相地提高价格,获取更多的利润。比如食用油根据消费者对于健康程度的需求不同,推出了非转基因的大豆油,进而提高产品的价格。

通过对于产品的需求价格弹性系数的分析和计算,能够量化价格和销售量之间的关系,因此,很好地分析消费者对于价格策略的预期反应和企业价格策略的预期效果可以更好地指导企业产品价格的制定以及产品价格的调整,是影响企业产品定价策略的一个重要因素。

四、有趣的心理定价策略

在企业定价的过程中,除了经济学方面的因素,心理学方面的因素也不容忽视。心理定价策略非常有趣,该策略针对消费者的不同消费心理,制定相应的商品价格,以满足不同类型消费者的需求。心理定价策略一般包括尾数定价、整数定价、习惯定价、声望定价和最小单位定价等具体形式。

1. 尾数定价策略

尾数定价又称零头定价,是指企业针对消费者的求廉心理,在商品定价时有意定一个与整数有一定差额的价格。这是一种具有强烈刺激作用的心理定价策略。心理学家的研究表明,价格尾数的微小差别,能够明显影响消费者的购买行为。标价99.95元的商品和100.05元的商品,虽仅相差0.1元,但前者给消费者的感觉是还不到100元,价格较低,更易于接受。另外,某些数字常被赋予一些独特的含义。例如,我国消费者普遍喜欢尾数为6或8的价格,认为这样的数字比较吉利,经营者将商品定价为168元,销售效果比定价为170元要更好。尾数定价法会给消费者一种经过精确计算的、最低价格的心理感觉,同时,顾客在等候找零期间,也可能会发现和选购其他商品。

2. 整数定价策略

整数定价与尾数定价相反,针对的是消费者的求名、求方便心理,将商品价格有意定为整数,由于同类型产品,生产者众多,花色品种各异,在许多交易中,消费者往往只能将价格作为判别产品质量、性能的指示器。同时,在众多尾数定价的商品中,整数能给人一种方便、简洁的印象。

3. 声望定价策略

这是整数定价策略的进一步发展。消费者一般都有求名望的心理,根据这种心理行为,企业将有声望的商品制定比市场同类商品价高的价格,即为声望型定价策略。它能有效地消除购买心理障碍,使顾客对商品或零售商形成信任感和安全感,顾客也从中得到荣誉感。风靡全球的冰淇淋品牌哈根达斯进入中国市场,在品牌形象上一直走高端路线,产品定价单球冰淇淋都在30元左右,套餐定价都在百元以上,采用的就是典型的声望定价策略。否则,这些消费者就不会去购买。声望定价往往采用整数定价方式,其高昂的价格能使顾客产生一分价格一分货的感觉,从而在购买过程中得到精神的享受,达到良好效果。

4. 习惯性定价策略

某些商品需要经常、重复地购买,因此这类商品的价格在消费者心理上已经定格,成为一种习惯性的价格。许多商品尤其是家庭生活日常用品,在市场上已经形成了一个习惯价格。消费者已经习惯于消费这种商品时,只愿付出这么大的代价,如买一块肥皂、一瓶洗洁精等。对这些商品的定价,一般应依照习惯来确定,不要随便改变价格,以免引起顾客的反感。善于遵循这一习惯来确定产品价格者往往获益匪浅。

5. 最小单位定价策略

最小单位定价策略是指企业把同种商品按不同的数量进行包装,以最小包装单位量制定基数价格,销售时,参考最小包装单位的基数价格与所购数量收取款项。一般情况下,包装越小,实际的单位数量商品的价格越高;包装越大,实际的单位数量商品的价格越低。例如,对于质量较高的茶叶,就可以采用这种定价方法:如果某种茶叶定价为每500克600元,消费者就会觉得价格太高而放弃购买;如果缩小定价单位,采用每50克为60元的定价方法,消费者就会觉得可以买来试一试。如果再将这种茶叶以125克来进行包装与定价,消费者就会嫌麻烦而不愿意去换算出每500克应该是多少钱,从而也就无从比较这种茶叶的定价究竟是偏高还是偏低。最小单位定价策略利用了消费者的心理错觉,因为小包装的价格容易使消费者误以为廉,而实际生活中消费者很难也不愿意换算出实际重量单位或数量单位商品的价格。

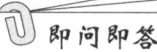

即问即答

企业产品定价策略和技巧有哪些?具体如何运用?

产品定价是一个极其复杂的过程,可以称其为经济学和心理学的双重游戏。企业必须根据具体的市场环境、产品条件、市场供求、企业目标等灵活地运用适当的定价策略和技巧,制定最终的销售价格,以期达到扩大销售、实现利润最大化的目的。

阅读材料

中国电信业从垄断走向竞争

1999年春,九届人大二次会议闭幕,刚刚当选总理的朱镕基答中外记者问。

吴小莉:打个比方,如果我在香港打个电话给美国总统克林顿,每分钟只要0.98港元,要是我打电话给您,每分钟就要9.8港元,是10倍的价钱。这次发现,从北京打电话回香港,每分钟从原来的8.1元降到了5元。请问总理,您用什么样的方法可以加快中国电信市场的竞争步伐?

朱镕基:中国电信业务正在降价,降得还不够,还要继续降价,办法就是引进竞争。首先,我们正在改革中国电信体制,一个重要原则就是打破垄断,鼓励竞争。其次,有步骤开放中国的电信市场,让外国资本进入中国的电信市场。

下面,让我们一起回顾中国电信业从垄断走向竞争的改革历程!

1994年之前,我国的电信业务一直是由邮电部独家垄断经营。当时,家庭用户申请安装电话非常困难,不仅要交纳数千元的初装费,而且从填表申请到上门拉线安装,需要耗时半年到一年时间。在新中国成立40年时,我国每200人连一部电话都不到。那时居民住宅区里,大家排长队依次打电话是一道独特景观。可以想见,多少商机在这种等待通话中消失了,多少个人隐私在这种众耳倾听中公开了。电信市场的完全垄断带来的是经济效率和社会效率的低下。

在社会舆论强大的压力和政府的干预、介入下,1994年,作为中国电信公司竞争对手的中国联通公司成立,这标志着我国电信从垄断开始走向竞争。双垄断寡头使基本电信服务市场效率得到改进,在联通公司进入的移动通信市场,邮电部门大幅降低了入网费和资费。但电信市场的有效竞争并没有形成,1998年中国联通的营业额仅为中国电信的1/112。

1998年3月,政府机构改革,在原电子部和邮电部的基础上组建信息产业部,随后电信业实现了政企分开。1999年4月,中国网络通信有限公司成立。2000年12月,铁道通信信息有限责任公司成立。当时中国电信市场七雄争霸格局初步形成。电信、移动、联通是市场中三个大玩家,而网通、吉通(1994年1月由电子工业部发起成立)、铁通则一直扮演着陪练的角色。2002年5月,中国电信南北拆分的方案出台。拆分重组后形成新的"5+1"格局,这五大电信巨头包括了中国电信、中国网通、中国移动、中国联通、中国铁通以及中国卫星通信集团公司。基础电信在由垄断走向竞争的过程中，服务质量不断提高，服务价格明显下降，服务供给量大幅增长。

2001—2007年，全国电信业务收入从3 719亿元增至7 280亿元，年均增长超过11%，用户数从3.26亿户增至9.13亿户（其中移动电话5.47亿户），年均增长约1亿户。固定、移动电话用户总数双双跃居世界第一，市场竞争更加充分，资费大幅降低，服务水平显著提高，改革发展进入新阶段。当然，依然有不尽如人意的地方，比如电信资费仍然偏高等，我国的国际长途话费、网费仍然高于许多国家。

2008年5月，中国电信业第三次大规模重组正式方案出炉。中国联通的CDMA网与GSM网被拆分，前者并入中国电信，组建为新电信，后者吸纳中国网通成立新联通，铁通则并入中国移动成为其全资子公司，中国卫通则剥离基础电信业务后并入航天科技集团。重组后中国电信业形成了新移动、新电信、新联通三家全业务运营商三足鼎立的竞争局面。

多次的改革重组，加上全球信息通信技术迅猛发展，国内电信业的竞争放在国民经济各行业中看都是激烈甚至惨烈的。对于社会公众而言，这种不断加剧的市场竞争，一方面带来了电信资费水平的连年下降，另一方面也扯下了电信企业所谓"暴利"的外衣。

对于电信行业来说，激烈的市场竞争已经成为企业生存的常态。我们最常看到的，是同质化竞争下不计成本的价格战，是为争取一个大客户"你方唱罢我登场"的层层压价，如果说价格战还只是电信业竞争的"温柔手段"，那么在每年8—9月份的校园营销中，与学校签订排他性协议、高价收购竞争对手的手机卡、在录取通知书中夹寄宣传资料、在火车站汽车站接送新生抢占客户等竞争手段就更加"露骨"，至于不时出现的为抢夺学生客户大打出手、剪断对手通信光缆，更是电信行业惨烈竞争的写照。

在充分的市场竞争之下，电信资费持续下降。"十一五"时期，我国电信资费5年下降了41.93%，与煤、电、水等其他行业价格普遍"涨"声不断相比，电信业的价格走势一路向下。专家指出，在居民消费价格指数CPI不断上扬的今天，电信资费一路走低，在很大程度上是电信市场激烈竞争的结果。在如此激烈的市场竞争环境下，电信行业所谓的"暴利"也就失去了存在的基础。2015年，"提速降费"更是成为通信行业的一个热词，因为关系到每一个人的切身利益，一直备受众人关注。工信部给出了一组数据，早在2013年的时候，国家当时宽带价格平均每人每月70元左右，即使放在现在70元也不是小数目，何况还是7年前。到了2019年，宽带平均价格已经降到了每月38元左右。

结论已经不言自明。中国电信业正面临前所未有的挑战，移动互联网业务对传统通信业务的加速替代和分流，信息通信技术快速演进对基础通信服务能力的考验，重重压力之下，电信行业更多需要思考的早已不是如何牟取"暴利"，而是如何保持"微利"发展、如何竞争合作这些更紧迫的现实问题。

随着2019年6月6日工信部正式向中国移动、中国联通、中国电信及中国广电发放5G商用牌照，标志着我国5G商用进入到发展的快车道。相比于4G时代的三分天下，5G时代，另一个小伙伴中国广电也加入了5G的赛道。目前来看，四大运营商的运营打法与优先发展领域呈现一定差异性。2021年，中国移动提出八个聚焦，着重深化基于规模的价值经营，加快5G全面运营，补齐关键领域短板，加快数字基础设施、新型渠道体系和智慧中台建设，提高服务质量。中国联通以改革促发展，持续推进生态建设与共建共享。中国电信提高服务水平的主要方式为加快云网融合的基础设施建设，积极赋能内外部数字化转型。中国广电主要进行"全国一网"整合，协调广电5G一体化发展，打造平台化竞争优势。四大运营商最终谁会胜出成为5G时代的引领者？我们还是拭目以待吧！

资料来源：根据一系列相关资料整理。

复习思考题

一、单项选择题

1. 以下（　　）产品的市场更接近完全竞争。
   A. 汽车　　　　　　　B. 香烟　　　　　　　C. 报纸　　　　　　　D. 农产品

2. 完全竞争的市场中，市场价格由（　　）决定。
   A. 仅由市场需求决定　　　　　　　B. 仅由市场供给决定
   C. 市场需求和供给　　　　　　　　D. 以上都不对

3. 在垄断竞争市场中，（　　）。
   A. 少数厂商销售有差异的产品　　　B. 许多厂商销售同样的产品
   C. 少数厂商销售同质的产品　　　　D. 许多厂商销售有差异的产品

4. 寡头垄断厂商的产品是（　　）。
   A. 同质的　　　　　　　　　　　　B. 有差异的
   C. 既可以同质，也可以有差异　　　D. 以上都不对

5. 寡头垄断和垄断竞争之间的主要区别是（　　）。
   A. 厂商的广告开支不同　　　　　　B. 非价格竞争的数量不同
   C. 厂商之间相互影响的程度不同　　D. 以上都不对

6. 下面（　　）产业更近于寡头垄断。
   A. 饮食　　　　　　　B. 舞厅　　　　　　　C. 汽车　　　　　　　D. 手表

7. 下列不能成为进入一个垄断行业壁垒的是（　　）。
   A. 垄断利润　　　　　B. 立法　　　　　　　C. 专利权　　　　　　D. 资源控制

8. 当发生以下（　　）情况时，厂商会倾向于进入一个行业。
   A. 该行业存在超额利润
   B. 规模经济不构成一个主要的进入壁垒
   C. 该行业的主要资源不被现存的厂商所控制
   D. 以上全对

9. 当一个完全竞争行业实现长期均衡时,该行业中的每个厂商将(　　)。
   A. 利润都为零　　　　　　　　　　　　B. 无法退出该市场
   C. 固定成本和可变成本都得到补偿　　　D. 以上说法都不对
10. 购买者对价格变动比较敏感的商品是(　　)。
    A. 价值高且经常购买的商品　　　　　　B. 价值低且经常购买的商品
    C. 价值高且不经常购买的商品　　　　　D. 价值低且不经常购买的商品
11. 如果一个厂商降低其商品价格后,发现销售收入减少,这意味着(　　)。
    A. 商品需求富有价格弹性　　　　　　　B. 商品需求缺乏价格弹性
    C. 商品需求具有单位价格弹性　　　　　D. 价格弹性小于1
12. 产品需求价格弹性大,产品成本随产销量扩大而降低较明显的新产品宜采用(　　)。
    A. 低价策略　　　B. 高价策略　　　C. 中间价策略　　　D. 撇脂策略

二、应用分析题

1. 家电行业的制造商发现,为了占有市场份额,他们不得不采取一些竞争策略,包括广告、售后服务、产品外形设计,其竞争是很激烈的。因此,家电行业被认为是完全竞争行业。这种说法对吗?

2. 养鸡场与包子铺都是小企业,为什么养鸡场是完全竞争的,包子铺是垄断竞争的? 假设你经营一家包子铺,你能永远立于不败之地吗? 你应该如何创造自己的产品差别?

3. A、B两家寡头共同占有一个市场。如果A、B都做广告,则各获得利润30亿元;如果两家都不做广告,则各获得利润40亿元;如果一家做广告,另一家不做广告,则做广告者得到50亿元利润,不做广告者得到20亿元利润。用博弈矩形图分析这两家寡头的广告行为,会出现什么结果?

4. 假设猪圈里有一头大猪、一头小猪。猪圈的一端有猪食槽,另一端安装着控制猪食供应的按钮,按一下按钮会有10个单位的猪食进槽,但是谁按按钮谁就会首先付出2个单位猪食的劳动。若大猪先到槽边,大猪与小猪吃到食物的收益比是9∶1;同时到槽边,收益比是7∶3;小猪先到槽边,收益比是6∶4。请给出该博弈问题的报酬矩阵,并回答在两头猪都有智慧的前提下博弈的结果。

5. 在完全垄断、寡头垄断、垄断竞争和完全竞争中,你将如何确定以下每一种饮料的市场类型,简要说明理由。
   (1) 自来水;
   (2) 瓶装饮用水;
   (3) 可乐;
   (4) 啤酒。

6. 下列每一对物品中,你认为哪一种物品更富有价格弹性,简要说明理由。
   (1) 定制教科书或侦探小说;
   (2) 贝多芬音乐唱片或一般古典音乐唱片;

（3）在未来6个月内乘坐地铁或在未来5年乘坐地铁；

（4）生啤酒或饮用水。

三、计算题

1. 香烟的需求价格弹性是0.4，如果现在每盒香烟为12元，政府想减少20%的吸烟量，价格应该提高多少？

2. 在某国，对新汽车需求的价格弹性$E_d = 1.2$，需求的收入弹性$E_m = 3.0$，计算

（1）其他条件不变，价格提高3%对需求的影响；

（2）其他条件不变，收入增加2%对需求的影响；

（3）假设价格提高8%，收入增加10%，2005年新汽车的销售量为800万辆，利用有关弹性系数的数据估计2006年新汽车的销售量。

需求收入弹性

需求收入弹性（Coefficient of Income Elasticity of Demand）：一种商品的需求量对消费者收入变动的反应程度，其弹性系数等于需求量变动的百分比除以收入变动的百分比。

$$E_m = \frac{\frac{\Delta Q}{Q}}{\frac{\Delta I}{I}} = \frac{\Delta Q}{\Delta I} \cdot \frac{I}{Q}$$

一、实训目标

1. 把握市场类型划分的依据；

2. 体验寡头之间博弈的乐趣与奥秘；

3. 能判别不同市场类型并对各类市场类型中企业的策略做出正确评价。

二、实训项目与要求

1. 企业家讲坛——请实习企业负责人介绍其所处行业的竞争态势和竞争类型

项目要求：

(1)学生要对讲述的内容进行归纳和概括。

(2)把其中的具体事例编写为小案例。

2. 竞争游戏——出牌游戏:不同状况下的博弈(★辅助素材)

项目要求:

(1)将学生每4~6人分为一组,划分若干组(偶数组),每两组对弈,各组私下商量出牌的颜色,两组同时亮牌,进行记分。

(2)游戏规则:双方都出红牌,各得3分;双方都出黑牌,各得-3分;一方出红,另外一方出黑,则红方得-6分,黑方得6分。根据出牌情况进行记分。

(3)出牌三次后改变规则,双方可以协商后出牌。再出牌两次后改变规则,告诉大家下一次出牌将是最后一次出牌,最后一次出牌不许商量。

(4)将出牌情况反映到一张综合的表中,对结果进行讨论。

(5)教师进行总结点评。

3. 行业调研——市场营销策略的制定

项目要求:

(1)分组并选定一个感兴趣的行业或产品,调查该行业或产品的宏观与微观市场环境。

(2)运用SWOT分析法分析该行业或企业的市场营销环境,在此基础上,对该行业进行市场细分,并确定目标细分市场。

(3)针对自己的产品,分析目标细分市场的消费者需求,设计产品市场营销策略(包括产品、品牌、价格等)。

知识链接

SWOT分析法

SWOT分析,即基于内外部竞争环境和竞争条件下的态势分析,就是将与研究对象密切相关的各种主要内部优势、劣势和外部的机会和威胁等,通过调查列举出来,并依照矩阵形式排列,然后用系统分析的思想,把各种因素相互匹配起来加以分析,从中得出一系列相应的结论,而结论通常带有一定的决策性。运用这种方法,可以对研究对象所处的情景进行全面、系统、准确的研究,从而根据研究结果制定相应的发展战略、计划以及对策等。

S(strengths)是优势、W(weaknesses)是劣势、O(opportunities)是机会、T(threats)是威胁。按照企业竞争战略的完整概念,战略应是一个企业"能够做的"(即组织的强项和弱项)和"可能做的"(即环境的机会和威胁)之间的有机组合。

学习领域 五

生活经济学
——透视身边的市场失灵现象

 学习目标

- 了解垄断带来的经济低效率与反垄断；
- 了解经济的外部效应及对策；
- 了解公共物品及其特性；
- 了解信息不对称导致的市场逆向选择与道德风险；
- 了解收入分配与经济公平；
- 建立对身边市场失灵经济现象的敏锐感，认知"看不见的手"运行出现失灵时解决的办法。

认识垄断、外部性、公共物品、信息不对称和收入分配问题，透视身边的市场失灵现象；"看不见的手"失灵需要由"看得见的手"来矫正，即政府来调节弥补市场缺陷。结合生活中的经济现象，把原本深奥的经济学原理还原为浅显易懂的事理常规。

 **关键词汇索引**

垄断　自然垄断　外部性　正外部性　负外部性　科斯定理　公共物品　搭便车　完全信息　信息不对称　逆向选择　道德风险　基尼系数

第一节 | 由中国互联网反垄断第一案想到的

一、"货真价实"的中国互联网反垄断第一案

2021年4月10日上午，国家市场监督管理总局（以下简称"总局"）公布了对阿里巴巴集团控股有限公司（以下简称"阿里巴巴"）的行政处罚决定书，认定阿里巴巴自2015年以来实施的"二选一"行为构成了滥用市场支配地位行为，决定对其处以182.28亿元的罚款。中国《反垄断法》于2008年8月1日生效，此后，尽管有"3Q大战"时最高人民法院公开开庭审理并一锤

定音时的"高光时刻",也有"滴滴收购优步中国"时引发的广泛讨论,但在本案之前,并无互联网企业被中国反垄断执法机构或法院认定实施了实际意义上的垄断行为,进而遭到行政处罚或被判承担赔偿损失等民事责任的情况。本案不仅是中国互联网领域认定垄断行为成立的第一案,也创造了中国《反垄断法》实施以来的处罚金额记录。

2020年11月10日,总局发布《关于平台经济领域的反垄断指南(征求意见稿)》。2020年12月,阿里巴巴被正式立案调查。经调查,阿里巴巴的**垄断**(Monopoly)行为是滥用市场支配地位行为,具体为《反垄断法》第十七条第一款第(四)项禁止的"没有正当理由,限定交易相对人只能与其进行交易"的行为。自2015年以来,阿里巴巴利用其在中国境内网络零售平台服务市场的支配地位,对平台内商家提出"二选一"要求,禁止平台内商家在其他竞争性平台开店或参加促销活动,并借助市场力量、平台规则和数据、算法等技术手段,采取多种奖惩措施保障"二选一"要求得到执行,以维持、增强自身市场力量,获得不正当的竞争优势。阿里巴巴的行为排除了网络零售平台服务市场的竞争,损害了消费者利益。总局依法作出行政处罚,责令当事人停止违法行为,对当事人处以其2019年度中国境内销售额4 557.12亿元4%的罚款,共计182.28亿元。本案的落地,首次在互联网领域认定了市场支配地位,首次从反垄断执法的角度正式否定了"二选一"这种在互联网领域并不算少见的商业模式或实践,首次在互联网领域认定了垄断行为的成立并开出了创纪录罚单,更是将平台经济反垄断热潮推到了一个新的顶点。

> **垄断**(Monopoly)指在生产集中和资本集中高度发展的基础上,一个或少数几个经营者对相应部门产品生产和销售的独占或联合控制。垄断行为主要包括(1)经营者达成垄断协议;(2)经营者滥用市场支配地位;(3)具有或者可能具有排除、限制竞争效果的经营者集中;(4)滥用行政权力排除、限制竞争。

二、垄断创造效益还是带来弊端——垄断与低效率

垄断会给社会经济带来一系列弊端,主要表现在:

(1)垄断降低资源配置的经济效率。产业垄断使完全竞争市场转化为不完全竞争市场,垄断企业可利用其垄断力量将产品价格定在均衡价格之上,其产量远远低于完全竞争市场的产量,这样便降低了资源配置的经济效率。

(2)垄断企业内部容易形成"X非效率"。在垄断企业的大组织内部,存在着资源分配的非效率性,即"X非效率"。一般来说,能获得垄断利润的企业组织庞大,面临的市场竞争威胁很小,因此,企业内各利益集团追求各自集团利益的行为与企业整体目标不合,致使企业的效率下降。具体来说,"X非效率"主要体现在三个方面:一是在企业经理层中存在过高的代理成本;二是由于企业经济效益与每个职工工作努力程度的关系模糊,导致激励机制弱化;三是由于管理层次增加,导致组织、管理费用增加。

（3）垄断可能限制技术创新。有些经济学者认为，一旦垄断形成后，竞争的压力就大大减少了，从而推动技术创新的动力也相应减弱。

三、如何削弱垄断带来的不利影响——反垄断

1. 对自然垄断的政府管制

所谓**自然垄断**（Natural Monopoly），是一种自然条件，它恰好使市场只能容纳一个有最适度规模的公司。自然垄断的基本特征：一是固定资本投资巨大；二是规模报酬递增。铁路、航空、邮电、煤气、供电供水等公用事业大多具有自然垄断的特征。

对于自然垄断部门，如果政府准予自由进入，虽可以加强市场竞争，但由于市场需求限制，企业难以取得规模经济效果，巨大的固定投资可能被浪费。因此，对这一类部门，政府采用管制的方法来抑制垄断行为，其中主要是价格管制。政府应制定合理的收费标准，以便既能消除不合理的垄断利润，又能提高资源配置效率。

> **自然垄断**（Natural Monopoly）
> 由于市场的自然条件而产生的垄断，经营这些部门如果进行竞争，则可能导致社会资源的浪费或者市场秩序的混乱。

2. 对企业垄断的依法规范

由于垄断的存在易产生上述弊端，西方国家制定了一系列反垄断政策，以谋求铲除垄断的弊害。如美国在1890年颁布了《谢尔曼反托拉斯法》、1914年颁布了《克莱顿法》和《联邦贸易委员会法》。《谢尔曼反托拉斯法》是世界反垄断法的开山鼻祖，主要内容是禁止垄断协议和独占行为，另两部法律则是对这一法律的补充和完善。《克莱顿法》的主要内容是限制集中、合并等行为。《联邦贸易委员会法》则增加了消费者权益保护和禁止不正当竞争行为等内容。

2008年8月1日，中国首部反垄断法《中华人民共和国反垄断法》（以下简称《反垄断法》）正式实施，这是一部为了预防和制止垄断行为，保护市场公平竞争，提高经济运行效率，维护消费者利益和社会公共利益，促进社会主义市场经济健康发展而制定的法律。依据该法，中国反垄断执法机构禁止了同年美国可口可乐对于中国汇源果汁的收购。反垄断执法机构经审查认为，美国可口可乐公司收购中国汇源果汁集团公司具有排除、限制竞争效果，将损害饮料消费者的合法权益，提高果汁饮料市场的进入壁垒，挤压国内中小型果汁企业的生存空间，对中国果汁饮料市场竞争和果汁产业发展将产生不利影响。2009年3月，反垄断执法机构依法禁止此项经营者集中。该案是中国《反垄断法》实施后首个被禁止的并购案件，也是至今唯一被禁止的外国企业收购中国企业的案件。该案树立了中国《反垄断法》权威，维护了中国果汁饮料市场有效竞争格局，促进了行业健康发展，具有里程碑意义。

2015年2月，中国反垄断执法机构依法责令高通公司停止不公平高价、

搭售和附加不合理交易条件等滥用市场支配地位行为，并处罚款60.88亿元人民币。国家市场监督管理总局表示，查处高通公司滥用市场支配地位案"是《反垄断法》实施后查处的首个滥用知识产权排除、限制竞争案例，为技术创新和无线通信产业发展创造了良好的市场条件"。

2018年，国家市场监督管理总局发布了中国反垄断与反不正当竞争行政执法十大典型案件，除了上述两个案例，还包括利乐公司滥用市场支配地位案、附条件批准陶氏化学与杜邦合并案、泸州信宝网络科技有限公司虚假宣传案、上海吉盛伟邦环球家居品牌管理有限公司佛山禅城分公司不正当有奖销售案、长春正利管业有限公司混淆案、嘉兴市洞洞拐网络科技有限公司网络不正当竞争案等。从立法并实施至今，《反垄断法》对于保护中国市场竞争和改善中国经济环境起到了积极的作用。2020年1月2日起，国家市场监管总局就《反垄断法》修订草案公开征求意见，此次修订坚持规范与发展并重。2021年10月19日，《中华人民共和国反垄断法（修正草案）》（下称《草案》）首次提请全国人大常委会会议审议，10月23日《草案》公布。《草案》总结了反垄断执法实践，将域外成功经验进行本土化借鉴，明确了竞争政策的基础地位和公平竞争审查制度的法律地位，对数字经济背景下的新问题进行了回应，加强了反垄断执法保障，完善了《反垄断法》法律责任制度。期待《草案》在未来能够更好地维护市场竞争秩序，优化市场在资源配置中的效率，保护好消费者的合法权益。

> **即问即答**
> 如何理解垄断带来经济效率的降低和社会福利的减少？

第二节 "补钙广告"旺销了肉骨头

一段时期以来，人体补钙大兴，于是厂家推出了各种各样的补钙品，电视广播和报纸杂志上也全都是补钙的广告。当补钙广告做得如火如荼的时候，人们发现了一个未曾预料到的现象：菜市场卖肉摊上的肉骨头旺销！因为肉骨头的含钙量特别丰富，根据吃什么补什么的原理，吃肉骨头是最补钙的。猪骨头热销的同时，各家饭店的各种骨头汤、骨头煲也大行其道，菜单上它的"点击率"最高。那些花钱在媒体上大做广告的厂商发现，他们的广告费为他人做了嫁衣裳。

这种现象在经济学中叫作**外部性**（Externalities），指人们的经济活动对他人造成影响而未将这些影响计入市场交易的成本与价格之中。对外部性的定义可以从以下几个方面理解：① 外部性是一种人为的活动；② 外部性

> **外部性**（Externalities）指社会成员（包括组织和个人）从事经济活动时，其成本与后果不完全由该行为人承担，也即行为举动与行为后果的不一致性。

应该是在某项活动的主要目的以外派生出来的影响；③ 外部性包括对生态环境等与社会福利有关的一切生物或非生物影响。

一、阳台上的花草与门窗上的钢条防盗笼——外部性的分类

1. 按产生的结果分类

从产生的结果来看，外部性可以分为**正外部性**（Positive Externalities）和**负外部性**（Negative Externalities）。一个人在自己的生产和消费活动中产生了一种对他人的影响，如果是好的影响，就叫正外部性，或者叫外部经济；如果是不好的影响，就叫负外部性，或者叫外部不经济。

（1）外部经济。养蜂场养蜂取蜜，蜂儿飞到别人的果园从果树采回了蜜，果园的主人也因此受益，因为他的果树经蜜蜂传授花粉能结更多的果实，在这里，养蜂场的生产活动就具有一种正的外部性。你把自家房子的外形弄得别致独特，并在阳台上种满花草，建筑的美丽和花草的芳香让路人感到赏心悦目，若家家都如此，此地可成风景区的景观，引来游客，因此，这样的装饰行为具有外部经济性。

（2）外部不经济。反之，如果一个小区附近因为常常发生偷盗现象，家家户户的门窗都装上钢条防盗笼，路人从旁经过，抬头望去满目都是黑灰铁条，像监牢一般，大煞风景，这就是外部不经济，或叫负的外部性。最典型的负外部性还要提到污染问题。有的工厂烟囱浓烟滚滚，造成空气中粉尘弥漫，四邻的人不能开窗，不能穿白领衬衫，更增加了呼吸系统的疾病。有的工厂把污水直接排入江河农田，发黑发臭的水使鱼虾和作物死亡。某个地方在建设高速公路时进行爆破作业，不料惊动了附近一个养兔场，兔子的胆子特别小，好多兔子受惊后精神失常，怀孕的母兔流了产，造成了经济损失，这都是外部不经济性。

2. 按外部性产生的领域分类

当然，从外部性产生的领域来看，外部性还可以分为生产的外部性和消费的外部性。

二、外部性如何导致资源配置的低效率？

假如你是一个厂商，你知道控制废气的排放，对全社会来说是最优的，但环境质量的提升，其成本要由你来承担（因为你可能要为此花费一大笔钱在污染净化、技术革新等方面），你是否会觉得很不公平？一定会！因为如果其他地方厂商都不控制污染，你自己花了很多钱来控制，你的成本就会上升，导致你在竞争中处于不利地位，但环境质量改善了，得到好处的却是所有人，你会有动力去投资于环保吗？这就是因为环境

> **正外部性**
> （Positive Externalities）又叫外部经济，指某经济行为主体的活动使他人或社会受益，而受益者无须花费代价。
>
> **负外部性**
> （Negative Externalities）又叫外部不经济，指某个经济行为主体的活动使他人或社会受损，而造成外部不经济的人却没有为此承担成本。

质量是具有外部性的公共物品,因此靠市场是无法有效对其进行资源配置的。

不存在外部性时,生产者为了利润最大化进行生产,消费者为了效用最大化进行消费。当价格调节使供求相等时,生产者实现了利润最大化,消费者也实现了效用最大化,即整个社会就实现了经济福利最大化。但存在外部性时,行为和结果的不一致性将导致市场机制在资源配置领域产生扭曲,其结果是不可能自动形成社会资源的最优配置。任何经济活动都将涉及成本与收益,在不存在外部性的场合,成本和收益就是生产一件物品所引起的全部成本和(或)销售这件物品所产生的全部收益;然而当存在负外部性,将会引起社会成本与私人成本的不一致;当存在正外部性,将会引起社会收益与私人收益的不一致,此时,价格的自发调节将无法实现社会经济福利最大化,或资源配置最优化。一般而言,外部不经济的私人活动水平要高于社会所要求的最优水平;而存在外部经济的情况下,由于私人收益小于社会收益,私人活动水平将低于社会所要求的最优水平。

> **即问即答**
>
> 列举一个正外部性的例子和一个负外部性的例子。解释为什么当存在这些外部性时市场结果是低效率甚至无效率的。

三、政府解决外部性的对策

外部性造成了资源配置的失当,是市场失灵的一个重要来源。西方经济学者提出了政府解决外部性的三种方法。

1. 庇古税

经济学家阿瑟·塞西尔·庇古(Arthur Cecil Pigou)提出对造成外部效应的经济行为人征"税"。具体来说,对造成外部不经济或负外部效应的私人,应征收"正"税,其数额应该等于该个人给社会其他成员造成的损失,从而使得私人成本恰好等于社会成本。如对污染企业征收污染治理费等。另一方面,应对造成外部经济或正外部效应的个人征"负"税,即给予补贴,使得私人利益与社会利益相等。总之,私人成本(利益)等于社会成本(利益),就能保证资源配置达到最优。

2. 外部效应"内部化"

主要是将受外部效应关联影响的企业合并。比如,一个企业的生产影响到另外一个企业。如果这种影响是正的外部效应,那么第一个企业的生产就会不足;反之,如果这种影响是负的外部效应,则第一个企业的生产就会过度。但是,如果将这两个企业合并,则此时的外部影响就被"内部化"了。因为合并后的单个企业,为了使自己的整体利润最大化,将把原来的"外部影响"计算在成本与收益之中,从而,资源配置达到最优状态。

3. 产权明晰法——科斯定理

在许多情况下，外部性之所以导致资源配置不当，是因为财产权不明确。所谓财产权，是通过法律界定和维护的人们对财产的权利。它描述了个人或企业使用其财产的方式。例如，一条河的上游和下游各有一个企业，上游企业有排污权，下游企业有河水不被污染的权利，下游企业要想使河水不受污染就必须与上游企业协商并要求支付费用，以得到清洁的水，这样上下游企业进行谈判，上游企业要想排污将给予下游企业一定的赔偿，上游企业会在花钱治污与赔偿之间进行选择。总之，只要产权界定清晰并可转让，那么市场交易和谈判就可以解决负外部性问题，私人成本与社会成本就会趋于一致。

上述明确财产权的政策，可以看作是更加一般化的所谓科斯定理的特例。甚至税收与补贴都可以看作是科斯定理的一个具体运用。

再比如，一个湖泊里的鱼的数量是有限的，大家都来捕鱼，鱼越捕越少。对这种情况有什么解决办法？湖泊里捕鱼太多会使鱼的数量越来越少，这就是负的外部性。解决这个问题可用明确产权的办法，即由某一个企业或个人来承包这个湖泊的捕鱼作业；也可用征税的办法，即对捕鱼者征税，并把税收用于投放鱼苗。当然也可以用法律手段明确规定禁止捕捞的时间。

科斯定理（Coase Theorem）表明，对有明确规定的产权的转让可以有助于促进经济效率。但是实际上它不能说明市场机制总能解决外部不经济问题并达到最优配置。因为科斯定理的有效性有两个前提条件：一是涉及外部效应的当事人为数很少，二是谈判协商费用很低。现实生活中，涉及外部效应的当事人往往很多，成分复杂，意见很难一致，而且谈判协商的费用也可能很高。所以事实上市场机制在遇到外部效应问题时往往无能为力，但科斯定理说明了政府在界定私人产权方面应起重要作用。

> **科斯定理**（Coase Theorem） 由诺贝尔经济学奖获得者罗纳德·科斯（Ronald H. Coase）提出，指在交易成本为零和产权充分界定并加以实施的条件下，外部效应的当事人可通过谈判协商使资源配置达到最优。

> **即问即答**
> 在现实经济中，对于环境污染等"外部性"问题政府是如何治理的？有关国际组织有哪些作为？

相关链接

世界环保组织，其全名为 International Union for Conservation of Nature and Natural Resources, IUCN，该组织历史悠久，1948年即在瑞士格兰德成立，是政府及非政府机构都能参与合作的少数几个国际组织之一。由全球81个国家、120个政府组织、超过800个非政府组织、10 000个专家及科学家组成。组织每3年召开一次世界自然保护大会（World Conservation Congress）。IUCN旨在影响、鼓励及协助全球各地保护自然的完整性与多样性，并确保在使用自然资源上的公平性，及生态上的可持续发展。

第三节 路灯为所有人照明

一、路灯与衣服究竟有何不同？

现实中的经济物品可以分成两类：一类是私人物品，另一类是公共物品。你每天消费的东西，包括食品、衣服、家用电器、交通用的自行车和小汽车以及书柜中的所有书籍等，都是私人物品，它们是你花钱从商店那里买来的。你住的房子，即使是你单位分给你的房子，也是私人物品，因为你要为它付租金。企业的厂房、设备和各种根据市场价格买来的生产工具等，同样属于私人物品，尽管它们的所有权归国家，但企业拥有对它们的使用权以及向所有者支付部分利润是按市场价格规则进行的。私人物品（Private Goods）是指由市场提供给个人享用的物品。但是，国防、公路、路灯、公共服务、公办教育、江河水域等，它们不是私人物品，而属于公共物品范畴。**公共物品**（Public Goods）是政府向社会和个人提供的服务的总称。公共物品的范围很广，主要有：国家的国防、警察机构、司法部门、国家经济调节机构、教育、医疗保健、公共文化设施等。

公共物品（Public Goods） 是指政府向社会和个人提供的服务的总称。在经济学上是指那些能够同时供许多人享用，其供给成本却不随享用它的人数规模和地域范围的变化而变化的物品。

二、所有人都能享受路灯带来的光明

王府井商店里的品牌服装是一种私人物品，它有竞争性，只有愿意出钱买它的人才能得到它，张三买了它会减少或干扰李四买它的机会。但长安街上的路灯是一种公共物品，它没有竞争性，夜间路过那里的人都可以利用它，而且多一个人消费公共物品，并不额外增加成本，公共物品的消费者之间不存在竞争。消费者对私人物品的占有和消费都有排他性，你花钱买的衣服，只有你消费并享用它，别人不能享用；而马路两旁路灯的光明，所有经过的人都可以享用，消费具有非排他性。

严格意义上的公共物品必须同时具备非竞争性和非排他性。概括来说，非竞争性指一个人对公共物品的享用并不影响其他人的享用，非排他性指对公共物品的消费权或享用权不是归某个人独有，而是由整个社会共同所有。路灯带给人们光明，路人甲享用路灯带来光明的同时，并不能阻止公民乙对路灯的享用，人们无须花钱就能享用这种光明。由于公共产品具有消费的非竞争性和非排他性的特征，市场配置公共产品将出现失灵。主要表现在两个方面：

1. 非竞争性消费造成了市场失灵

消费的非竞争性意味着，某人享受了消费利益，并不因此减少别人的消

费利益。于是，进行排斥是无效率的行为。例如，对一座不太拥挤的桥征收通行费，虽然可行但却无效率，因为边际成本为零，收费只能妨碍桥的使用。这说明，对有些公共产品，排斥别人消费即使是"可行"的，但却是不"应该"的。

2. 非排他性造成市场失灵

公共产品的非排他性导致现实中出现"**搭便车**"（Free Riding）问题。据说，搭便车问题来源于早期的美国西部。当时，西部盗马贼横行。牧主们自发出钱组织骑队巡逻。盗马贼就失业了。于是，部分牧主开始不愿意出钱养骑队。接着，更多的人不愿意出钱，骑队只好解散，结果是贼又来了。部分牧主不愿意出钱的行为，是想要享受免费的骑士服务，这种行为实则是坐享其成的心理作祟。"搭便车""免费搭车"等字样，就是为了形容这种坐享其成的心理和行为。后来，人们就用"搭便车"问题来概括人人都不想出钱，而又要享受公共产品的好处，结果导致公共产品不能充分有效地提供出来的现象。由于公共产品的非排他性，任何个人即使不对公共产品的提供付费，也能同样享用，个人就有动力成为"免费搭车者"。如果所有个人均这样行事，那么，公共产品的提供就会不足。也就是说，市场本身提供的公共产品通常将低于最优数量，出现市场失灵。

> **搭便车**（Free Riding）指某些个人虽然参与了公共物品的消费，但却不愿支付公共物品的生产成本，完全依赖于他人对公共物品生产成本的支付。

> **即问即答**
> 给公共物品下定义并举出一个例子。私人市场本身能提供这种物品吗？解释原因。

三、政府为公共物品买单

由以上分析可知，由于公共物品的特殊性，市场机制并不能像对私人物品一样，对公共物品的生产、销售定价和消费等方面充分发挥市场的自动调节作用。在许多情况下，必须由政府出面对公共物品进行干预和管理。如果公共物品由政府提供，政府一方面可利用税收获得生产公共物品的经费，这等于免费乘客无形中买了票，另一方面可将公共物品提供给全体社会成员，使公共物品得到最大限度的利用。与其说是政府为公共物品买单，不如说是公众在为公共物品赋税！

当然，政府介入公共物品的供给，并不等于政府生产所有的公共物品，更不等于政府完全取代公共物品的市场。政府对公共物品的供给可以通过直接生产公共物品来实现，也可以通过某种方式委托私人企业的间接生产方式来实现。前者包括中央政府直接经营、地方政府直接经营和地方公共团体经营等三种情形，后者包括签订合同、授予经营权、经济资助、政府参股、法律保护私人进入、社会资源服务等情形。

> **即问即答**
> 政府在供给公共物品方面是如何与社会资本合作的？

> **相关链接**
>
> BOT（Build-Operate-Transfer），即建设-经营-转让，是私营企业参与基础设施建设，向社会提供公共服务的一种方式。政府部门就某个基础设施项目与私人企业（项目公司）签订特许权协议，授予签约方的私人企业（包括外国企业）来承担该项目的投资、融资、建设和维护，在协议规定的特许期限内，许可其融资建设和经营特定的公用基础设施，并准许其通过向用户收取费用或出售产品以清偿贷款，回收投资并赚取利润。政府对这一基础设施有监督权，调控权，特许期满，签约方的私人企业将该基础设施无偿或有偿移交给政府部门。
>
> PPP（Public-Private Partnership），又称PPP模式，即政府和社会资本合作，是公共基础设施中的一种项目运作模式，指在公共服务领域，政府采取竞争性方式选择具有投资、运营管理能力的社会资本，双方按照平等协商原则订立合同，由社会资本提供公共服务，政府依据公共服务绩效评价结果向社会资本支付对价。与BOT相比，PPP的主要特点是，政府对项目中后期建设管理运营过程参与更深，企业对项目前期科研、立项等阶段参与更深。政府和企业都是全程参与，双方合作的时间更长，信息也更对称。

第四节 逆向选择与道德风险
——信息不对称的产物

一、家装公司的"不透明"陷阱

业主在装修过后共同的感觉就是累，问题出在哪儿？时刻提防，但还是很难不掉入家装公司的陷阱！一位专门从事家装监理的行业专家解释说，家装是一个典型的信息不对称行业，消费者在装修过程中所了解的内容，比起家装公司所掌握的内容是少之又少。以下是一些家装公司对消费者经常使用的"不透明"手法。

1. 报价中的"不透明"

手法一：笼统报价。经常遇到的就是一居室几万元、两居室几万元，一点儿依据都没有，消费者一旦上套，麻烦事不断。手法二：报价说明过于简单和含糊不清。比如在墙面处理报价项目中，只说每平方米多少钱，但选用材料、工艺做法都不说清楚。手法三：打折送礼、低价切入，用较低的价格迷惑并吸引用户签单，然后在施工过程中要求消费者追加工程款。手法四：预算时有意将一些项目略去。手法五：分解价格报价。比如把安装和油漆的人工费也作为一项，让消费者重复交钱。

2. 装修材料上的"不透明"

手法一：以次充好。少数建材商在暖气、乳胶漆、瓷砖等大宗建材上，采取以次充好、缺斤少两等办法，来牟取不义之财。手法二：偷梁换柱。有些施工队将消费者购买的优质装饰材料，用假冒伪劣产品替换下来，然后偷卖或转移到别的工地使用。尤其是那些用于"隐蔽工程"的材料，如大芯板等最容易出现这种问题。手法三：基础装修部分的辅材造假。出于这部分材料相对比较专业，业主往往忽视，譬如防水涂料的选择、在铺设地砖过程中所用水泥的标号、涂料的配比等。

3. 工程量计算的"不透明"

这种不透明行为主要就是要多算施工面积，增加工程的造价，如目前家装公司流行的路面面积按照地面面积的3.5倍计算的方法，就是完全没有道理的一种计算方法，受损失的肯定是消费者；另外，按过去的惯例，门窗面积按50%计入涂刷面积，其实目前很多家庭都包门窗，门窗周边就不用再涂刷了，但有些装饰公司仍按照50%，甚至按100%计入墙壁涂刷面积。

4. 隐蔽工程的"不透明"

这是消费者最不易监控且家装公司最易使用的欺骗手段。举几个最常见的例子：在吊顶工程中对于木龙骨的处理上，由于是隐蔽工程，消费者根本看不到，于是就出现了龙骨所用木料差，龙骨间距太长太宽等问题；在防水一项中，防水涂料选择不合格、不进行24小时闭水实验、防水面积不够等问题，都对整个家装工程质量带来很严重的后果。

二、如何克服家装市场的信息不对称？

新古典微观经济学关于竞争市场模型的一个基本假定是**完全信息**（Complete Information），即所有人都知道其他人的经济特征及各种有关生产的信息，而且，商品的价格唯一地浓缩了所有相关的信息，商品的质量被假定为同质，商品交易的过程被认为可以在瞬间完成，交易与履约过程被大大简化。显然，这种假定并不符合现实。现实生活中的市场都是信息不完全的市场，例如，消费者并不完全清楚商品的质量，雇主也不一定清楚雇员的能力等等。

信息不对称（Asymmetric Information）是不完全信息中的一种典型情

> **完全信息**
> （Complete Information）用来描述一种经济现象或博弈现象，即对于所有参与者来说都能够了解到其他市场参与者的一切信息。

> **信息不对称**（Asymmetric Information）是指不完全信息中的一种典型情况，指交易中交易一方比另一方掌握更多的经济信息。

况，它是指一些人比另外一些人具有更多的经济信息。例如，工人比雇主更清楚自己的生产能力和工作努力程度，厂商比消费者更了解自己产品的质量。信息不对称之所以存在，是因为获取信息需花费成本，而且行为主体获取充分信息的成本太大。在非对称信息条件下，原有的市场均衡就可能导致低效率。信息经济学就是研究在不完全信息尤其是不对称信息条件下如何促进市场效率的经济学理论，主要涉及信号和逆向选择、合同与道德风险、机制设计、拍卖、声誉等专题。

前面提到家装市场由于信息不对称导致消费者和装修公司的纠纷不断。家装公司由于自己具备充分的专业知识，往往是具备优势信息的一方，而消费者由于自身不具有家装市场的完全信息，并且也不了解家装的技术和规则，往往是弱势一方。有人认为，解决家装市场的信息不对称，有赖于消费者知识的提高，但这种观点并不具有现实意义。事实是：消费者无论如何学习家装知识和市场规则，都无法改变消费者作为整体而言相对的信息不充分地位。

解决家装市场的信息不对称，关键在于加强对家装行业的管理和监督。政府可以从以下几个方面加强对家装行业的管理和监督：首先，可以制定详细的家装市场规程，严厉禁止装修公司利用家装市场存在的种种信息不对称来牟取不正当利润。其次，需要设立家装市场的专门监督机构，监督家装公司的行为，并负责对消费者的投诉进行核实和处罚。最后，需要建立家装公司的诚信档案，并定期向社会公布，从而建立诚信的市场环境。

即问即答

如何运用"发信号"和"筛选"来应对家装市场的信息不对称？

三、旧车市场中的逆向选择与保险市场中的道德风险

1. 旧车市场中的逆向选择

逆向选择（Adverse Selection）是指由于交易双方信息不对称和市场价格下降产生的劣等商品驱逐优质品，进而出现市场交易产品平均质量下降的现象。

在旧车市场上，有好车，也有坏车，由于买主不了解旧车的质量，所以所有卖主都说自己的车是好车。但对于买主而言，他们无法区分谁在说真话，谁在说假话，只能根据对整个市场的估计，决定支付的价格。在好车和坏车被顾客同等对待时，坏车在成本上具有优势，从而容易被卖出。当顾客发现所购产品并非如原先估计的那样好时，他们会进一步降低对旧车质量的平均估价，此时，可能将成本高的好车淘汰出市场。市场交易的结果使得优胜劣汰的原则被违背，也即好产品在竞争中失败，而次品则容易成交，这就是市场中的"逆向选择"。而且在旧车市场上，"逆向选择"伴随着

逆向选择（Adverse Selection）
由于交易双方信息不对称和市场价格下降产生的劣等商品驱逐优质品，进而出现市场交易产品平均质量下降的现象。

扫一扫
微课

旧车价格和质量不断下降,消费者的购买量也迅速下降,最终结果是导致市场萎缩甚至消失。

旧车市场中,由于买卖双方信息不对称导致了逆向选择,即消费者不知道具体哪辆车好,哪辆车坏。然而,质量好的二手车的所有者有一种激励,希望把好车的实情传递给潜在的购买者,也就是给购买者进行"信号显示"。通过市场信号显示来解决"逆向选择"问题是最基本的方法。

高质量车的车主可以向购买者提供质量保证,如果买者买到的车有质量问题,可以在一定时间内退货或得到补偿。通过这一信号显示,买主可以知道,有质量保证的是好车,无质量保证的是坏车。因为,如果坏车的车主也提供"质量保证",他会为此付出昂贵的代价。因此,"质量保证"解决了旧车市场的逆向选择问题,出现了两个均衡价格,即好车价格和坏车价格。此外,在许多产品市场上,质量保证书、包退包换包修措施、品牌等,都可以有效消除逆向选择问题。

在另一些情况中,能够隐藏信息的是买主,而不是卖主。保险市场的逆向选择就是这种情况。在保险市场上,保险公司根据平均的意外发生概率确定保费,但不知道具体哪些个人意外事故发生的概率大或小。这样,在医疗保险中,那些知道自己身体状况不佳的人最有积极性购买保险;在财产保险中,那些知道自己财产易遭受损失的人最愿意购买保险。从而,保险客户的意外损失概率就会高于社会平均的概率,迫使保险公司提高保费。结果是将那些风险可能较小的好顾客逐出保险市场,出现逆向选择。

2. 保险市场中的道德风险

道德风险(Moral Hazard)意指从事经济活动的人在最大限度地增进自身效用的同时做出不利于他人的行动。或者说是:当签约一方不完全承担风险后果时所采取的自身效用最大化的自私行为。道德风险也称道德危机。

可以说,只要市场经济存在,道德风险就不可避免。上面提到的保险市场道德风险表现为投保者购买保险后可能降低自我防范意识,因为一旦发生事故,将由保险公司承担损失。而金融市场中道德风险表现为资金短缺者获得资金盈余者提供的资金后,违反合约从事高风险投资活动。股份公司中的道德风险亦称"委托-代理问题",所有权与控制权的分离可能使经理人员无视股东利益,按照自己的利益,利用自己的信息优势,为了自己的利益最大化而掩饰公司经营的真实状况。

道德风险是事后隐蔽行动引起的。为了解决道德风险问题,缺乏信息

> ◯ **道德风险**(Moral Hazard)指从事经济活动的人在最大限度地增进自身效用的同时做出不利于他人的行动。或者说是:当签约一方不完全承担风险后果时所采取的自身效用最大化的自私行为。道德风险也称道德危机。

> **即问即答**
>
> 公共政策如何解决医疗保险市场中可能发生的逆向选择与道德风险？

的一方需要在事前设计一些有效的制度，激励掌握私人信息的一方克服道德风险倾向。例如，为防止参加车辆保险的用车人不当心保管和使用车子的问题，保险公司可设计和实行一种由保险公司和车主共同承担事故损失的保险合同。再如，为了克服金融市场和股份公司中经理人员损害投资者利益的"内部人控制"，需要设计和建立一种机制，使经理人员为自己的利益所作的努力正好也满足委托人（投资者）的利益和意志，这就是所谓的"激励相容"的机制。

第五节 | 如何看待中国的收入分配

一、收入分配均等程度的衡量

目前在对收入分配问题的研究中，人们普遍采用国际公认的洛伦兹曲线和基尼系数作为衡量尺度。

1. 洛伦兹曲线

1905年，美国统计学家马克思·奥托·洛伦兹（Max Otto Lorenz）提出了一种收入分配曲线——洛伦兹曲线（Lorenz Curve）。将社会总人口按收入由低到高的顺序平均分为5个等级组，每个等级组均占20%的人口，再计算每个组的收入占总收入的比重。假定一国有如下收入分配资料，如表5-1所示。

以人口累计百分比为横轴，以收入累计百分比为纵轴，绘出一条反映居民收入分配差距状况的曲线，即为洛伦兹曲线，如图5-1所示。

表5-1 某国收入分配资料

收入分组		人口百分比	收入占总收入百分比	人口累计百分比	收入累计百分比
低	1	20%	4%	20%	4%
低	2	20%	10%	40%	14%
	3	20%	20%	60%	34%
高	4	20%	26%	80%	60%
高	5	20%	40%	100%	100%

图 5-1 中连接两个对角的 45°线 OY 代表收入分配绝对均等，因为该线上的任何一点都表示总人口中每一定百分比的人口所拥有的收入在总收入中占有相同的比重。图中折线 OQY 代表收入分配绝对不均等，这条线表示，社会的全部收入都被一个人占有，其他所有人的收入都是零。而介于两种极端情况之间的曲线则是实际收入分配线，即洛伦兹曲线。从洛伦兹曲线的形状可以看出，实际收入分配线越靠近 45°对角线，则表示收入分配越接近平均；反之，实际收入分配线越远离 45°对角线，则表示收入分配越不平均。

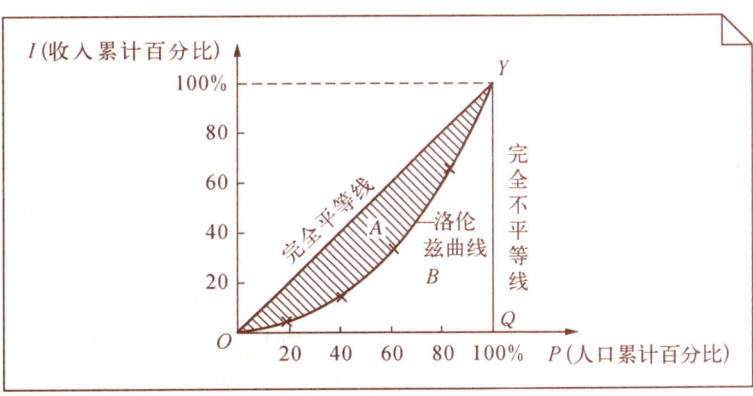

图 5-1 洛伦兹曲线

2. 基尼系数

为了用指数来更好地反映社会收入分配的均等程度，1912 年，意大利经济学家科拉多·基尼（Corrado Gini）根据洛伦兹曲线计算出**基尼系数**（Gini Coefficient）。

> **基尼系数**（Gini Coefficient）是国际上通用的，反映一个国家或地区居民收入分配均等程度的重要指标。

根据图 5-1，基尼系数这样计算得到：

$$G = \frac{S_A}{S_{A+B}} \quad (5.1)$$

式（5.1）中的 S_A 代表洛伦兹曲线与 45°对角线 OY 之间的面积，也叫"不平等面积"，S_{A+B} 代表完全不平等线 OPY 与完全平等线即 45°对角线之间的面积，也叫作"完全不平等面积"，基尼系数等于不平等面积 S_A 与完全不平等面积 S_{A+B} 的比值。当 S_A 为 0 时，基尼系数为 0，表示收入分配绝对平等；当 S_B 为 0 时，基尼系数为 1，表示收入分配绝对不平等。基尼系数在 0～1，系数越大，表示分配越不均等，系数越小，表示分配越均等。

基尼系数被西方经济学家公认为反映收入的重要指标，也被现代国际组织（如联合国）作为衡量各国收入差距的一把标尺。按照国际上通行的标准，基尼系数小于 0.2 表示绝对平均，0.2～0.3 表示比较平均，0.3～0.4 表示基本合理，0.4～0.5 表示差距较大，0.5 以上表示收入差距悬殊。0.4 作为贫富差距警戒线，大于这一数值的国家或地区往往容易出现社会动荡。

二、中国的基尼系数已超警戒线

和谐社会的重要标志之一就是要保证全社会收入分配的公平合理。

目前在对中国收入分配问题的研究中，人们普遍采用国际公认的基尼系数作为衡量尺度。图5-2显示1978—2021年中国居民收入基尼系数的变动情况。可以看到，中国的基尼系数从改革开放之初到1991年只有小幅度的上升，特别是在20世纪80年代基尼系数实际还有所下降，但到了90年代中后期，在经济发展效率优先政策的导向下，中国的贫富差距有所扩大，之后由于全球货币超发；劳动性收入占比下降而财产性收入比重增加；还有中国为适应不同经济发展阶段对于公平和效率的抉择、加之三次分配调节机制不尽完善。中国的基尼系数逐步越过了0.4的警戒线，2008年更是达到了最高点0.491，之后一直在警戒线之上，总体呈现波动下降的趋势。

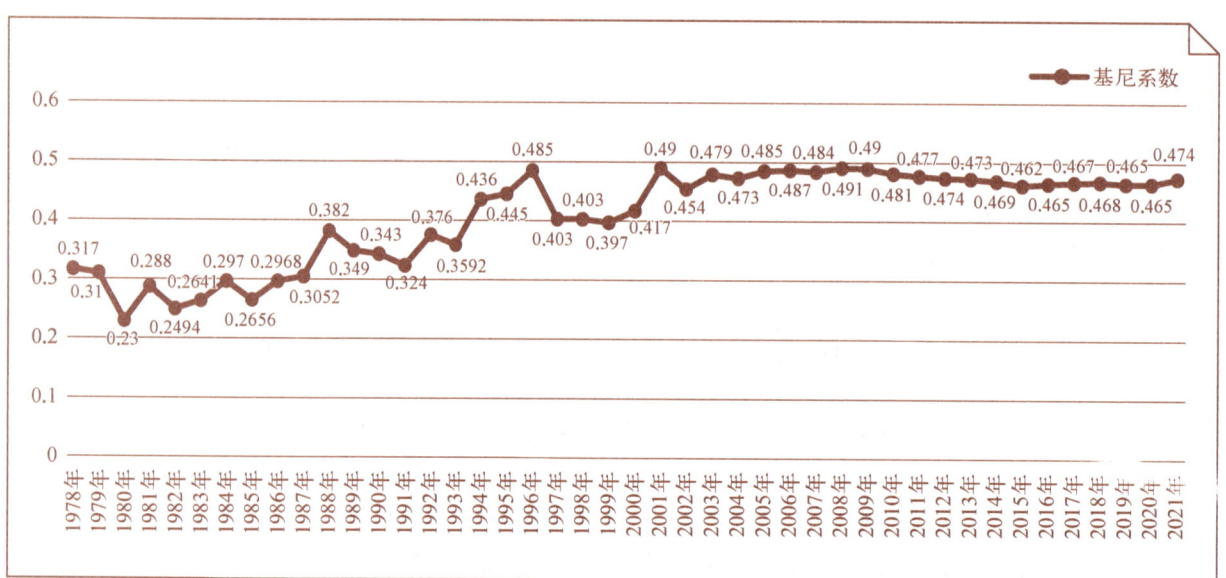

图5-2　1978—2021年中国居民人均可支配收入基尼系数

三、如何将中国的收入蛋糕做大、分好？

我们既要肯定过去收入分配制度在刺激经济增长方面的历史进步性，也要客观承认现阶段所存在的收入分配失衡问题。如何改善这种收入分配失衡的现状,将中国的收入蛋糕做大并且分好呢？

1. 大力发展生产力，做大收入蛋糕

深化改革，不断解放和发展生产力，坚持创新驱动发展，加快科技自立自强，增强国家经济实力。只有这样，才能保证在人民生活水平不断提高的基础上，为缩小收入差距奠定雄厚的物质基础。

2. 全面推进乡村振兴，促进农民增收

党中央、国务院非常重视农民增收，一直在扎实推进各项工作。强化强农惠农富农政策，培育壮大乡村产业，支持农民外出务工，持续深化农村改革。在十四五"时期，一方面还会继续挖掘农业农村内部增收富民的潜力。另一方面会促进农村劳动力更高质量更充分的就业。

3. 加强宏观调控，落实区域经济协调发展

党的十八大以来，实施了一系列区域协调发展战略，大力度地支持革命老区、民族地区、边疆地区、贫困地区加快发展。推进西部大开发形成新格局，振兴东北老工业基地、推动中部地区崛起、东部优化发展、京津冀协同、长江经济带、长三角一体化发展等等。这些着眼全局和长远的宏观调控不仅关乎经济发展、效率提升，更牵动共同富裕、社会公平。

4. 完善收入分配制度、规范收入分配关系，推动形成橄榄型分配结构

统筹效率和公平，构建好初次分配、再分配、三次分配协调配套的基础性制度安排，实现政府有形之手、市场无形之手、社会温柔之手同向发力。保护合法收入，调节过高收入，取缔非法收入；增加低收入者收入，扩大中等收入者比重，努力缩小城乡、区域、行业收入分配差距。逐步形成形成中间大、两头小的橄榄型分配结构，更好满足人民日益增长的美好生活需要。

中共中央总书记、国家主席、中央军委主席习近平在重要文章《扎实推进共同富裕》中指出，我们要实现14亿人共同富裕，必须脚踏实地、久久为功，不是所有人都同时富裕，也不是所有地区同时达到一个富裕水准，不同人群不仅实现富裕的程度有高有低，时间上也会有先有后，不同地区富裕程度还会存在一定差异，不可能齐头并进。这是一个在动态中向前发展的过程，要持续推动，不断取得成效。从共建共享走向共富，你永远可以相信中国。

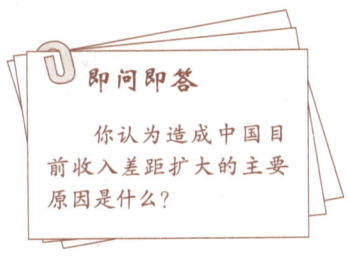

即问即答

你认为造成中国目前收入差距扩大的主要原因是什么？

阅读材料

互联网对市场的改善和扰乱
——基于市场失灵理论的视角

一、互联网在哪些方面改进了市场

互联网是一种人们记载信息、发布信息、搜索或接受（简称为"搜受"，下同）信息、交流信息的工具。其主要特点就在于大范围、高速度、低成本地处理信息。同时，它还是一种货币收付工具。它的

出现是货币流通方式的一次革命。

一个行业的所有活动中,记载和传输信息的活动比重越大,其运用互联网技术的程度也将越高。一切由信息处理不便而引起的市场失灵,都将因互联网而得到改善。

1. 缓解信息不充分、不对称,降低交易成本

现实中的市场,绝大多数的交易对象都是异质的。异质化市场的均衡不仅要求供求双方数量相等,而且要求成功配对。这就意味着供求双方在异质化市场中搜索信息的成本要远远高于交易对象同质化市场,且双方付出的搜索成本也不会一样。因此,异质化市场中交易双方对交易对象的品质和价格的信息常常是不充分,尤其是不对称的。

这种信息不对称往往使供给者有动机也有可能扭曲关于交易对象的质量信息,出现以次充好、假冒伪劣、坑蒙拐骗等情况。面对大量的异质化市场,互联网技术如何改进市场呢?

第一,互联网可以提升异质化市场供求配对的效率。互联网大大降低了信息发布、搜受及交流的成本,能够有效缓解信息不对称问题,降低供求双方的交易成本,提升异质化市场供求配对的效率。互联网改进异质化市场的一个典型例子就是劳动市场。除了一些非熟练劳动市场,许多劳动市场的供求双方,即求职者和工作空位往往都是异质的。以往,供求双方往往需要支付高昂的搜索成本才能配对成功,而互联网可以有效降低双方的搜索成本,从而有效减少相当一部分由信息不完善而引起的摩擦失业。

第二,互联网在提升异质化市场供求配对效率的过程中,还会促进消费品生产企业和生活型服务业产品的升级换代。消费者通过互联网可以搜索到各式各样的商品和服务,可以快速检索到自己支付能力范围内性价比最高的商品和服务。消费者对高品质商品的这种需求将倒逼生产企业进行产品创新升级以适应市场需求。随着互联网技术融入制造业和生产性服务业,通过供求双方信息的精确配对可以推进制造业产品和服务业服务质量的提升、创新,也在一定程度上促进制造业生产方式从刚性向柔性转化、从批量化生产向定制化生产转化。

第三,互联网能够在生产供给者和最终需求者之间建立直接联系,压缩各层中间商的生存空间。亚马逊网上书店淘汰了大部分实体书店。这个淘汰过程确实在一段时间里损害了相当一批实体店从业者包括所有者的利益,但从整个社会的角度来看,它通过降低几乎所有人的交易成本并催生一个新行业——快递业,而改进了整个社会的福利。

第四,互联网可以缓解蛛网型商品可能出现的市场过度调节现象。过度调节的基本原因是众多供给者之间缺乏供给信息的交流沟通,而这又是由于信息交流成本过高。互联网可以帮助蛛网型商品的众多供给者建立联系,交流未来的供给意愿,从而可以有效降低蛛网型商品的产量和价格的波动幅度。

第五,互联网有可能缓解中小企业贷款难问题。多年来一直解决不好的中小企业贷款难问题,就源于银行难以了解中小企业的真实财务信息。互联网能够为缓解这一问题助一臂之力。中小企业的缴税情况是一个可以公开也不会造假的信息,若利用互联网技术,把企业的纳税信息随时反映

给银行，银行就可以依据企业的纳税规模和税额的变化来判断企业的经营情况，并做出相应的贷款决策。

除了金融行业，信息不对称在其他许多行业都会造成欺诈现象，互联网有可能为用户查假带来方便。

2. 改善公共物品、公益物品的供给不足、供给不当的问题

第一，互联网能够改善普惠型公共物品和特惠型公共物品的供给效率。公共物品需要由政府或非营利机构提供，但政府或非营利机构往往不能充分了解公众对各种公共物品的需求排序，于是可能出现供给不当，即政府不可能提供公众需要的所有公共物品。

同时，由于公共物品包括普惠型（即满足所有公民需要的公共物品）和特惠型（即满足特定群体需要的公共物品），某些群体可能会诱使政府或非营利机构过度提供自己所需要的特惠型公共物品。互联网可以从技术层面改进公众对普惠型公共物品的需求信息披露，从而改善公共物品的供给效率。政府运用互联网技术，可以确定公众对各项普惠型公共物品的需求的排序，特惠型公共物品是满足特定群体需要的。特定群体大体可以分为两大类：生理性特定群体，如妇幼老人群体、残疾人群体等；社会性特定群体，如富人群体、有权的官员群体等。如果缺乏有效监督，政府很可能更倾向于提供满足社会性特定群体需要的特惠型公共物品。互联网能够在技术层面上防止政府过度满足社会性特定群体。

第二，互联网能够改善公益物品的供给效率。公益物品不同于公共物品，它们在生产过程中并不具有非竞争性，使用过程中也不具有非排他性。它们通常是依据一定的伦理观念，每个社会成员都应当享有的一定类型一定数量的私人物品，如维持生存的食品、一定的医疗服务，甚至一定的居住条件等。

互联网对公益物品可能做点什么呢？互联网有可能使政府减少乃至完全放弃对公益物品的低价管制，转而精准地对需要资助者进行补贴。因为互联网提供了了解一个家庭真实情况（包括真实收入、真实支出）的可靠技术手段，可以准确地、低成本地把真正需要资助的对象筛选出来。互联网也有助于政府把补贴款直接拨入资助对象的个人银行账户。

3. 普及优质教育、净化学术风气

互联网能够大范围发布信息的特点，使其有利于普及优质教育。当前中小学义务教育已经普及，但教育质量的不平等则日益凸显。城乡之间、大中小城市之间、不同地区之间由于师资水平的差异，不同学校的教学质量不可能相等。

互联网可以在一定程度上解决这个难题。它通过"慕课"使优质教师的授课能够传遍所有学校。尤其是一些内容高度标准化的课程，如基础语文、基础数学、基础英语等，都可以通过"慕课"进行。这样就可以使每个学生所受教育的质量基本相等。

互联网能够大范围、高速度、低成本地搜受和交流信息的特点，使其能够在净化学术风气方面发挥重要作用。在学术研究领域，抄袭和剽窃历来是妨碍学术发展的毒瘤。在传统技术条件下，人工

查处抄袭和剽窃是一项成本极高的活动。而由互联网技术推演而来的学术论文"查重"技术，大大提高了发现抄袭和剽窃行为的概率。

互联网技术除了能够净化学术风气，对学术成果的创造者来讲也有重要的功能，它可以大大减少研究者搜索资料的时间成本，从而能够有效避免重复研究所带来的资源浪费。同时，它还能促进学者之间的思想交流，是推进学术研究的重要因素。

二、互联网从哪些方面扰乱了市场

几乎所有的新技术对社会福利都是一把双刃剑。在充分肯定互联网能够改善市场的同时，也必须清醒地看到它对市场造成的扰乱。

1. 可能产生信息服务供给方的垄断

长期来看，以互联网技术为基础的整个信息服务业市场可能出现寡头竞争格局。若干大型门户网站的并存就证明了这一点。

在进一步细分的市场如信息搜索服务市场，由于众所周知的原因，政府不允许境外搜索网站为境内客户提供服务，从而导致境内市场的真正垄断，并因此而降低服务质量。因此，特定类型的政府干预还是需要的。

2. 可能扩大不同行业之间的贫富差距

互联网技术是促进社会公正还是相反？一方面，大型门户网站的寡头地位会为它的业主和从业人员赚取丰厚的收益。从这一点来看，起码在短期内，以互联网技术为基础的那些大型门户网站的从业人员与其他行业的从业人员之间的贫富差距会趋于扩大。另一方面，像阿里巴巴这类网站，为众多中小企业新生企业提供了信息服务，扩张了它们的生存空间和盈利空间。从这一点来看，互联网技术又具有缩小整个社会贫富差距的倾向。

3. 刺激虚假信息的泛滥

互联网技术除了导致寡头型门户网站的通病之外，还将引起信息服务行业的特殊问题。

第一，互联网扰乱市场最重要的表现就是刺激虚假信息的泛滥。互联网作为信息服务的工具，其范围大、速度快、成本低的特点既能改进市场，也会扰乱市场。互联网提升异质化市场供求配对效率和压缩中间商的重要前提是供求双方都发布精准、真实的信息。如果信息不够精准，网上交易的配对成功率就会降低，徒增各类交易成本。互联网要降低"蛛网型"产品的波动幅度，还是需要供给者在互联网上都提供精准真实的信息。

互联网上发布信息的成本极低，为发布虚假信息以牟求不当利益之徒打开了方便之门。利用互联网发布虚假信息肯定会降低配对效率，如婚介市场，多少求婚者或其代理人似乎都情不自禁地发布了一定程度的虚假信息，殊不知这反而降低了配对效率。租房市场是一个异质化市场，出租方和承租方的搜寻成本都非常高，由此催生了服务双方的中介公司。但若供求双方发布的信息不精准、不真实，而中介又加以扭曲，那么即便是采用互联网作为工具，配对效率也不会很高。更为严重的是虚假信息导致欺诈横行，公民产权受到严重侵害。互联网金融市场中大量出现的以高息揽存小额资金的小贷网站，以及利用公众的慈善心收取捐款的求助信息，都是这一类。由于大规模获取个人隐私信息的成本大大降低，催生了一个原来不可能存在的不良市场——个人隐私交易市场。这个市场的出现使信息造假者有可能利用购买到的大量个人隐私信息，精准地进行欺骗偷窃、敲诈勒索等网络犯罪，严重扰乱市场经济秩序。

第二，互联网门户网站打假行为的正外部性使其打假努力低于社会所需要的最优水平。互联网上进行的交易都记录在案，按理说假冒伪劣等商品欺诈行为应有所收敛，造假者应当很容易被发现。对于各类门户网站来说，要想在众多上网的商家中筛选出发布虚假信息的终端，找到欺诈行为者，将会大大增加成本。门户网站作为具有一定垄断地位的营利性企业，如果平台上造假者太多，顾客纷纷离去，显然对其不利；但如果把造假者统统消灭，成本又太高。因此，它的筛选将遵循边际收益等于边际成本的原则。因此这些门户网站打假的努力很可能低于从社会角度来看的最优水平。因此，在短期内要想依靠门户网站彻底消灭网上欺诈行为，恐怕并不现实。也许长期来看，大数据等技术的发展有助于降低筛选成本，从而减少欺诈性交易。

4. 引起信息泛滥

除了虚假信息泛滥带来的干扰，真实信息也同样会带来一些问题。由于运用互联网发布信息的成本极低，各种信息可能会像洪水一样涌来，使接受者难以或者需要花费大量时间从中筛选出自己真正需要的信息。互联网时代，对于许多决策主体来说，信息将不再稀缺。但是，搜受、筛选、处理信息的时间将越来越稀缺。于是，信息爆炸催生了一个对网上信息进行分类和筛选的新职业。

5. 刺激不良商品的交易

人的天性中往往存在一些不良偏好，为了满足这些不良偏好，就有人在逐利动机支配下提供各种不良商品。互联网可能会促进这些不良商品的生产和销售，因为它降低了供给者的信息发布成本，扩大了信息的传播范围，同时也扩大了需求者的搜索范围，降低了搜索成本。

6. 侵害知识产权

互联网作为信息服务的工具，其范围大、速度快、成本低的特点也很容易被人利用来侵害知识产权。

三、互联网重新划分市场与政府的边界

现实市场经济中，由于种种市场失灵，市场不能没有政府规制。因此，就存在着主要由市场处理的领域和主要由政府处理的领域，两者之间存在一条并不非常明确的界线。但政府规制又会由于两个原因而失灵：（1）政府官员个人的贪腐；（2）政府获取有关信息的不足和失误。

市场与政府之间的边界具体划在何处，与当时的技术条件密切相关。例如，在当下的发电输电技术条件下，电网必然是自然垄断的，因此必须由政府直接经营，或在政府的严格规制下委托私人企业经营。而一旦太阳能、风能等新能源技术，储电技术和无线传输等新输电技术成熟到一定程度，现有电网的垄断地位将大大削弱，其经营方式将更多地诉诸市场机制，政府直接经营和严格反垄断管

制必要性将大大削弱。因此,社会往往需要根据新技术的特点,重新或部分重新划分市场与政府之间的边界。

互联网技术将改变市场与政府的边界,使政府规制市场的范围和方式发生一定的变化。凡是信息要素具有重要作用的行业,或者说信息密集型行业,如果私人难以获得足够的信息,就只能由政府出面经营。但互联网使信息获取的成本大幅下降,可获得信息的数量大幅上升,许多原来只能由政府经营的行业就可以向私人开放。以出租车行业为例,在没有互联网技术之前,为了防止欺诈,不得不禁止私家车进入该行业,因为无论租车的个人还是政府都面临鉴别好车主与坏车主的高昂成本。因此,政府就需要对出租车进行规制。这些规制措施对防止欺诈无疑很重要,但它们也肯定降低了老百姓的出行效率,增加了出行负担,增加了能源消耗和环境污染。而有了互联网技术,私家车主的载客行为都可以被记录,收费也可以标准化,这个行业就可以更多地由私人公司来经营和管理。

政府规制的方式也将由于互联网而发生变化。以食品打假为例,以前需要政府花费很高的人力成本进行监督,互联网技术使政府可以对食品生产过程实现低成本、全方位的监控。

互联网也给政府提出了新的规制任务。由于互联网使虚假信息泛滥成灾,发布虚假信息牟利也许是无良者利用互联网技术扰乱市场秩序的最重要表现。这就需要由政府承担起网上打假的主要责任,在短期内应建立和完善发现、甄别和严惩虚假信息的制度,并通过改进技术来最大限度地消除虚假信息。

互联网在给政府换担子的同时,也为政府解决问题提供了新的工具手段。它有助于改善政府的信息状况,为政府决策提供更好的信息基础。

互联网作为信息记载和传输方面的重大技术进步,一方面有助于从改善信息记载和传输方面完善市场的运行;但另一方面也会由于一些无良者利用这种技术,引起一些新的市场失灵现象。因此,政府应当义不容辞地发挥互联网完善市场机制的长处,同时又要有效规制一些无良者利用互联网技术扰乱市场的行为。

资料来源:张旭昆、赵静,《互联网对市场的改善和扰乱——基于市场失灵理论的视角》,《社会科学文摘》,2019年第5期。

复习思考题

一、单项选择题

1. 为了提高资源配置效率,政府对自然垄断部门的垄断行为应该是（　　）。

   A. 不管　　　　　　B. 加以管制　　　　　　C. 尽量支持　　　　D. 坚决反对

2. 下列物品最有可能是公共物品的是(　　)。
   A. 公海上的一个灯塔　　　　　　　　B. 国家森林公园内树上的果子
   C. 故宫博物院内的国宝　　　　　　　D. 大熊猫
3. 市场不能提供纯粹的公共物品是因为(　　)。
   A. 公共物品不具有排他性　　　　　　B. 公共物品不具有竞争性
   C. 消费者都想免费乘车　　　　　　　D. 以上三种情况都是
4. 某种经济活动有负的外部影响时,该活动的(　　)。
   A. 私人成本大于社会成本　　　　　　B. 私人成本小于社会成本
   C. 私人收益大于社会收益　　　　　　D. 私人收益小于社会收益
5. 当正的外部影响存在时,市场决定的产量将会(　　)。
   A. 大于社会理想产量　　　　　　　　B. 小于社会理想产量
   C. 等于社会理想产量　　　　　　　　D. 都可能
6. 信息不对称将导致(　　)。
   A. 消费者无法识别好的产品或服务　　B. 劣质产品对优质产品有负的外部影响
   C. 一块臭肉坏了一锅汤　　　　　　　D. 上述说法都对
7. 如果一个国家或地区的恩格尔系数和基尼系数同时增大,说明该国家或地区(　　)。
   A. 人民生活水平下降,收入分配越不均等
   B. 人民生活水平下降,收入分配越均等
   C. 人们生活水平提高,收入分配越不均等
   D. 人民生活水平提高,收入分配越均等

相关链接

恩格尔系数(Engel's Coefficient)是食品支出总额占个人消费支出总额的比重。19世纪德国统计学家恩斯特·恩格尔(Ernst Engel,1821—1896年)根据统计资料,对消费结构的变化得出一个规律:一个家庭收入越少,家庭收入或总支出中用来购买食物的支出所占的比例就越大,随着家庭收入的增加,家庭收入或总支出中用来购买食物的支出比例不断下降。推而广之,恩格尔系数越大,一个国家或家庭生活越贫困;反之,恩格尔系数越小,生活越富裕。

二、应用分析题

1. 20世纪较重要的反托拉斯案例之一涉及1945年的美国铝业公司。在那时候,美铝公司控制着大约90%的美国原铝生产,该公司被指控垄断铝市场。美铝公司争辩说虽然它确实控制了原铝生产的很大份额,但再生铝也占铝的总供给的30%左右,而且有许多竞争厂商从事再生铝生产,因而它没有多大的垄断势力。

（1）提供一个有利于美铝的清楚的论证；

（2）提供一个反对美铝的清楚的论证；

（3）法官伦特·汉德1945年的判决被称为"当代最值得称颂的司法见解之一"。你知道汉德法官的判决是什么吗？请通过互联网找到当年的判决。

2. 公共物品与私人物品相比有什么特点？这种特点怎样说明在公共物品生产上市场是失灵的？

3. 有这样一些现象：上游的造纸厂污染下游的养鱼场，炼钢厂污气的排放损害了附近居民的身体健康，同寝室同学放录音机听歌影响其他人的休息，等等。请问经济学上是如何定义该类现象的？经济学上有什么解决该类问题的办法？

4. 信息不对称会给交易双方带来什么问题？你能解释保险市场上逆向选择与道德风险的区别吗？

5. 为什么不均等的收入分配是市场机制运行的必然结果？政府可以通过哪些措施来缩减逐步扩大的差距？

6. 下列政府活动的动机是关注效率还是关注公平，请作出判断并简要说明理由。

（1）对有线电视频道的价格进行管制；

（2）向一些穷人提供可用来购买食物的消费券；

（3）在公共场所禁止吸烟；

（4）把美孚石油公司分拆为几个较小的公司；

（5）对高收入的人实行高的个人所得税税率；

（6）制定禁止酒后开车的法律。

实训项目

一、实训目标

1. 把握生活无处不经济的内涵；
2. 感知垄断和信息不对称对市场的影响；
3. 学会运用经济数据分析实际问题。

二、实训项目与要求

1. 生活经济学——透视身边的市场失灵现象

（1）选取生活中典型的市场失灵现象或问题，查找相关资料。

（2）分小组交流讨论，形成题为"市场失灵之我见"的报告。

（3）选派小组代表进行班内汇报，教师对各小组报告进行点评。

2. 辩论赛——垄断，想说恨你不容易

项目要求：

（1）查找垄断在经济效率、社会福利与技术创新等方面的利弊。

（2）学生分成偶数组，两两对弈，双方各自持有不同观点，进行讨论和资料准备。

（3）教师主持辩论赛，并选出获胜者，进行点评，借此让学生充分认识垄断。

3. 实地考察——二手车市场实地考察

项目要求：

（1）分组对二手车市场进行调查。

（2）小组讨论二手车市场出现失灵的原因。

（3）小组派代表陈述主要观点。

（4）教师对各小组讨论结果进行归纳和点评。

学习领域 六

民生经济学
——居民的钱口袋和国家的宏观调控

全面认识国民收入体系中的总量指标,为什么GDP不是万能,但没有它却万万不能?大学生就业难与物价飞涨引发人们对失业和通货膨胀问题的关注,我国官方公布的失业率数字是如何统计的?反映通货膨胀程度的消费物价指数CPI在我国又是怎样核算的?了解经济周期与经济增长,透视中国经济增长新动能。了解政府这只"看得见的手"为实现既定的宏观调控目标如何发挥作用。

 学习目标

- 掌握GDP的含义及其相关核算,理解新常态下中国GDP之变;
- 理解失业和通货膨胀,能够初步分析现实就业与物价相关经济问题;
- 了解经济周期与经济增长,理解中国经济供给侧结构性改革与新旧动能转换;
- 了解政府宏观调控的目标,能够结合调控目标分析货币政策与财政政策工具的具体运用;
- 认知"看得见的手"运行,建立混合经济体制下政府调控干预经济的思维,提升对宏观经济的敏锐感。

 关键词汇索引

国内生产总值(GDP)　人均GDP　失业　充分就业　通货膨胀　消费物价指数(CPI)　菲利普斯曲线　经济周期　经济增长　财政政策　中央银行　货币政策

第一节 | 我是GDP

○ **国内生产总值**(Gross Domestic Products, GDP) 代表一国(或一个地区)所有常住单位在一定时期内生产活动(包括产品和劳务)的最终成果,是国民经济各行业在核算期内新创造价值与固定资产转移价值的总和。

一、GDP的自述

我是20世纪最伟大的发明之一!在全世界,人们都叫我GDP,我的英文全名是Gross Domestic Products,中文名叫**国内生产总值**。

在全世界,人们都很关注我。因为我代表一国(或一个地区)所有常住单位在一定时期内生产活动(包括产品和劳务)的最终成果,我是国民经济各行业的核算期内增加值的总和(各行业新创造价值与固定资产转移价值之和)。

1. 没有我是万万不能的

没有我,你们无法谈论一国经济及其景气周期,无法提供依据判断经济是否健康。所以诺贝尔经济学奖获得者保罗·萨缪尔森和威廉·诺德豪斯(Willian D. Nordhaus)在《经济学》教科书中把我称为"20世纪最伟大的发明之一"。在他们看来,与太空中的卫星能够描述整个大陆的天气情况非常相似,我能够提供经济状况的完整图像,帮助总统、国会和联邦储备委员会判断经济是在萎缩还是在膨胀,是需要刺激还是需要控制。没有像我一样的灯塔般的总量指标,政策制定者就会陷入杂乱无章的数字海洋而不知所措。没有我,你们也无法反映一国的贫富状况和人民的平均生活水平,无法确定一国承担怎样的国际义务,享受哪些优惠待遇。比如,联合国决定一国的会费时,要根据其"连续6年的GDP和人均GDP";世界银行决定一国所能享受的硬贷款、软贷款等优惠待遇时,也是根据"人均GDP"。**人均GDP(GDP per Capita)** 是以某地区某一时期的国内生产总值(现价)除以同时期平均人口所得出的结果。

扫一扫

> **人均GDP(GDP per Capita)** 是以某地区某一时期的国内生产总值(现价)除以同时期平均人口所得出的结果。

我是一把尺子、一面镜子,衡量着所有国家与地区的经济表现。

中国爱我,我也爱中国。2010年我国的GDP总量首次超过日本,成为世界第二大经济体。2014年我国的GDP总量更是达到10.38万亿美元,首次突破10万亿美元大关,中国成为继美国之后又一个"10万亿美元俱乐部"成员。中国用几十年的时间快速完成其他国家几百年的发展任务,创造了惊人的奇迹。我们见证奇迹的同时,也见证着一个古老民族的伟大复兴。表6-1给出了2018年世界各国的GDP总量排名(同年中国人均GDP世界排名为第72位)。

表6-1 2018年世界各国GDP排名(2019年9月IMF版)

排名	国家/地区	GDP(万亿美元)
1	美国	20.494
2	中国	13.608
3	日本	4.971
4	德国	3.997
5	英国	2.825
6	法国	2.777
7	印度	2.726
8	意大利	2.074

（续表）

排　　名	国家/地区	GDP（万亿美元）
9	巴　西	1.869
10	加拿大	1.712
11	俄罗斯	1.658
12	韩　国	1.619
13	澳大利亚	1.432
14	西班牙	1.426
15	墨西哥	1.224

资料来源：国际货币基金组织官网，http://www.imf.org/en/Data

2. 我也并非万能

我是你身边的一个重要指标，但我不是上帝，并非万能。1968年，美国参议员罗伯特·肯尼迪（Robert F. Kennedy）竞选总统时说，"GDP衡量一切，但并不包括使我们的生活有意义的东西"。其实，我不能衡量的东西也很多。

（1）我不能完全反映一个国家真实的产出。

因为计算我的数据基本都是通过市场交易获得，对于那些没有经过市场交易，但却对实际产出具有影响的经济活动我无法反映。像家务劳动、自给自足的生产，甚至地下交易在我的统计中都无法反映。

（2）我不能反映一个国家的真实生活水平。

我在统计时是根据生产出来的最终产品计算一个国家的产出，但这不一定真实地反映一国的实际生活水平。军火生产在统计中是很重要的部分，但假如一个国家更多地生产大炮，更少地生产黄油，人民幸福吗？我按市场价格计算，但价格与幸福也关系不大。电脑质量在提高，数量在增加，但价格在不断降低。按价格计算，电脑的产值没有增加多少，但质量与数量的提高却带给人们很大的利益。我也不衡量闲暇。只要人们天天加班，就能生产更多的物品和劳务，我就在增长。但是，没有闲暇的生活快乐吗？当你要享受闲暇时，我反而在减少。现代工业让我快速增长所引发的诸多环境污染问题，也给你们的生活带来巨大的负面影响。

（3）我不衡量收入分配。

我是一个生产总量的指标，我不衡量收入分配。就是说，我不能衡量一个国家的贫富差距。即使两个国家生产了同样多的GDP，也可能一个国家贫富严重不均，另一个国家收入分配比较平均，显然，两国的人们并不同样幸福。而伴随收入分配不均，贫富差距不断拉大，社会矛盾将容易被激化。

尽管GDP存在着种种缺陷，但这个世界上本来就不存在一种包罗万象、反映一切的经济指标，在我们现在使用的所有描述和衡量一国经济发展状况的指标体系中，GDP无疑是最重要的一个指标。所以说，GDP不是万能的，但没有GDP也是万万不能的。

> **即问即答**
>
> 为什么一国有高的GDP是件好事？你能举出一个增加了GDP但并不增加人民福利的例子吗？

二、GDP的核算

1. GDP的三种核算方法

GDP是宏观经济中最受关注的经济统计数字。曼昆在他的《经济学原理》一书中指出，GDP是在某一既定时期一个国家内部生产的所有最终物品和劳务的市场价值。准确理解GDP的要点包括：① GDP是按照现行的市场价格计算的；② GDP包括在市场上合法出售的一切物品和劳务，例如你购买了音乐会的票，票价就是GDP的一部分；③ GDP只计算最终产品，不包括中间环节；④ GDP是一个国家领土范围内的，例如外国人暂时在中国工作，外国人在中国开办企业，他们的生产价值是中国GDP的一部分，即GDP体现的是地域概念。

GDP主要可以通过三种核算方法计算得到：生产法、收入法和支出法。

（1）生产法。

用生产法核算GDP，是指按提供物质产品与劳务的各个部门的产值来计算国内生产总值。生产法又叫部门法，这种计算方法反映了国内生产总值的来源。运用这种方法进行计算时，各生产部门要把使用的中间产品的产值扣除，只计算所增加的价值，商业和服务等部门也按增值法计算，即增加值=总产出−中间消耗。卫生、教育、行政、家庭服务等部门无法计算其增值，就按工资收入来计算其服务的价值。按生产法核算国内生产总值，各国采用的部门分类不尽相同，但大多数是按照第一、第二、第三产业进行大类划分，然后再进行具体细分，可以分为下列部门：农林渔业；矿业；建筑业；制造业；运输业；邮电和公用事业；电、煤气、自来水业；批发、零售商业；金融、保险、不动产；服务业；政府服务和政府企业。把以上部门生产的国内生产总值加总，再与国外要素净收入（外国公民在本国取得的要素收入−本国公民在国外取得的要素收入）相加，考虑统计误差项，就可以得到用生产法计算的GDP了。

（2）收入法。

用收入法核算GDP，就是从收入的角度，把生产要素在生产中所得到的各种收入相加来计算的GDP，即把劳动者所得到的工资、土地所有者得到的地租、资本家所得到的利息以及企业利润相加来计算GDP。这种方法又叫要素支付法或叫要素成本法。在没有政府的简单经济中，企业的增加值即其创造的国内生产总值，就等于要素收入加上折旧，但当政府介入后，政府往往征收间接税，这时的GDP还应包括间接税和企业转移支付。间接税是对产品销售征收的税，它包括货物税、周转税。这种税收名义上是对企业征收，但企业可以把它打入生产成本之中，最终转嫁到消费者身上，故也应视为成本。同样，还有企业转移支付（即企业对非营利组织的社会慈善捐款和消费者呆账），它也不是生产要素创造的收入，但要通过产品价格转移给消费者，故也应看作成本。资本折旧也应计入GDP，它虽不是要素收入，但包括在总投资中。还有，非公司企业主收入也应计入GDP中。非公司企业主收入，是指医生、律师、小店铺主、农民等的收入。他们使用自己的资金，自我雇用，其工资、利息、租金很难像公司的账目那样，分成其自己经营应得的工资、自有资金的利息、自有房子的租金等，其工资、利息、利润、租金常混在一起作为非公司企业主收入。

这样，按收入法计算的GDP公式就是：

GDP = 工资+利息+利润+租金+间接税和企业转移支付+折旧
　　　+非公司企业主收入

（3）支出法。

支出法也称使用法，是从最终使用的角度衡量核算期内生产的所有最终产品和服务的价值。谁是最终产品的购买者呢？在现实生活中，产品和劳务的最后购买和使用，除了居民消费、企业投资购买，还有就是政府的采购及出口。

首先来看消费。消费是家庭用于产品和劳务的支出，也叫居民个人消费支出，用字母C（Consumption）表示，包括居民购买耐用消费品（如小汽车、电视机、洗衣机、空调等）、非耐用品（如食物和衣服等）和劳务（医疗、旅游、理发）的支出。

投资包括固定资产投资和存货投资两大类，用字母I（Investment）表示。固定资产投资指新厂房、新机器设备、新商业用房以及新住宅投资，这里要注意的是居民购买新住宅的支出划入投资而非消费。存货投资是核算期内企业的存货价值的增加（或减少），如某汽车制造商某年生产的100辆汽车当年没有销售出去，这就是存货投资，净存货等于期末存货量减去期初的存货量。另外，总投资中包含固定资产折旧，如果剔除折旧费，则为"净投资"。

政府购买用字母G（Government Purchase）表示，是指各级政府购买物品和劳务总的支出，如政府出资设立法院、提供国防、修建道路、开办学校等都属于政府购买支出，政府支出中还有一部分如公债利息支出和给低收入群体的福利补贴与救济金则划入政府转移支付项（Financial Transfer Payment），因为转移支付只是简单地把收入从一些人或一些组织转移给另一些人或另一些组织，这一活动不涉及产品或劳务的生产，故而不计入到GDP中。

最后看进出口，用字母X（Export）表示出口，M（Import）表示进口，则（X–M）就是净出口，也就是外国对于本国最终产品的净支付，记为NX（Net export），当然要计入GDP中。净出口可能是正值，也可能是负值。

绝大多数国家在计算GDP的时候都采用支出法，即把用于购买最终产品和劳务的所有支出加总。按支出法计算的GDP公式为：GDP=居民消费+固定资本形成总额+存货增加+政府购买+货物和服务的净出口。

用公式可表示为GDP=$C+I+G+(X-M)$

从理论上说，按生产法、收入法与支出法计算的GDP应该是一致的，因为它们是使用不同的方法对同一事物进行核算。但在实际操作中因为资料来源的不同以及基础数据质量上的差异，三种方法计算的GDP之间存在着一定的统计误差，因而要加上一个统计误差项来进行调整，使其达到一致。

即问即答

列明支出法核算下GDP的四个组成部分，并各举一个例子。

2. GDP相关统计指标

（1）名义GDP与实际GDP。

GDP是一个市场价值概念，其数量大小要用货币指标进行反映，它是最终产品和劳务性服务数量与其价格的乘积。因此，GDP的高低不仅受实际产量变动的影响，还受价格水平变动的影响。也就是说，GDP的变动可能是由于实际产量变动引起的，也可能由于产品和劳务价格变动引起的。为了排除价格因素变动的影响，使GDP指标变化能够确切地反映国民经济实际变动情况，就必须明确名义GDP和实际GDP这两个指标的含义和区别。

在某一年内，按当年生产的产品和提供的劳务市场价格计算的GDP称为**名义GDP**（Nominal GDP）。假设某地区只生产三种产品A、B和C，2007年和2017年该地区三种产品的产量和价格数据已知，该地区2007年和2017年名义GDP的计算见表6-2和表6-3。

名义GDP（Nominal GDP） 指在某一年内，按当年生产的产品和提供的劳务市场价格计算的国内生产总值。

表6-2　2007年某地区名义GDP计算表

产品名称	产量（万吨）	价格（元/吨）	国内生产总值（万元）
产品A	300	160.00	48 000
产品B	140	360.00	50 400
产品C	160	280.00	44 800
合　计	—	—	143 200

表6-3 2017年某地区名义GDP计算表

产品名称	产量（万吨）	价格（元/吨）	国内生产总值（万元）
产品A	500	920.00	460 000
产品B	300	1 860.00	558 000
产品C	400	1 220.00	488 000
合　计	—	—	1 506 000

> **实际GDP（Real GDP）** 按不变价格计算的某一年的国内生产总值称为实际国内生产总值。不变价格是指统计时确定的某一年（称为基年）的价格。

确定某一年（称为基年）的价格为不变价格，按不变价格计算其他年份的国内生产总值称为**实际GDP**（Real GDP）。表6-4给出某地区以2007年作为基年核算得到2017年的实际GDP。因为产量指标具有不可累加性，所以分析不同年份经济发展变化情况的综合指标主要是GDP。为了便于把2017年的GDP和2007年的GDP直接进行对比，就要排除物价因素的影响，以2007年的产品价格作为不变价格计算2017年的实际GDP。计算结果显示，在该地区，2017年的名义GDP比2007年增长了近10倍，而产量综合指标即实际GDP只增长了近2倍。

表6-4 2017年某地区实际GDP计算表（2007年作为基准年份）

产品名称	产量（万吨）	价格（元/吨）	国内生产总值（万元）
产品A	500	160.00	80 000
产品B	300	360.00	108 000
产品C	400	280.00	112 000
合　计	—	—	300 000

实际GDP利用基年的单价计算，它把GDP变动中的价格因素抽象出来，只研究产品和劳务的数量变化。我们知道，人民的物质福利只与所产生的物品和劳务的数量和质量有关，而与价格的变动无关。因此，实际GDP能更好地反映一个国家或地区的经济福利水平。

（2）GDP平减指数。

> **GDP平减指数（Price Index of GDP）** 用名义国内生产总值与实际国内生产总值比率计算的物价水平衡量指标。

名义GDP与实际GDP的比值，称为**GDP平减指数**（Price Index of GDP），也称为GDP价格指数。它反映按当年市场价格计算的GDP和按某一基年价格计算的GDP的对比关系。前者是后者的倍数，实际上反映的是从基期到报告期的物价综合增长指数（在统计学中把计算年称为报告期，基年称为基期）。计算公式为：

$$\text{GDP 平减指数} = \frac{\text{某年名义 GDP}}{\text{某年实际 GDP}} \times 100\%$$

$$= \frac{(\sum P_T Q_T)}{(\sum P_0 Q_T)} \times 100\%$$

上式中，P_T 是报告期的产品价格，Q_T 是报告期的产品产量，P_0 是基期的产品价格。根据上面的资料，可以求得该地区 2007 年的名义 GDP 与按 2007 年价格计算的实际 GDP 的价格指数是：

$$\text{GDP 价格指数} = \frac{1\,506\,000}{300\,000} \times 100\% = 502\%$$

从这里可以看到实际 GDP 是通过将名义 GDP 用相应的 GDP 价格指数"紧缩"而来的。因此，相应的 GDP 价格指数又可以称为"GDP 折算指数"。在这个例子中反映的是该地区从 2007 年至 2017 年的综合物价增长指数。该地区 2017 年的综合物价水平是 2007 年的 5.02 倍。

三、新常态下中国 GDP 之变

2020 年 1 月 17 日的国新办新闻发布会上，时任国家统计局局长宁吉喆介绍，2019 年中国 GDP 的总量达到了 99.1 万亿元，接近 100 万亿元人民币，这与 2018 年世界排名第三、第四、第五、第六位的日本、德国、英国、法国四个主要发达国家 2018 年国内生产总值之和大体相当。2019 年中国 GDP 占世界的比重超过 16%，中国经济增长对世界经济增长的贡献率达到 30% 左右。但我们也要清醒地认识到，中国经济增长背后出现了一系列的矛盾和问题：投资、出口对 GDP 的拉动力越来越小，土地、劳动力等要素的价格越来越高，资源、环境的约束越来越紧。而且从 GDP 增速来看，从 2011 年起，中国 GDP 增长率已然呈现下行态势，历年增长率数据如图 6-1 所示。

> **知识链接**
>
> **GDP 增长率**
>
> GDP 增长率（GDP growth rate）即 GDP 的年度增长率，需用按不变价格计算的实际 GDP 来计算。GDP 增长率的计算公式：
>
> $$\text{GDP 增长率} = \frac{\text{本期 GDP} - \text{上期 GDP}}{\text{上期 GDP}} \times 100\%$$

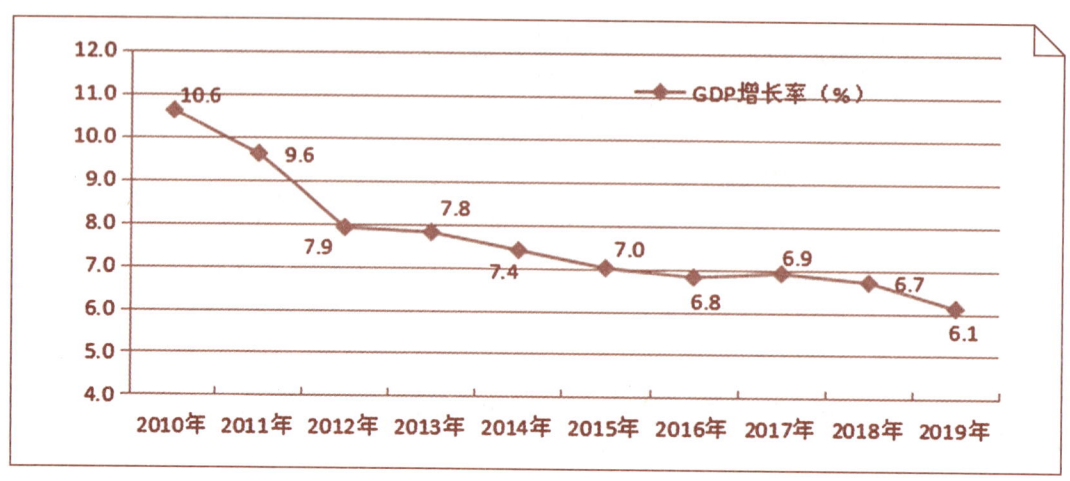

图6-1 2010—2018年中国GDP增长率变动图

带动GDP增长的投资、出口、消费三驾马车增速同时下降,习惯了多年的经济高速增长,这让很多人觉得不适应。那么,如何看待这一GDP增速下行的迷局?中国经济未来发展方向又在哪里呢?

其实早在2014年5月,习近平总书记考察河南时就指出,中国发展仍处于重要战略机遇期,我们要增强信心,从当前中国经济发展的阶段性特征出发,适应新常态,保持战略上的平常心态。这是"新常态"一词第一次出现在公众视野。新常态,正是以习近平同志为核心的党中央"号脉问诊",审时度势,给中国经济未来确立的全新历史坐标!

中国经济的新常态主要体现在三个方面,一是GDP的增长从高速转为中高速;二是GDP的结构会不断优化升级;三是GDP的增长将主要由要素驱动、投资驱动转向创新驱动。新常态下将不再简单唯GDP增长率论英雄:不再"简单",意思是不能只看GDP,还要看民生、环境等指标;不以"增长率",意思是还要看GDP的构成与内容,包括产业结构的优化、收入差距的缩减;不"论英雄",意思是不盲目攀比,不乱上项目搞强刺激,各级政府应树立正确的政绩观。

2016年,中国经济新常态的特征已然明显,全年GDP增速6.8%,处在6.5%到7%的预期合理区间,属于中高速增长;从GDP的结构优化来看,服务业的比重继续提高,消费贡献率占比将近2/3。从转方式来看,GDP的单位能耗下降5%;清洁能源比重上升,企业效益提高。2016年中国经济运行实现了"十三五"的良好开局。

2017年中国GDP总量再上一个台阶,超过82万亿元,全年增速6.9%,超过2016年0.1个百分点,实现2011年以来经济增长的首次上行。不仅经济总量数据让人振奋，经济结构指标以及经济动能转换也表现可喜：最终消费支出对GDP贡献率55.1%，服务业成为GDP增长的主要拉动力，经济增长吸纳就业量、单位GDP能耗、国际收支平衡都取得不菲成效；新旧动能接续转换成效日渐明显，网络经济、分享经济、数字经济、平台经济成新引擎。中国经济更显新常态特征。

但是在改革开放40周年的2018年，中国宏观经济"稳中向好"的运行趋势发生了改变，GDP在内部"攻坚战"与外部"贸易战"的叠加下，在"稳中有变"中呈现"持续回缓"的态势，支撑中国经济增长的三驾马车集体乏力，经济下行压力持续加大。2018年全年GDP同比增速降至6.7%。2019年是新中国成立70周年，也是全面建成小康社会的关键之年。中国经济下行压力持续增大，外部环境和内部条件都更趋复杂：外部全球经济减速与中美贸易战升级；内部中国经济新旧动能转换以及去杠杆、防风险、控房市等。2019年GDP增速预计在6.1%左右，将降至1990年以来最低。可以说，中国经济步入了新常态的新阶段：中国大转型、大改革的窗口期已全面出现。

2020年，中国踏上改革开放的新征程。我们必须立足于中国新常态的经济发展新阶段，保持战略定力，全面深化改革，挖掘GDP增长新动能，拉动中国经济摆脱低迷，走向高质量发展，共筑民富国强中国梦！

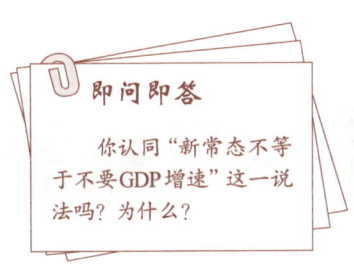

即问即答

你认同"新常态不等于不要GDP增速"这一说法吗？为什么？

第二节 中国失业率统计何时与国际接轨

一、大学生毕业即失业？

近年来，大学毕业生就业难成为一个众所周知的社会问题。我们应该如何看待大学生毕业即失业这一现象呢？

我国大学生毕业时间都在每年的6月份，也就是说，在短短的1个月之内把几百万大学生同时送上社会寻找工作，由于信息不完全对称等原因，造成很多人不能马上找到工作，从而出现大学生失业率奇高的现象。据相关调查显示，毕业半年后的失业率显著低于毕业时的失业率。因此，我们可以判定，大学生失业主要是摩擦性失业，即求职者因为寻找工作的时间滞差引起的失业。毕业后经过一段时间的搜寻，大部分毕业生能够找到自己满意的工作，另外，也有部分毕业生通过调整自己的就业目标而选择就业（尽管其可能并不满意自己的工作），从而导致失业率显著降低。下面我们一起来认识与失业相关的几个关键词汇。

1. 失业的界定

失业（Unemployment）对于大多数人来说似乎是一个非常简单的概念，任何人没有工作就意味着失业。但是，要准确定义失业并非易事。例如，一个领取退休金的老人处于失业状态吗？一个长期患病且不能工作的人算失业者吗？一个在每个星期只工作3小时且正寻找全日制工作的人算失业吗？可见，失业像许多其他社会现象一样，可以有很多不同的定义。事实上，很难找到一个能同时满足不同分析目的的失业定义。为了国际比较的方便，国际劳工组织（International Labor Organization, ILO）为定义和测度失业制定了一些标准并推荐给世界各国。目前，欧盟、国际经济合作与发展组织（Organization for Economic Co-operation and Development, OECD）以及世界上很多其他国家，在度量失业时都遵循ILO推荐的失业定义。

> **失业**（Unemployment）是指在劳动力年龄范围内，有就业能力并且有就业要求的人口没有就业机会的经济现象。

根据ILO的标准，在一定年龄范围内的人可以被归入这样三种状态之一：就业者、失业者和非经济活动人口。所谓就业者是指那些在过去一周中从事了至少一个小时有收入的工作或者暂时离开了工作岗位（例如休假）的人；失业者则是指那些不工作、积极寻找工作且能够立即工作（到岗）的人；而非经济活动人口是指那些不工作而又不能满足ILO失业标准的人。根据ILO推荐的失业标准，一个失业者必须具备这样三个条件：

（1）没有工作，即在调查期间内没有从事有报酬的劳动或自我雇佣；

（2）当前可以工作，即当前如果有就业机会，就可以工作；

（3）正在寻找工作，即在最近期间采取了具体的寻找工作的步骤，例如到公共的或私人的就业服务机构登记、到企业求职或刊登求职广告等方式寻找工作。

衡量经济中失业状况的最基本指标是失业率，而劳动力参工率反映了成年人口中选择参与劳动市场的人的比率。

$$失业率 = \frac{失业人数}{失业人数 + 就业人数} \times 100\%$$

$$劳动力参工率 = \frac{劳动力人数}{成年人人数} \times 100\%$$

> **知识链接**
>
> **非经济活动人口**
>
> 人力资源按照参与社会经济活动的愿望，可分为经济活动人口与非经济活动人口两部分。
>
> **非经济活动人口**（Economically Inactive Population）是

指没有参加社会经济活动的人口，即指16岁及以上经济活动人口以外的所有其他人口。这些人口被视为在社会经济活动中可以被利用但尚未被利用的人，也称潜在的人力资源。

非经济活动人口主要包括：

① 在校学生。
② 待学人员。
③ 离退休后不再从业的人员。
④ 家务劳动者。
⑤ 其他无就业愿望的人员。

2. 什么是充分就业？

充分就业（Full Employment）是国家宏观经济调控要实现的目标之一。充分就业并非人人都有工作。它一般是指生产要素（包含劳动）都有机会以自己愿意的报酬参加生产的状态。如果"非自愿周期性失业"已消除，失业仅限于自然失业的话，就是实现了充分就业。因此，充分就业并不是失业率为0，大多数经济学家认为存在4%～6%的失业率是正常的，此时社会经济处于充分就业状态。

充分就业时仍然有一定的失业。这是因为经济中有些造成失业的原因（如劳动力的流动等）是难以克服的，劳动市场并不总是十分完善的。这种失业的存在不仅是必然的，而且还是必要的。因为这种失业的存在，才能有劳动后备军随时满足经济对劳动的需求，作为一种对就业者的"威胁"而迫使就业者提高生产效率。此外，各种福利支出（失业补助、贫困补助等）的存在，也使得一定失业水平的存在不会影响社会安定，可以被社会所接受。

那么什么是充分就业下允许存在的自然失业，什么又是非自愿性周期性失业呢？

失业一般分为自然失业和周期性失业两大类。自然失业包括：摩擦失业、结构性失业、季节性失业和求职性失业。周期性失业即非自愿失业。

（1）自然失业。

自然失业（Natural Unemployment）是指由于经济中某些难以避免的原因所引起的失业，在任何动态市场经济中这种失业都是必然存在的。现代经济学按引起失业的具体原因把自然失业分成下面四种类型：

① 摩擦性失业。摩擦性失业是指在经济中由于正常的劳动力流动而引起的失业。在一个动态经济中，各行业、各部门与各地区之间劳动需求的变化是经常发生的。这种变动必然导致劳动力的流动，在劳动力的流动过程

> **充分就业**（Full Employment）是指生产要素（包含劳动）都有机会以自己愿意的报酬参加生产的状态。如果一个经济体已消除"非自愿周期性失业"，仅限于自然失业的话，就是实现了充分就业。

> **自然失业**（Natural Unemployment）是指由于经济中某些难以避免的原因所引起的失业，在任何动态市场经济中这种失业都是必然存在的。

中总有部分工人处于失业状态,这就形成了摩擦性失业。经济中劳动力的流动是正常的,所以,这种失业的存在也是正常的。一般还把新加入劳动力队伍并正在寻找工作而造成的失业,也归入摩擦性失业的范围之内。

② 结构性失业。结构性失业是指由于劳动力市场结构的特点,劳动力的流动不能适应劳动力需求变动所引起的失业。经济结构的变动(例如有些部门发展迅速,而有些部门正在收缩;有些地区正在开发,而有些地区已经衰落)要求劳动力的流动能迅速适应这些变动。但由于劳动力一时难以改变其技术结构、地区结构和性别结构,很难适应经济结构的这种变动,从而出现失业。在这种情况下,往往是"失业与空位"并存,即一方面存在着有工作但无人做的"空位";另一方面又存在着有人无工作的"失业"。这种失业的根源在于劳动力市场的结构特点,往往持续时间较长,对经济的危害较大。

③ 季节性失业。由于某些行业生产的季节性变动所引起的失业称为季节性失业。某些行业的生产季节性很强,生产繁忙的季节所需的工人多,生产淡季所需的工人少,这样就会引起具有季节性变动特点的失业。这些行业生产的季节性是由自然条件决定的,很难改变。因此,这种失业也是正常的,在农业、建筑业、旅游业中,这种季节性失业最严重。

④ 求职性失业。求职性失业是指工人不愿意接受现行工资水平而形成的失业。这种失业也是劳动力流动的结果,但它又不同于摩擦性失业。因为这种劳动力的流动,不是由于经济中难以避免的原因引起,而是工人自己造成的,属于自愿失业的性质。这种失业人口中青年人占的比例最大,因为青年人往往不满于现状,渴望找到更适合自己的工作。

(2)周期性失业。

> **周期性失业**
> (Cyclical Unemployment)
> 又称需求不足的失业,凯恩斯称其为非自愿性失业,往往是由于总需求不足而引起的短期失业,一般出现在经济周期的萧条阶段。

周期性失业(Cyclical Unemployment)又称需求不足的失业,凯恩斯称其为非自愿性失业。周期性失业往往是由于总需求不足而引起的短期失业,它一般出现在经济周期的萧条阶段。这种失业与经济中周期性波动是一致的。在复苏和繁荣阶段,各厂商争先扩充生产,就业人数普遍增加。在衰退和谷底阶段,由于社会需求不足,前景黯淡,各厂商又纷纷压缩生产,大量裁减雇员,形成令人头疼的失业大军。

周期性失业的原因主要是整体经济水平的衰退。和自然失业不同,周期性失业是可以避免的。20世纪30年代经济大萧条时期西方国家的失业就完全属于周期性失业。与结构性失业、摩擦性失业等自然失业状况不同,周期性失业的失业人口众多且分布广泛,是经济发展最严峻的局面,通常需要较长时间才能有所恢复,因而周期性失业是人们和政府最不想看到的。

除了上述两大类失业外，经济中往往还存在一种特别的失业形式，即伪装性失业或隐蔽性失业，俗称人浮于事，或有职无工的状态。在转型国家有转型失业，如中国的下岗。

3. 失业的影响及治理

（1）失业的成本与奥肯定律。

由于劳动力是经济社会中重要的资源，当出现失业时，意味着经济资源存在浪费和闲置。下面我们探讨失业的成本。

失业的成本首先是一种社会成本。对失业者而言，失业会带来非常严重的后果：一方面收入减少，生活遇到极大的困难；另一方面，还会对失业者的心理产生巨大的冲击。如果失业持续较长的时间，失业者的工作技能也会贬值，人力资本的积累中断，失业持续时间越长，重新工作的可能性越小，劳动技能的贬值就越严重。这些都最终会形成一笔庞大的成本。失业的这种负面效应还会扩散到整个社会，会诱发许多社会问题，例如失业率较高时，社会治安状况可能恶化，社会开始变得不稳定等。

衡量失业经济成本的最主要方法是利用奥肯定律（Okun's Law），这是美国经济学家阿瑟·奥肯发现的一条经验性定律。奥肯在研究美国经济时发现失业率每降低1个百分点，产出能够增加2.5～3个百分点；反之，失业率每提高1个百分点，产出将下降2.5～3个百分点。奥肯定律揭示了失业和经济增长的内在关系，从失业增加引起经济增长下降的角度看，失业将给经济带来巨大的损失。

（2）失业的治理。

① 对摩擦性失业和结构性失业的治理。由于劳动力市场不断变动和信息不完备造成的摩擦性失业不可避免，但是可以通过增设职业介绍所、青年就业服务机构和建立人才库网站等多种途径完善就业信息服务来减少摩擦性失业。

经济增长必然伴随经济结构的变化进而导致结构性失业。应当承认，我国目前面临巨大的结构性失业压力。一般来说，结构性失业的主要原因是劳动力不能适应经济结构变化后的工作，故可以通过对受结构性失业威胁的人进行教育培训的方法来解决这一问题；另外，可以加大地区间劳动力的流动，降低结构性失业。

② 对周期性失业的治理。周期性失业是由于"有效需求"不足引起的。对于这种失业，需要国家干预，刺激"有效需求"，主要举措包括：为私人扩大投资创造条件，刺激个人消费；加大政府采购力度，加大政府支出等。一般认为，可以通过扩张性的财政政策与货币政策来刺激总需求，以消除需求不足造成的周期性失业。

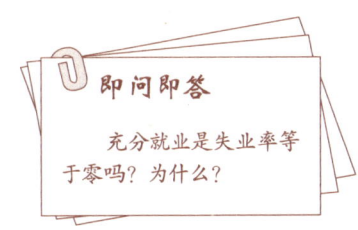

即问即答

充分就业是失业率等于零吗？为什么？

二、中国特色的城镇登记失业率

失业率是评价一个国家或地区失业状况的主要指标,在中国,失业率曾长期笼罩着意识形态的面纱,真实面目难辨。

到目前为止,尚没有公开发布与国际接轨的调查失业率数字。中国官方公布的失业率数字为城镇登记失业率,这一数字由国家统计局与人力资源和社会保障部共同收集与发布。其公式为

$$失业率 = \frac{城镇登记失业人数}{城镇就业人数 + 城镇登记失业人数} \times 100\%$$

其中,城镇就业人数,指在城镇范围内从事一定社会劳动并取得劳动报酬或经营收入的全部人员(包括:全部职工、城镇私营企业从业人员、城镇个体劳动者、其他社会劳动者)。城镇登记失业人数,指劳动年龄内(男16—50岁,女16—45岁)的城镇居民,具有劳动能力,有就业要求而未就业,并已在劳动部门进行登记的人数。

目前统计上对临时安排了工作,劳动收入达到最低一级工的收入水平,或虽无职业,但不要求就业者,不作为失业人员统计。统计失业人员数和计算失业率,一般以年末为时点。

在2010—2015年,我国的失业率一直保持在4.1%,近几年有所下降,图6-2给出了我国2010—2019年城镇登记失业人数及登记失业率。

城镇登记失业率仅仅统计到当地就业服务机构登记的失业人员,没有登记的都被排除在统计之外,因此它往往会低估社会的真实失业程度。首先,有一些符合失业条件、渴望工作的人,因为种种原因未主动登记,因此未纳入失业统计。此外,城镇登记失业不计算农村人口,失业率统计中当然也不包括农村剩余劳动力和农村进城务工的劳动力。

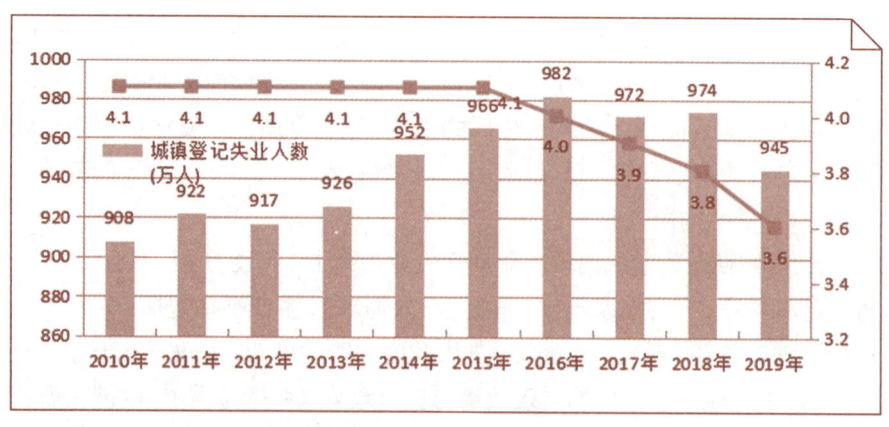

图6-2　2010—2019年城镇登记失业人数及登记失业率

三、中国失业率统计逐步与国际接轨

中国从20世纪80年代初开始建立登记失业制度，由于当时中国还处在计划经济体制下，称为"待业登记"，所有城镇无业者必须首先到政府劳动部门去登记，处于等待期的劳动者即登记为"待业"。但是，随着1994年党的十四大提出要从计划经济转向市场经济，中国劳动用工制度发生了重大变化，政府不再统一分配和安置，企业和劳动者开始进行双向选择。于是，1994年将"待业登记"更名为"失业登记"。中国"城镇登记失业率"的概念也由此开始。

为了让失业率数据更为真实，国家统计局从2005年开始开展调查失业率的试点。城镇调查失业率是国际劳工组织通用的一个指标，反映城镇常住经济活动人口中，符合失业条件的人数占全部城镇常住经济活动人口的比率。这个指标将涵盖农业转移人口的失业。国家统计局在2005年底进行了一次调查之后，每半年都进行一次调查统计，具体操作上，采用抽样调查，范围为全国城乡区域，对象为家庭户和集体户人口。每月全国样本量12万户，覆盖中国所有市和1 800个县。为避免样本老化，采用样本轮换，每个调查户两年内完成4次调查后退出调查。在入户调查之后，数据直接报送至国家统计局联网直报平台，然后由各级统计机构在线进行编码、审核、验收数据。最后，国家统计局加权汇总生成全国和分省的调查失业率等各项数据指标。但这一调查失业率数字一直没有对外公布，只报送国家发改委、人社部等国务院相关部门内部使用。2013年，时任国务院总理李克强在英国《金融时报》撰文透露，2013年上半年中国调查失业率为5%，这是我国首次公布官方调查失业率数据，因为和此前人社部发布的4.1%的城镇登记失业率有差异，再一次引发了人们对失业率统计方法的热议。

2018年中国政府工作报告首次将城镇调查失业率作为发展预期目标，提出"2018年我国城镇调查失业率5.5%以内"。2018年中国也首次公布了城镇调查失业率的月度数据，在4.8%～5.1%波动，年末为4.9%，显著高于登记失业率。2020年政府工作报告明确指出：2019年城镇新增就业1 352万人，调查失业率在5.3%以下。从"登记失业率"到"调查失业率"虽然仅有两字区别，但体现了政策上更精细化、精准化、科学化。过去中国采取的多是将GDP增长作为唯一指标的衡量方式，缺乏层次性和全面性。现在经济增长转向了高质量增长，需要有更多指标来考量。失业率与就业率所能够反映的，是经济增长的质量和效率，有了调查失业率之后，可以更加真实地反映就业情况，由于采用国际劳工组织推荐的统计标准，指标也更具有国际可比性，中国失业率统计已逐步与国际接轨！

即问即答

目前我国官方公布的失业率统计数据是否完全与国际接轨？还应如何改进？

第三节 恶性通货膨胀的吉尼斯纪录

津巴布韦也许是世界上唯一一个亿万富翁与香车、洋房联系不起来的国家。津巴布韦通货膨胀率达到2 200 000%，创下世界纪录。自从1980年津巴布韦获得独立以来，通货膨胀率持续飙升。2008年年初，津巴布韦政府已经开始发行1百万、5百万、1千万和最高的5亿元的钞票。那里一份报纸的价格是250亿元，一桶啤酒的价格是1 000亿元。这些数据当然说明局势的严峻，但仍然未能描述在这种局势下人们的生活将如何进行。

国民党统治时期我国也曾爆发非常严重的通货膨胀。当时，国民党政府热衷内战，军费开支数额庞大，财政赤字连年不断。抗日战争爆发后，财政赤字更加严重。1941年国民党政府财政赤字创纪录地上涨到占总财政支出87.19%。解放战争期间，国民党政府的军费支出更是达到天文数字，连年的财政赤字不得不依靠发行纸币（法币）来弥补，结果造成外汇储备和黄金储备枯竭，物价飞涨，一日数变，恶性通货膨胀愈演愈烈。1948年为制止通货膨胀，摆脱经济危机，国民党政府推行了"币制改革"，但转而发行的金圆券贬值比法币更快，物价、美元汇率如火箭般地飞升。当时有人根据物价统计对法币和金圆券的贬值作了一个形象化的分析：

法币100元的购买力：

1937年值黄牛两头，

1938年值黄牛一头，

1939年值猪一头，

1941年值面粉一袋，

1943年值煤球一个，

1948年值大米0.002 416两，

1949年5月值大米0.000 000 000 185两，即一粒米的千万分之二点四五。

一、谈虎色变的通货膨胀

通货膨胀（Inflation）是指一般价格总水平持续和显著的上涨过程。

1. 通货膨胀的度量

通货膨胀率是衡量通货膨胀程度的指标，它被定义为一般价格水平在单位时期内的变动率。这里的一般价格水平是衡量货币购买力或货币所能购买的产品和劳务数量的指标，实践中通常用价格指数加以表示。

> **通货膨胀**（Inflation）是指一般价格总水平的持续和显著的上涨过程；**通货紧缩**（Deflation）则是指一般价格总水平的持续和显著的下降过程。

$$通货膨胀率 = \frac{本期价格指数 - 上一期价格指数}{上一期价格指数} \times 100\%$$

（1）**消费物价指数**（Consumer Price Index, CPI），又称零售物价指数或生活费用指数，它是衡量各个时期居民个人消费的商品和劳务零售价格变化的指标。

（2）**批发物价指数**（Producer Price Index, PPI），又称生产者物价指数或工业品出厂价格指数，是衡量工业企业产品出厂价格变动趋势和变动程度的指数，是反映某一时期生产领域价格变动情况的重要经济指标，也是制定有关经济政策和国民经济核算的重要依据。

（3）国内生产总值折算数（Price Index of GDP），也叫GDP平减指数，是衡量各个时期一切商品与劳务价格变化的指标，等于考察年份名义GDP与实际GDP之比。

这三种物价指数都能反映出基本相同的通货膨胀率变动趋势，但由于各种指数所包括的范围不同，所以数值并不相同。在这三种指数中，消费物价指数与人民生活水平关系最密切，因此，一般都用消费物价指数来衡量通货膨胀。

2. 通货膨胀的分类

（1）按价格上升的速度大小可分为温和的通货膨胀或爬行的通货膨胀（年通货膨胀率在10%以内）、加速的通货膨胀或奔驰的通货膨胀（年通货膨胀率在10%～100%）和超速通货膨胀或恶性通货膨胀（年通货膨胀率高于100%）。

（2）按价格变动的程度不同可分为平衡和非平衡的通货膨胀。在平衡的通货膨胀中，每种商品的价格都按相同比例上升，而在非平衡的通货膨胀中，各种商品价格上升的比例并不完全相同。

（3）按人们预料的程度不同可分为未预期到的和预期到的通货膨胀，前者价格上升的速度超出人们的预料，后者则意味着通货膨胀人们事先已经预期到。

3. 通货膨胀的成因

（1）需求拉上的通货膨胀（Demand-pull Inflation）。需求拉上的通货膨胀是指因总需求增加所引起的一般价格水平的持续和显著上涨的过程。由于总需求表现为货币数量，因而需求拉上的通货膨胀又被解释为"过多的货币追逐过少的商品"。

总需求是由消费需求、投资需求、政府需求和净出口构成的。按照凯恩斯主义理论，在经济处于萧条时期，总需求增加在对总收入产生影响的同时

> **消费物价指数**（Consumer Price Index, CPI）是反映与居民生活有关的商品及劳务的物价变动指标，又称零售价指数或生活费用指数，通常作为观察通货膨胀水平的重要指标。
>
> **批发物价指数**（Producer Price Index, PPI）是衡量工业企业产品出厂价格变动趋势和变动程度的指数，是反映某一时期生产领域价格变动情况的重要经济指标，也是制定有关经济政策和国民经济核算的重要依据，又称生产者物价指数或工业品出厂价格指数。

也会对价格总水平产生影响，但通常影响较小。当经济处于潜在或充分就业状态时，总需求增加就不一定能带来总收入的增长，因为总供给增加会遇到生产能力的限制。结果，总需求增加导致价格总水平上涨，就是需求拉上的通货膨胀。总需求的过度增长可能来源于私人部门的消费和投资需求增加，也可能与政府扩张性的财政和货币政策有关。

（2）成本推进的通货膨胀（Cost-push Inflation）。成本推进的通货膨胀是指在没有超额需求的情况下由于供给方面成本的提高所引起的一般价格水平持续和显著上涨的过程。成本推进主要包括工资和利润推进。在总需求不变的条件下，如果工人工资的提高引起产品单位成本增加，便会导致物价上涨。在物价上涨后，如果工人又要求提高工资，而再度使成本增加，便会导致物价再次上涨。这种循环被称为工资-物价"螺旋"上升。无论是工资还是利润，如果超过价格总水平的上涨速度，则会对商品和劳务价格的进一步上涨形成压力。还有一种外生性成本通货膨胀，即由进口原材料价格上升（如石油涨价）、国内中间产品垄断价格等因素造成的通货膨胀，但这种通货膨胀往往是一次性的。

（3）结构性通货膨胀（Structural Inflation）。结构性通货膨胀是指在供求基本平衡条件下，由于个别关键性商品供求比例失调，或者由于经济部门发展不平衡而引起的通货膨胀。社会各部门劳动生产率水平和提高速度不同、发展趋势不同、与世界经济联系程度不同，但由于一方面现代社会经济结构不容易使生产要素从落后部门、衰落部门、封闭部门向先进部门、兴起部门、开放部门转移；另一方面落后部门、衰落部门、封闭部门却又要求在工资、价格等方面向先进部门、兴起部门和开放部门看齐，结果就会导致一般价格水平上涨。

（4）供求混合的通货膨胀（Compounded Inflation）。在现实生活中，纯粹意义上的需求拉上、成本推进或结构型等都不可能持续地作为单独引发通货膨胀的因素，最终会演化为复杂的供求混合型通货膨胀，即"推中有拉，拉中有推"。供求混合型通货膨胀主要表现为"螺旋式"和"直线式"两种形式。前者是先由供给因素引起通货膨胀，进而引起总需求上升，演变为混合型通货膨胀；后者是先由需求因素引起通货膨胀，进而引起成本上升，形成供求混合型通货膨胀。

4. 通货膨胀的效应

可预期的通货膨胀对社会经济危害相对较小，因为人们会按照预期及时作出事前的调整，将不利影响降到最低。而恶性通货膨胀常常超出人们的预期，严重的恶性通胀对于经济发展和社会稳定甚至会带来"革命性"的后果。不管你今天多么富有，即使家财万贯，富可敌国，只要你的财富是以货币形式持有的,那在恶性通货膨胀下,你也可能一夜积蓄清零,和一无所有的穷光蛋"平起平坐"。

(1)收入和财富分配效应。如果名义工资率的增长慢于通货膨胀增长速度,公众和企业因货币贬值所获得的货币收入购买力将下降,即实际收入会减少;假如通货膨胀是由于政府借款造成中央银行向社会过量发行货币、增加货币供给,则政府可以因此而增加一笔额外的收入,即通货膨胀税。于是,通货膨胀不利于大多数工薪阶层、退休者、失业者和贫困者、接受政府救济者和债权人,但是,通货膨胀有利于高收入者、企业主、厂商和债务人。

(2)就业和产量效应。较高的通货膨胀影响就业和产出水平。需求拉动型通货膨胀在一定条件下,能促使厂商扩大生产规模、增加雇佣工人;通货膨胀使银行的实际利率下降,这会刺激消费和投资需求,促进资源的充分利用和总供给的增加。但如果是供给下降引发的通货膨胀,国民收入和就业量将随之下降,导致大多数工人处于失业状态。

长期来说,通货膨胀与产出的增长之间存在着一种类似倒"U"形的关系。许多国家的研究表明,各国的产出增长与通货膨胀之间的关系是这样的:低通货膨胀的国家经济增长最为强劲,而高通货膨胀或通货紧缩国家的增长趋势则较为缓慢。

(3)对经济效率的影响。通货膨胀扭曲价格信号进而损害经济效率。在一个高通货膨胀的经济中,很难区分相对的价格变化与整体的价格变化。如果通货膨胀率每月达到20%或30%,商店就会频繁地变动价格,以致相对价格混乱无序、难以适从。如果年通货膨胀率从0上升到20%,则现金的实际利率就从每年的0降为-20%。由于货币利率实际为负,在通货膨胀时人们更愿意持有真实资源而减少货币持有量,为此,他们会频繁地进出银行。一些学者将通货膨胀对经济效率的这种负面影响形象地称为:菜单成本、皮鞋成本。你能理解其中的含义吗?

5. 通货膨胀的治理

按照前文提到的通货膨胀的成因,政府可以有针对性地采取办法治理通胀。一是压缩总需求,抑制需求拉上型的通货膨胀。政府可以运用紧缩财政政策,比如提高税收,减少个人的可支配收入,从而降低消费需求;同时减少了企业的税后利润,抑制企业的投资需求;还可以减少财政的购买支出;也可以采取紧缩性的货币政策,如提高利率,把部分消费与投资需求转化为存款;可以提高存款准备金率,提高再贴现率,以此减少商业银行的贷款规模。二是实行工资和物价管制,控制成本的上升,这对于成本推动型通货膨胀有较好的抑制作用。比如冻结工资,控制基础性价格等。这个办法只能临时使用,不然管控价格会引起恶性通货膨胀。第三个办法是下下策,就是采取经

即问即答

说明需求拉动型通货膨胀并谈谈你对通货膨胀经济效应的理解。

济衰退的办法来控制不断上涨的物价。这个办法让公众难以接受,但是具有一定的理论意义。经济衰退,失业人数增加,人们收入下降,自然会降低需求,企业或卖家也不敢抬高价格,自然通货膨胀率就低了。然而,比起经济衰退和失业增加,通货膨胀的危害只能退居二线了,因为前者绝对是个坏事情,而后者不一定是坏事,它更是一把双刃剑。正如经济学家米尔顿·弗里德曼说过,通货膨胀在任何时间,任何地点,都必然是而且仅仅是一种货币现象。如果治理得好,那么温和的通货膨胀,还可以缓减资源稀缺带来的供求失衡,使资源可以持续性被使用。所以,政府要好好发挥财政政策和货币政策的作用,对通货膨胀进行有效治理,相信没有过不去的坎儿!

二、中国民生 CPI 解读

1. CPI 概述

CPI 是深受各国重视的热门经济指标。了解这一指标,对正确分析一国经济运行中的价格现象会有很大帮助。CPI,即居民消费物价指数,是反映一组代表性商品和服务项目价格水平变化趋势和变动幅度的统计指标,以零售量或居民消费量为权数,反映消费者所付价格水平。

作为一种价格指数,CPI 有着非常重要的用途。一方面,CPI 是宏观经济决策的重要参考对象,为一国政府分析和制定货币政策、财政政策、价格政策以及进行国民经济核算提供科学依据。另一方面,国际上通常以 CPI 为主要指标来反映通货膨胀(或通货紧缩)的程度。在西方经济学中,通货膨胀是指最终产品和劳务的价格水平普遍的、连续的、超过一定幅度的上涨。按国际惯例,当 CPI 增幅连续超过 3%时,即意味着发生了通货膨胀;CPI 低于 1%时,则有通货紧缩的风险。当通胀发生时,一国货币就会贬值,名义工资与实际工资背离,大多数居民的利益和生活会受到影响。根据 CPI 的变动,可计算出名义工资和实际工资背离的幅度,以便在劳资双方签订合同时,提高名义工资以降低甚至抵消人们因实际工资的下降而遭受的损失。此外,因通货膨胀而调整租借合同、退休或残障人士的补贴金,甚至是离婚后对儿童的赡养费时,都有必要用到 CPI。

反映通货膨胀(或通货紧缩)的主要指标除 CPI 外,还有 GDP 平减指数和生产者物价指数 PPI。GDP 平减指数衡量的是某时期内所有商品和劳务价格的变动程度,覆盖面最广,从理论上来说是最合适的通货膨胀指标。然而这一指标计算复杂,资料收集较难,国外一般也只能按季度测算、公布数据,难以满足及时观察和分析通货膨胀变化的需要,因此在实践中,是最不合适的指标。PPI 是许多国家按月发布的另一个重要价格指数,用以说明投入不同生产阶段的资本品、中间产品、原材料等商品的价格变化情况。但因其不能反映种类繁多的服务价格的变化情况,因此相比较而言,衡量居民购买并用于消费的商品和服务项目价格水平的变动趋势和变动幅度的指数 CPI,仍是与居民生活关系最为密切、同时又具有实践性的综合指数。所以,从衡量通货膨胀的角度来看,国际上采用最广泛的还是 CPI。

2. 中国 CPI 指标及其变动

中国自 1984 年开始编制 CPI,经过数次改革,在 CPI 的调查方法、计算公式、权数的获取等方面均已比较成熟。中国 CPI 包括八大类商品和服务,共 262 个基本分类,600 种以上商品和服务项目。编制 CPI 所用的各大类产品的权数是依据全国 12 万城乡居民家庭调查资料中的消费支出构成确定的。由于消费结构会随着人们生活水平的提高而变化,因此 CPI 权数每年都做些小调,每五年做一次大调。

2016 年 1 月起,国家统计局根据五年一次基期轮换的规则,对 CPI 构成分类及相应权重进行了调整,这次 CPI 统计口径变更主要体现在两方面,一是构成分类发生变化,将原八大类中的"食品"与"烟酒"合并,构成新的"食品烟酒"项,增加"其他用品和服务"项,另外,"食品"与"非食品"的两分法没有变,但八大类部分项目的名称有所变化,调整后的 CPI 构成八大类为食品烟酒、衣着、生活用品及服务、医疗保健、交通通信、娱乐教育文化用品及服务、居住、其他用品和服务,如表 6-5 所示。二是各分类的权重有了变化。具体权重设置国家统计局并未对外发布,但从新闻稿和官方已公布的一些权重变化率,可以对 CPI 的新八大类权重进行测算,如图 6-3 所示,新口径下"食品烟酒"项占 CPI 比重明显降低(-3.4%),"居住"项比重明显提高(+2.2%),一定程度反映了居民消费结构的新变化。

表 6-5　CPI 八大类项目新旧对比

原两分法	原八大类	新八大类	新两分法
食品	食品	食品烟酒	食品
非食品	烟酒及用品		非食品
	衣着	衣着	
	家庭设备用品及维修服务	生活用品及服务	
	医疗保健及个人用品	医疗保健	
	交通通信	交通通信	
	娱乐教育文化用品及服务	娱乐教育文化用品及服务	
	居住	居住	
	——	其他用品及服务	

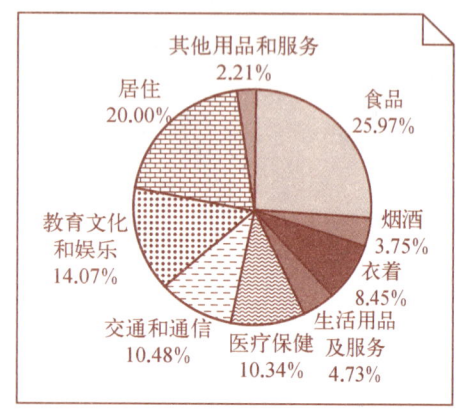

图 6-3 中国现行CPI权数设置（推算）

受到政府扩张型宏观调控政策的影响，2010年后中国CPI持续上涨，2011年上半年更是涨势迅猛，之后回落，中国经济进入调整期，一方面是国内的产能过剩，房地产的黄金时刻已去；另一方面是全球经济处于衰退阶段。CPI指数不断下行，面临通缩压力。至2016年春节后，CPI指数有所反弹，但2017年全年CPI涨幅又回落了0.4个百分点。2018年CPI同比增速的上升，主要是由食品价格同比增速上升所带动，特别是受天气影响2018年鲜菜价格同比增速明显。2019年全年CPI比2018年上涨2.9%，但核心CPI仍然稳定，来自猪肉价格上涨的通胀压力逐步缓解，通胀预期并未发散。2010—2019年中国居民消费价格指数CPI变动如图6-4所示。

这里特别解答关于CPI和通胀人们容易产生的两个疑问：第一，CPI是不是越低越好？CPI并不是越低越好。因为如果商品、服务的价格不断走低，就会使企业效益下降，从而造成就业机会减少、居民收入下降、市场消费不足等一系列问题，整个国民经济体系将陷入一种互相牵制的非良性循环中。第二，为什么CPI和人们感受的物价变化不一致？就全国而言，CPI是一个综合统计指标，并且是一个平均数，不同地区消费者由于地区间差异所以感受可能是不一样的；同一地区不同人群的感受也可能不一样，因为每个人具体情况不同，消费水平和消费结构也不同，对物价上涨的承受能力与感受程度也就不一样；而且，老百姓对于价格变化的感受往往是即时的，不断变化的，而CPI是事后发布的统计指标，对价格的反映存在一定滞后。鉴于此，CPI统计数据与人们的感受不尽一致也就难以避免。

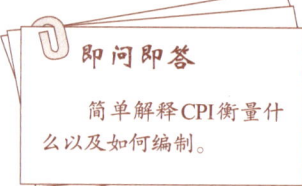

即问即答

简单解释CPI衡量什么以及如何编制。

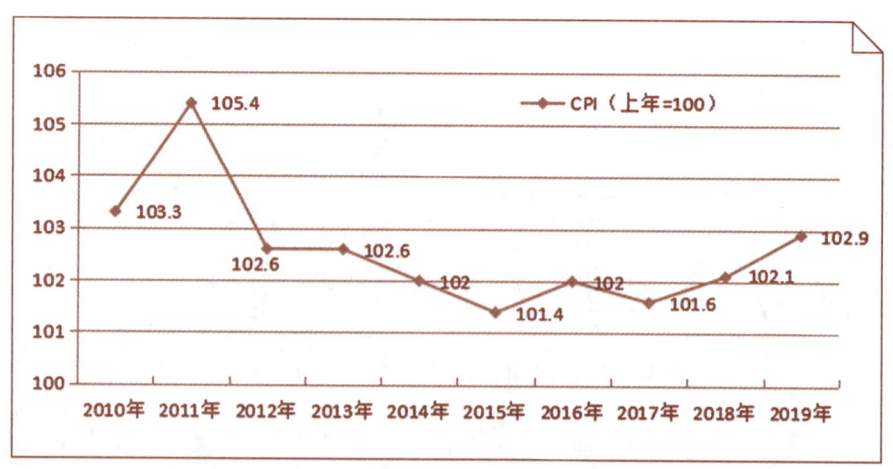

图 6-4 2010—2019年中国居民消费价格指数CPI变动

三、社会面临失业与通货膨胀之间的短期权衡取舍

通货膨胀百分比+失业率百分比=痛苦指数,表示一般大众对相同升幅的通货膨胀率与失业率感受到相同程度的不愉快。无论是发达国家,还是发展中国家,都不同程度地存在着失业与通货膨胀问题。经济决策者在解决这两个问题的时候,往往会碰到这样一个矛盾,即降低通货膨胀与降低失业率这两个目标是互相冲突的。在宏观经济学中,失业和通货膨胀的关系主要通过菲利普斯曲线来说明。

1. 失业与通货膨胀之间的交替关系——菲利普斯曲线

（1）菲利普斯曲线的含义。

1958年,新西兰统计学家威廉·菲利普斯(A.W. Phillips)在研究了1861—1957年的英国失业率和货币工资增长率的统计资料后,提出了一条用以研究失业率和货币工资增长率之间替代关系的曲线。在以横轴表示失业率,纵轴表示货币工资增长率的坐标系中,画出一条向右下方倾斜的曲线,这就是最初的**菲利普斯曲线**(Phillips Curve, PC)。该曲线表明:当失业率较低时,货币工资增长率较高;反之,当失业率较高时,货币工资增长率较低,甚至为负数。菲利普斯曲线表明,低失业率和低通货膨胀率两者不可兼得,如果一个经济愿意以较高的通货膨胀率为代价,则可以实现较低的失业率,如图6-5所示。

> **菲利普斯曲线**(Phillips Curve, PC)表明失业与通货膨胀存在一种交替关系的曲线,最早是由经济学家W·菲利普斯于1958年提出。

（2）菲利普斯曲线的应用。

菲利普斯曲线为政府实施经济干预、进行总需求管理提供了一份可供选择的菜单。它意味着可以用较高的通货膨胀率为代价,来降低失业率或实现充分就业;而要降低通货膨胀率和稳定物价,就要以较高的失业率为代价。也就是说,失业率与通货膨胀率之间存在着一种"替换关系",想要降低或增加其中的一个,就要以增加或降低另一个为代价。

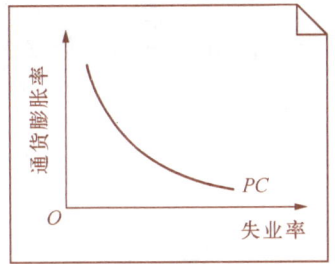

图6-5 菲利普斯曲线

具体而言,一个经济社会首先要确定一个临界点,由此确定一个失业与通货膨胀的组合区域。如果实际的失业率和通货膨胀率组合在组合区域内,则政策的制定者不采用调节措施;如果在区域之外,则可根据菲利普斯曲线所表示的关系进行调节。图6-6说明了这种调节的过程。

在图6-6中,假定当时失业率和通货膨胀率在4%以内时,经济社会被认为是安全的或可以容忍的,这时在图中就得到了一个临界点,即A点,由此形成的一个四边形的区域,被称为安全区域,如图中的阴影部分所示。如果该经济社会的实际失业率与通货膨胀率组合落在安全区域内,则政策制订者无须采取任何调节措施(政策)。

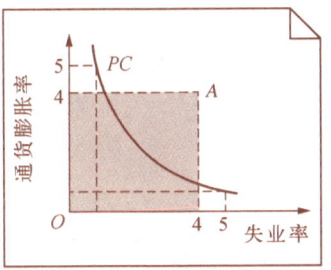

图6-6 菲利普斯曲线的应用

如果实际的通货膨胀率高于4%,例如达到了5%,该经济社会的失业率仍在可接受的范围内,经济政策制定者可以采取紧缩性政策,以提高失业率

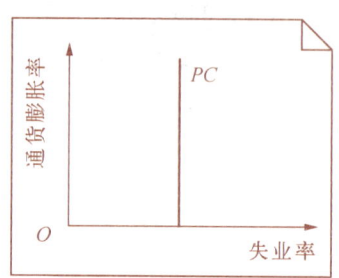

图 6-7 长期中的菲利普斯曲线

> **滞胀（Stagflation）** 全称停滞性通货膨胀，特指经济停滞（Stagnation）与高通货膨胀（Inflation）、失业以及经济不景气同时存在的经济现象。

为代价降低通货膨胀率。从图中可以看到，当通货膨胀率降到 4% 以下时，经济社会的失业率仍然在可以接受的范围内。

如果实际的失业率高于 4% 时，例如为 5%，这时根据菲利普斯曲线，政策制定者可采取扩张性政策，以提高通货膨胀率为代价降低失业率。从图中可以看出，当失业率降到 4% 以下时，经济社会的通货膨胀率仍然在可接受的范围内。

2. 长期菲利普斯曲线

货币学派和理性预期学派的观点认为，失业率与通货膨胀率在长期中是不存在交替关系的，长期中的菲利普斯曲线是一条垂直线，如图 6-7 所示。

3. 经济停滞与高通货膨胀的并存——"滞胀"

滞胀 全称停滞性通货膨胀（Stagflation），特指经济停滞（Stagnation）与高通货膨胀（Inflation）、失业以及不景气同时存在的经济现象。"滞"即经济增长停滞，"胀"即指通货膨胀。通俗地说，就是指物价上涨，但经济停滞不前。它是通货膨胀长期发展的结果。

通常认为，高通货膨胀率和高失业率是不可能并存的。因为，通常情况下通货膨胀可以使得就业率上升。但是，20 世纪的一次经济危机中（20 世纪 70 年代），西方国家出现"高通货膨胀率和高失业率并存"这个事实，而使得该理论观点被否认。西方经济学中政府政策有几个目标，即：经济高增长、低失业率、低通货膨胀率。这个观点是凯恩斯提出来的，他认为增加货币供给→需求增加→经济增长→失业减少→物价上涨→通货膨胀；减少货币供给→需求减少→经济停滞→失业增加→物价下跌→通货紧缩。即经济衰退与通货膨胀不会同时存在，但在 70 年代西方资本主义国家普遍出现了经济增长停滞、失业增加、通货膨胀同时存在，凯恩斯主义受到质疑。

造成停滞性通货膨胀的原因通常有以下两个方面：一是政府错误的经济政策（包括财政政策、税收政策、货币政策、贸易政策等）；二是来自供给的冲击，生产成本快速上涨使得社会供给不足，在带来通货膨胀的同时还会导致产出下降。例如石油危机造成石油价格上涨，厂商无法立即反映其成本，在高成本的压力下难以生存，失业率因此而提高。

一般来说，对付"滞涨"，货币政策的用武之地不大，因为如果为了控制通胀而提高利率，则其负面作用可能导致经济增速进一步减慢，甚至出现负增长；如果为了刺激经济增长而降低利率，则其负面影响是可能引发恶性通胀。对付"滞涨"，一般采用财政政策效果较好。比如，通过加大财政开支或减税等措施来刺激经济增长。当然，如辅之以适度升息来控制通胀，则效果更好。

> **即问即答**
> 画出短期菲利普斯曲线和长期菲利普斯曲线并解释它们为什么不同。

第四节 | 经济周期与经济增长

一、逃不开的经济周期

1. 认识经济周期

经济发展的历史表明:经济的增长方式从来就不是按部就班、一成不变的,而是繁荣与萧条、衰退与扩张不断循环往复的过程。一个国家可以享受好几年令人兴奋的经济扩张和繁荣,就像20世纪90年代的美国。也有可能在极少数情况下出现最不愿看到的长期经济衰退,以及由此而致的国民产出下降,利润和实际收入减少,大批工人失业等,正如2008年美国遭遇了金融危机,并由此引发了全世界的经济危机。最后,衰退逐渐落到谷底,然后开始复苏,速度可快可慢,可能恢复不到从前,也可能启动下一轮的经济增长。

经济扩张与经济紧缩交替更迭、循环往复的经济波动现象被经济学家称为商业周期或**经济周期**(Business Cycle)。经济学家萨缪尔森给它定义为:国民总产出、总收入、总就业量的波动,持续时间通常为2—10年,它以大多数经济部门的扩张或收缩为标志。

> **经济周期**(Business Cycle)
> 又叫商业周期,指经济扩张与经济紧缩交替更迭、循环往复的经济波动现象,是国民总产出、总收入、总就业量的波动,持续时间通常为2—10年。

历史上没有两个完全相同的经济周期,也没有任何精确的公式来预测经济周期的发生日期和持续时间,相反,经济周期就像天气一样变化无常。然而,它们通常具有一种家族式的相似性。每一个经济周期都可以分为扩张上升和收缩下降两个阶段,也可以更细分为四个阶段:繁荣、衰退、萧条和复苏。其中繁荣、萧条是两个主要阶段,而衰退和复苏是两个过渡性阶段。为了更好地理解经济周期四个阶段的特点,请参见图6-8。

如图6-8所示,A—B为繁荣,B—C为衰退,C—D为萧条,D—E为复苏,E—F为新一周期的开始。其中正斜率的直线是经济的长期增长趋势线。

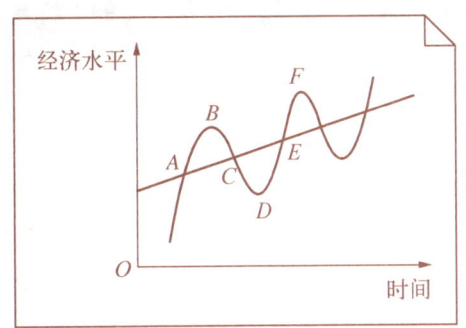

图6-8 经济周期曲线图

从A到B,**繁荣**:这个阶段经济形势很好,就业机会充分,工厂加班加点,利润丰厚,人们对未来乐观。20世纪90年代美国经济的长期持续扩张,对于消费者来说是一种幸运,股票行情一路攀升,被人们称为由于全球化和信息化而出现的经济新纪元。

从C到D,**萧条**:这个阶段生产急剧减少,投资减少,工作相当难找,工厂生产能力闲置,利润微薄,人们对未来很悲观。通常这些经济低迷的时期是短暂而温和的,如美国1990—1991年的经济萧条。但偶尔也会出现如同19世纪30年代的大萧条,衰退持续了10年,且导致了世界范围的经济低迷。

从B到C,**衰退**:是从繁荣到萧条的过渡期,这个阶段是经济出现停滞或负增长的时期。严重的经济衰退会被定义为经济萧条，毁灭性的经济衰退则被称为经济崩溃。历史上最糟糕的经济衰退出现在20世纪30年代，当时的失业率大约是25%，也就是说4个人中就有1个人失业。这段经济大萧条给人们带来的困难不仅仅限于收入的减少，对于某些人来说，它还破坏了正常生活和健康的家庭关系。然而，经济的衰退既有破坏作用，又有"自动调节"作用。在经济衰退中，一些企业破产，退出商海；一些企业亏损，陷入困境，寻求新的出路；一些企业顶住恶劣的气候，在逆境中站稳了脚跟，并求得新的生存和发展。这就是市场经济下"优胜劣汰"的企业生存法则。

萧条和衰退虽然都是指经济活动的下降，但在概念上有所区别。衰退阶段经济活动呈下降趋势，但从经济活动的水平看，仍在经济的长期平均增长水平以上，而萧条时期的经济活动水平却远低于长期经济活动的平均水平。

从 D 到 E，复苏：是从萧条到繁荣的过渡期，这个阶段经济开始从谷底上升。复苏阶段的特征包括：被磨损的机器设备开始更新，就业率、收入以及消费开始上升，由于投资增加促进生产和销售的增加，使企业利润有所提高，从而使人们开始对前景寄予希望，由悲观转为乐观，原先不肯进行的风险投资这时也开始出现。随着需求的增加，生产不断扩张，萧条时期闲置的设备及劳动和其他生产资源开始陆续使用。但是，由于萧条阶段的影响，社会经济在各方面都处于调整阶段，因而经济恢复的速度不会太快。随着经济恢复的不断完善，经济上升的速度也不断加快，到一定程度，便进入下一个高涨时期。至此，整个经济就完成了一个周期的循环，开始下一个周期，循环往复。

2. 经济周期的内生与外生成因

对于经济周期的成因，经济学家们提出了多种解释，但大体上可以分为内生经济周期理论和外生经济周期理论两类。

（1）内生经济周期理论。

内生经济周期理论认为是经济体系的内部因素导致了经济的周期性波动。这类理论并不否认经济体系外部因素对经济的冲击作用，但它强调经济中这种周期性波动是经济体系内的因素引起的。内生经济周期理论包含许多理论。

乘数—加速模型。乘数—加速模型的代表人物是美国经济学家萨缪尔森。该模型在试图把外部因素和内部因素结合在一起对经济周期作出解释的同时，特别强调投资变动的影响。假设收入增长时，人们会购买更多的产品和劳务，从而整个社会的产品和劳务销售数量增加。销售量的增长会促进投资以更快的速度增长，而投资的增长又使国民收入增长，从而销售数量再次上升。如此循环往复，国民收入不断增大，于是使社会处于经济周期的扩张阶段。然而，社会的资源总是有限的，收入的增长迟早会达到资源所能容许的峰顶。一旦经济达到经济周期的峰顶，收入不再增长，从而销售量也不再增长。销售量增长的停止意味着投资量的下降。由于投资的下降，收入减少，从而销售量也因之而减少。又根据加速原理，销售量的减少使得投资进一步地减少，而投资的下降又使国民收入进一步下降。如此循环往复，国民收入会持续下降。这样，社会便处于经济周期的衰退阶段。收入的持续下降使社会最终达到经济周期的谷底。这时，由于衰退阶段的长时期负投资，生产设备的逐年减少，仍在经营的一部分企业会感到有必要更新设备，这样，投资开始增加，收入开始上升，上升的国民收入通过加速原理又一次使经济进入扩张阶段，于是，一次新的经济周期又开始了。

纯货币理论。该理论认为，经济周期是一种纯粹的货币现象。经济的周期性波动完全由于银行体系交替地扩大和紧缩信用所造成。在发达的市场体系中，流通工具是指银行的各种信用工具，商人运用的资本主要来自于银行信用。当银行体系降低利率、扩大信用时，商人就会向银行增加借款，从而增加向生产者的订货。这样就引起了生产的扩张和收入的增长，而收入的增长又引起对商品需求的增加和物价上升，经济活动继续扩大，经济进入繁荣阶段。但是银行扩大信用的能力并不是无限的，当银行体系被迫停止信用扩张，转而收缩信用时，商人得不到贷款，就会减少订货，由此出现了生产过剩的危机，经济进入了萧条阶段。在萧条时期，资金逐渐回到银行，银行可以通过某些途径来扩大信用，促进经济复苏。根据这一理论，其他非货币因素也会引起局部的萧条，但只有货币因素才能引起普遍的萧条。

投资过度理论。该理论认为，由于各种原因的存在，导致了投资的增加，这种增加会引起经济繁荣，繁荣首先表现为资本品（即生产资料）需求的增加以及资本品价格的上升。这就更加刺激了对资本品的投资，资本品生产的过度发展引起了消费品生产的减少，从而形成结构的失衡。而资本品生产过多必将引起资本品过剩，于是出现了生产过剩的危机，经济进入了萧条。也就是说，过度增加投资引发了经济周期性波动。

消费不足理论。该理论认为，经济中出现萧条与危机是因为社会对消费品的需求赶不上消费品的供给，而消费需求不足又引起资本品需求不足，进而导致生产过剩危机。消费不足的根源主要是国民收入分配不平衡所造成的穷困人口购买力不足和富裕人口的过度储蓄。这是一种历史悠久的理论，主要用于解释经济周期中危机阶段的出现以及生产过剩的原因，并没有成为解释经济周期整个过程的理论。

（2）外生经济周期理论。

与内生经济周期理论不同，外生经济周期理论认为是经济体系外部的因素导致了经济的周期性波动。这种理论并不否认经济中的内在因素（如投资、货币等）的重要性，但更强调引起经济周期性波动的根本原因在经济体系之外。比较有代表性的外生经济周期理论是创新经济周期理论。

创新经济周期理论源于美籍奥地利经济学家约瑟夫·熊彼特（Joseph Alois Schumpeter），熊彼特认为创新就是建立一种新的生产函数，是企业家实行对生产要素的新的组合，即把一种从未有过的关于生产要素和生产条件的"新组合"引入生产流转。那么如何才实现生产要素的新的结合呢？有两条途径：一是进行技术创新，导致生产要素比例变化，如用机器生产代替手工生产；二是进行制度创新，通过制度创新来激发生产要素的生产潜力，如实施员工持股计划或者实行年工资制度等。这种理论首先用创新来解释繁荣和衰退，这就是，创新提高了生产效率，为创新者带来了盈利，引起其他企业仿效，形成创新浪潮。创新浪潮使银行信用扩张，对资本品的需求增加，引起经济繁荣。随着创新的普及和盈利机会的消失，银行信用紧缩，对资本品的需求减少，这就引起了经济衰退，直到另一次创新出现，经济再次繁荣。

熊彼特根据这种理论解释了长周期、中周期和短周期。他认为，重大的技术创新（如蒸汽机、炼钢和汽车制造等）对经济增长有长期的影响，这些创新引起的繁荣时间长，繁荣之后的衰退也长，从而所引起的经济周期就长，形成了长周期。中等创新所引起的经济繁荣及随之而来的衰退则形成了中周期，那些不很重要的小创新则只能引起短周期。

3. "逃不开的"经济周期

面对经济周期性的波动，我们真的无能为力吗？其实也不尽然。和1929年大危机相比，我们现在应对危机的能力和知识已经强大很多。我们对经济运行机制有了更为深入的了解，对于危机的规避和危机发生的应对也早已大大强过从前。企业和个人更加了解经济周期的规律和各类资产在周期中的表现，可以做出使自己受经济波动影响更小的决策，政府更加了解经济周期规律，也可以进行更为有效的调控政策。但从经济学的角度看，不确定性和理性局限两个基本的事实仍旧无法回避，也就是说，理论上讲，经济波动依然不可避免。就像约瑟夫·熊彼特1939年说的，"周期并不像扁桃体那样，是可以单独摘除的东西，而是像心跳一样，是有机体的核心"。

经济周期虽然逃不开，但我们也无须因此悲观。"我们并不知道自己在周期中会处于什么样的位置，我们现在或者可能很富有，'巍然屹立'，或者可能非常贫穷。但是，无论处于种境地，我们都会更加明智。"

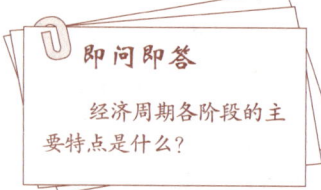

即问即答

经济周期各阶段的主要特点是什么？

经济增长（Economic growth）
指在一个较长的时间跨度上，一个国家人均产出（或人均收入）水平的持续增加。

二、经济增长是硬道理

1. 认识经济增长

经济增长（Economic growth）指在一个较长的时间跨度上，一个国家人均产出（或人均收入）水平的持续增加。

经济增长率的高低体现了一个国家或地区在一定时期内经济总量的增长速度，也是衡量一个国家或地区总体经济实力增长速度的标志。用现价计算的名义GDP，可以反映一个国家或地区的经济发展规模；用不变价计算的实际GDP可以用来计算经济增长的速度，一般以本年度的GDP总量对比往年的GDP总量，而得出经济增长的百分比；度量经济增长除了测算总量和总量增长率之外，还应计算人均占有量，如按人口平均的GDP及其增长率。

长期以来各国都把经济增长视为重要的政策目标，旨在提高人们的生活水平，实现幸福、和谐、稳定的社会。不管是美国总统竞选还是其市级议员的竞选，我们都可以听到竞选人滔滔不绝地讲出一套复兴经济、实现人民幸福的长篇大论。确实，人民的幸福离不开经济的发展。美国人民拥抱经济增长，中国人民热爱经济增长，全世界人民都喜欢经济增长！

那么，要实现经济增长，可以从哪里着手呢？

2. 经济增长的需求侧与供给侧因素分析

拉动经济增长的"三驾马车"——投资、消费、出口是需求侧。"三驾马车"从经济运行的结果出发，便于宏观调控进行短期的逆周期调节，是应对宏观经济波动的需求侧动力。与之相对应的供给侧，即生产要素的供给和有效利用，是从经济运行的源头入手，通过鼓励创新、提升产品竞争力等方式来促进经济发展。

"供给侧结构性改革"代表的是经济发展思路的转换，从重视传统"三驾马车"的需求动力转向依靠劳动力、土地、资本、创新等全要素的供给动力，从供给侧出发，调整经济结构，使要素实现最优配置，提升经济增长的质量和数量，更加突出长远的经济转型升级。

供给侧与需求侧是拉动经济增长的一体两面，不仅要着眼于当前经济的稳定增长，更要考虑未来的经济社会可持续发展，因此在兼顾需求侧的同时须以供给侧为主导，大力推进结构性改革。经济增长的需求侧与供给侧因素关系如图6-9所示。

3. 深化供给侧结构性改革，挖掘经济增长新动能

（1）深化供给侧结构性改革。

中国经济自2010年以来增速持续下行，这一经济增速下行并非传统凯恩斯主

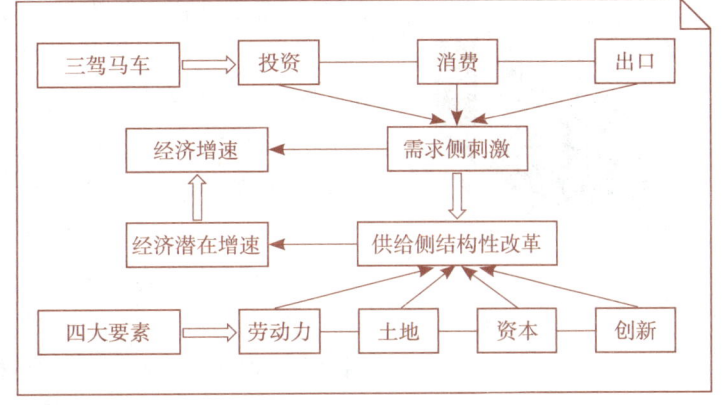

图6-9
需求侧三驾马车与供给侧四大要素

义刺激需求所能解决，因为其主要矛盾是供给侧结构性问题。2012年以前，中国做了很多需求侧的刺激，需求侧刺激能改变经济短期运行的轨迹，但不能增加长期的增长动力。从需求侧刺激投资、出口和消费，转变为围绕供给端的制度条件、增长要素、技术的驱动力来深化改革，提高中国经济的潜在增长率，正是2012年最早呼吁供给侧结构性改革时的主要主张。

推进供给侧结构性改革是新常态下中国经济发展的大逻辑和"十三五"时期经济工作的主线。概括来说，改革的内容主要包括：第一是深化经济制度改革以及市场化改革，进一步促进社会分工的效率；第二是要素供给方面，要深化人口、户籍、社保制度改革，保持劳动力和人才供给优势，深化土地和资源相关制度改革，降低土地和资源的供给成本，深化金融体制改革，降低融资成本；第三在技术创新方面，要通过教育、科技创新体制改革，加强自主创新驱动。总之，供给侧结构性改革的出发点在于增强经济的长期增长潜力：改革人口政策，户籍制度，改革土地策略，促进土地流转，改革金融资本市场，降低融资成本，改革技术创新环境等。

中国经济增速从2010年以来的持续下行，除了改革红利、要素红利、技术红利等长期增长动力的递减之外，还面临着工业化基本完成之后供给结构老化问题。无论是纺织服装、钢铁冶金、机械制造、家电汽车、石油煤炭、铁路公路运输，还是房地产、水泥建材、建筑家居等行业，都陆续进入供给成熟或供给老化阶段。如果一个经济体的供给结构中被供给成熟和供给老化的产业所主导，那么供给创造需求的能力就会越来越低，经济增长速度必然处于下降阶段。针对供给成熟和老化的周期性供给结构问题，除了上述供给侧结构性改革内容外，还需要进行有针对性的结构性改革，比如减税降费、简政放权、放松管制、减少垄断、鼓励创新创业、鼓励新供给创造新需求，发力营商环境、推动新旧动能转换等等。

（2）挖掘中国经济增长新动能。

在农业时代，人们利用动物和植物的繁殖生长规律，利用地球表层土壤、湖泊来创造财富；在工业时代，人们利用各种物理化学方法来加工自然资源、创造财富；后工业时代是个软财富时代，人们用创造性思维来创造知识、信息传媒、文化娱乐等产品，来满足人们美好生活需求，这是未来新经济的突破方向。

中国经济从高速增长回落到中速增长，新旧动能的转换、激发新增长动能非常重要。实际上，所谓新旧动能转换，是针对新的需求，建设新的内容，例如围绕城镇化、都市圈、网络社会、健康中国等的"新基建"，其含义已经不是传统的铁路、公路等基础设施，而是5G网络、卫星定位系统、区块链金融、物联网、城市内公共服务设施、城际间高速铁轨轻轨，以及公共卫生、医疗教育等社会保障基础工程，这些新基建是围绕新时期人们生产、生活需求的基础工程，同样需要国家背景的大规模投资，它将使每个人受益，并且在更高的平台上、更坚实的保障上、更有效的机制里实现个体成长、创新和新旧动能转换。

我国曾从网络数字时代进入服务经济阶段，服务业之所以不能支撑增长，是因为以往技术主要应用于制造业，不能提高服务业劳动生产率。但现在的新技术，如网络技术、数字技术和智能技术打破了时空同步、同时同地的要求，大大提高服务业劳动生产率，而且新技术还能融合制造与服务。当前，新经济推进经济增长的爆发点中，最令人瞩目的就是5G（第五代固网，the 5th Generation Fixed Network）。这不光是通信产业革命的基础，也是物联网、自动驾驶、人工智能等很多新产业革命的基础。2019年，随着中国5G正式商用，其经济价值与应用前景已得到全社会广泛关注。

如果说5G是地面互联网的前沿技术，那么美国天才创业冒险家埃隆·马斯克（Elon Musk）的SpaceX星链计划则是5G遇到的强劲竞争对手，它是太空的互联网。马斯克星链计划将用4.2万颗低轨道通信卫星，来实现太空互联网通信，四万多颗低轨道卫星分布在距离地球330公里到1 300公里，不同高度不同倾角的一系列轨道面上运行。卫星采用低成本模块化设计单个重量在230公斤左右，利用猎鹰九火箭发射每次携带60颗低轨道卫星。SpaceX的星链计划是通过卫星和地面基站，打造一个从太空覆盖全球互联网系统。太空互联网（星链计划）可以轻松地从太空覆盖全球的各个角落，通俗地说通过太空中的卫星对地面点对点，无须传统光纤电缆，只要有接收点（基站）就可以，成本低且网速更快。除了繁华的城市，太平洋的小岛沙漠深处、东非大草原，甚至占地球表面71%的海洋都可以无限联通，这是5G互联网达不到的。未来互联网竞争，是一场从5G地面互联网技术到太空互联网技术的竞争。经济增长离不开互联网技术，我们要在这场竞争中早做准备，积极投身新一轮的经济增长发展机遇中。

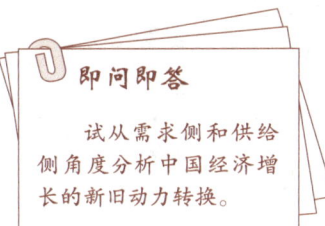

即问即答

试从需求侧和供给侧角度分析中国经济增长的新旧动力转换。

第五节 │ 逆经济风向行事的政府宏观调控

一、宏观调控的四大目标

宏观调控是国家运用计划、法规、政策、道德等手段，对经济运行状态和

经济关系进行干预和调整，把微观经济活动纳入国民经济宏观发展轨道，及时纠正经济运行中的偏离宏观目标的倾向，以保证国民经济的持续、快速、协调、健康发展。简言之，宏观调控就是指政府通过采取一些调控手段对宏观经济运行进行干预和调节，弥补市场调节的不足，达到一定的目标。在我国，宏观调控的主要目标是：促进经济增长、充分就业、稳定物价和保持国际收支平衡，其中促进经济增长是最重要的目标。

1. 促进经济增长

促进经济增长是宏观调控最重要的目标。第一，经济增长是经济和社会发展的基础。持续、快速的经济增长是实现国家长远战略目标的首要条件，也是提高人民生活水平的首要条件。第二，促进经济增长是在调节社会总供给与社会总需求的关系中实现的。只有社会总供给与社会总需求基本平衡了，宏观经济才能正常运行，经济增长才能顺利实现。因此，为了促进经济增长，政府必须调节社会总供给与社会总需求的关系，使之达到基本平衡。如果社会总需求明显超过社会总供给，出现商品普遍供不应求、物价全面上涨，这时宏观调控的重点就是抑制投资需求、消费需求，并适当减少出口，同时鼓励增加供给，适当增加进口；如果社会总供给明显超过总需求，出现商品积压、生产下降、物价下降、失业增加，这时宏观调控的重点，是刺激投资需求、消费需求，并鼓励增加出口，同时适当控制供给增加，减少进口。

2. 充分就业

就业是民生之本，是人民群众改善生活的基本前提和基本途径。就业情况如何，关系到人民群众的切身利益，关系到改革发展与稳定的大局，关系到实现全体人民共同富裕。促进充分就业是我国政府的责任。我国面临严峻的就业形势：一方面，劳动供给数量庞大；另一方面，劳动力需求数量有限。必须坚持实行促进就业的长期战略和政策，将增加就业的宏观调控目标落到实处，并严格控制人口和劳动力增长。就业的增长取决于经济增长速度和经济增长的就业弹性。要增加就业，首先要促进经济持续、快速增长，这是增加就业的基础。只有经济快速增长了，经济、社会各项事业才有加快发展的可能，对劳动力的需求才可能有较快的增加。就业弹性是经济增长每变化一个百分点所对应的就业数量变化的百分比。就业弹性的变化取决于经济结构和劳动力成本等因素。一定数量的劳动力就业所需要的资本投入和劳动力成本构成就业的单位成本。如果经济结构中小企业、服务业等劳动密集型经济所占比例较大，资本比例较低，就业成本相对就低，就业弹性就高。经济增长率确定，提高就业弹性，也就是增加就业量。为了提高就业弹性，要积极发展劳动密集型产业、第三产业、中小企业、非公有制企业,要大力推进城镇化,加快小城镇建设。

3. 稳定物价

在市场经济中,价格的波动是价格发挥作用的形式,但价格的大幅度波动对经济生活是不利的。如果物价大幅度上升引发通货膨胀,会刺激盲目投资,重复建设,片面追求数量扩张,经济效益下降;如果物价下降带来通货紧缩,则会抑制投资,生产下降,失业增加。在市场条件下,绝大多数商品和服务的价格由市场决定,但政府可以运用货币等经济手段对价格进行调节,必要时也可以采用某些行政手段,以保持价格的基本稳定,避免价格的大起大落。

4. 国际收支平衡

国际收支是一个国家或地区与其他国家或地区之间由于各种交易所引起的货币收付或以货币表示的财产的转移。影响国际收支的重要因素,一是进出口贸易状况,二是资本流入及流出的数量。如果一国的国际收支出现不平衡,尤其是出现较大逆差时,对本国经济是不利的,此时就需要采取适当措施加以调节,使国际收支基本平衡。其措施主要有:增加出口,减少进口,运用外汇储备,引进外资,必要时还可以动用黄金,让本国货币贬值。

经济增长、充分就业、物价稳定和国际收支平衡是宏观调控最重要的四个目标,它们彼此相互联系、相互影响、相互制约。

(1) 经济增长与就业。国民经济的增长会使企业发展较快,增加对劳动力的需求,提供更多的就业岗位,最终会使得就业率增加,促进就业目标的实现;而政府为实现增加就业,创造更多的就业岗位,就必须促进企业增加投资以扩大对劳动力的需求,即刺激经济增长,因此促进经济增长和充分就业目标是一致的。

(2) 经济增长与物价。经济增长和物价上涨是一对孪生姐妹,经济发展比较快时,国内需求旺盛,供需矛盾会导致物价上涨,所以经济的高速发展期往往会伴随有通货膨胀的发生,而物价持续下跌即通货紧缩则往往伴随经济衰退。

(3) 经济增长与国际收支。国民收入的构成中包括消费、投资、政府购买和净出口。当一国在国际收支中处于顺差时,国民收入会增加,反之则会导致国民收入减少。但是长期的贸易顺差又会使该国经济变热,货币坚挺,从而使出口减少,国际收支趋于平衡的同时会降低国民经济增速。

宏观调控的目的在于恰当处理四个目标的关系,寻求一个最佳平衡点。由于四个目标之间的关系较为复杂,充满矛盾,因此不同国家或一个国家在不同时期,宏观调控会各有侧重点,尤其在调控目标不可兼得(甚至在互相矛盾、顾此失彼)的时候更是如此。

二、财政政策工具及其自动稳定器功能

财政政策（Fiscal Policy）是指一个国家政府为达到既定的目标而对财政收入、财政支出和公债所作出的决策，是国家整个经济政策的组成部分，同其他经济政策有着密切的联系。财政政策的制定和执行，通常需要金融政策、产业政策、收入分配政策等其他经济政策的协调配合，是国家干预和调节经济活动的重要手段之一。

1. 国家财政

国家财政由财政收入和财政支出两个方面构成，其中财政收入包含税收和公债，而财政支出则包括政府购买和转移支付两部分。

（1）**财政收入**（Fiscal Revenue）。财政收入是指一国政府为满足其财政支出的需要而参加社会产品分配所取得的收入，主要包括税收和公债两部分。

税收（Tax Revenue）是国家为实现其职能，凭借政治权力，按照法律规定，通过税收工具强制地、无偿地参与国民收入和社会产品的分配和再分配以取得财政收入的一种形式。税收是国家参与国民收入分配最主要、最规范的形式，具有强制性、无偿性、固定性的特点。税种的分布、税收负担的高低、税收优惠的方向和规模、税收成本等，都会直接或间接地影响市场经济活动。目前，我国的税收收入占到财政收入的85%左右，是财政收入最主要的来源。

公债（Government Bonds）是指国家依据信用原则，通过发行政府债券有偿取得财政收入的一种形式，是政府弥补财政赤字的经常性手段，也是借以调节经济活动的重要工具。西方学者根据他们对公债概念的理解和各国政权级次来区分各级政府的公债，一般将中央政府债务和地方政府债务统称为公债，而将中央政府债务称为国债。国债是国家以有偿的方式筹措财政收入的一种手段，按筹措的范围可分为国内公债和国际公债。其信用基础由国家的支付能力所形成，即主要以税收作为保证。公债的发行信用是国家的政治主权和国民经济资源，故公债发行无须提供担保。

（2）**财政支出**（Fiscal Expenditure）。财政支出又称公共支出或政府支出，是指政府为履行其职能而支出的一切费用的总和，主要包括购买性支出和转移支付两部分。

政府购买（Government Purchases）是指政府在市场上购买履行各种职能所需的商品和劳务的支出，包括购买日常行政活动所需的商品和劳务的支出，以及购买用于国家投资所需的商品和劳务的支出，如政府投资兴建铁路、公路、桥梁、水利工程等基础设施以及航空航天空间技术、广播电视、体育文化卫生、教育、医疗等公共产品和半公共产品的支出。因为外交和国防

支出项目占购买性支出总额的比重较大，所以，军费支出是中央政府直接影响总需求的一个重要途径。

转移支付（Transfer Payment）是指把资金转移给政府以外的个人，以家庭津贴的形式支付，包括退休金、伤残保险、医疗保险、失业救济、困难补助、特殊救助、生活必需品补助等支出。目前，转移支付数额在一些西方国家的中央（联邦）财政支出中占有相当大的比重，如日本的转移支付支出约占全国财力的一半，美国约为20%。转移支付已成为市场经济比较发达的国家处理中央与地方政府之间财政关系的普遍做法和基本方式。

2. 财政政策工具及运用

（1）税收政策。当经济繁荣时，总需求大于总供给，经济中存在通货膨胀，政府可以增加税收，以减少居民的可支配收入和私人的投资，使得总需求水平下降，从而抑制通货膨胀；当经济萧条时，政府可以采取减税的办法，增加居民的可支配收入和私人投资，刺激投资与消费，从而刺激经济发展。

（2）购买性支出政策。当经济繁荣时，总需求大于总供给，经济中存在通货膨胀，政府可以减少购买支出，使政府直接投资和消费下降，引起私人间接投资减少，使得总需求水平下降，从而有助于抑制通货膨胀；当经济萧条时，政府可以增加购买支出，政府直接投资和消费的增加促使私人投资增加，投资需求上升，有助于克服萧条，刺激经济发展。

（3）转移支付政策。当经济繁荣时，总需求大于总供给，经济中存在通货膨胀，政府可以减少转移支付，使居民消费减少，使得总需求水平下降，从而有助于抑制通货膨胀；当经济萧条时，政府可以增加转移支付，促使居民消费增加，总需求上升，有助于克服萧条，刺激经济发展。

3. 财政政策的"自动稳定器"功能

自动稳定器又称为"内在稳定器"，指在国民经济中无须经常变动政府政策而有助于经济自动趋向稳定的因素。财政政策中的内在稳定器是指一些财政支出和税收制度具有某种自动调整经济的灵活性，可以自动配合需求管理，减缓总需求的摇摆性，从而有助于经济的稳定。在社会经济生活中，具有内在稳定器作用的因素主要包括：个人和公司所得税、失业补助和其他福利转移支付、农产品维持价格以及个人和公司储蓄等。

（1）个人和公司所得税。在经济繁荣时期，国民收入增加，以国民收入为源泉的税收收入会随之自动增加，相对减少了个人和公司的可支配收入，在一定程度上减轻了社会的投资需求和消费需求过旺的压力，从而使国民经济的增长速度减缓；在经济衰退时期，国民产出水平下降，个人和公司收入减少，在税率不变的情况下，政府税收自动减少，留给人们的可支配收入也会自动地少减少一些，相对地增加了个人的可支配收入，在一定程度上缓解了有效需求不足的矛盾,有利于经济复苏。

(2)失业补助和其他福利转移支付。在健全的社会福利、社会保障制度下,各种社会福利支出一般会随着经济的繁荣而自动减少,这有助于抑制需求的过度膨胀;也会随着经济的萧条而自动增加,这有助于阻止需求的萎缩,从而促使经济趋于稳定。如果国民经济出现衰退,就会有很多人具备申请失业救济金的资格,政府必须对失业者支付津贴或救济金,以使他们能够维持必要的开支,从而使国民经济中的总需求不致下降过多;同样,如果经济繁荣来临,失业者可重新获得工作机会,在总需求接近充分就业水平时,政府就可以停止这种救济性的支出,使总需求不致过旺。

(3)农产品价格维持制度。经济萧条时,国民收入下降,农产品价格下降,政府依照农产品价格维持制度,按支持价格收购农产品,可使农民收入和消费维持在一定水平上;经济繁荣时,国民收入水平上升,农产品价格上升,这时政府减少对农产品的收购并抛售农产品,限制农产品价格上升,也就抑制农民收入的增长,从而也就减少了总需求的增加量。

(4)个人和公司储蓄。一般家庭在短期内收入下降时,不会减少消费,而是动用过去的储蓄;在收入增加时,也不立即增加消费,而是增加储蓄,使消费保持相对的稳定。公司也是如此,在收入减少时,不轻易减少股息,而是减少留存利润;在收入增加时,也不轻易增加股息,而是增加留存利润。

自动稳定器自动地发生作用,调节经济,无须政府作出任何决策,但是,这种自动稳定器调节经济的作用是十分有限的。它只能减轻萧条或通货膨胀的程度,并不能改变萧条或通货膨胀的总趋势;只能对财政政策起到自动配合的作用,并不能代替财政政策。因此,尽管某些财政政策具有自动稳定器的作用,但仍需要政府有意识地运用财政政策来调节经济。

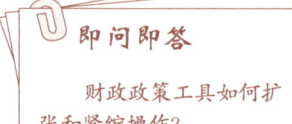

即问即答

财政政策工具如何扩张和紧缩操作?

三、中央银行的货币政策工具及其运用

1. 中央银行

中央银行(Central Bank)是国家赋予其制定和执行货币政策,对国民经济进行宏观调控,对金融机构乃至金融业进行监督管理的特殊的金融机构。中央银行是一国最高的货币金融管理机构,在各国金融体系中居于主导地位。中央银行的基本特征是不以营利为目的,以政府和金融机构为业务对象,资产流动性高,并且不在国外设立分支机构。中央银行的主要业务有:货币发行、集中存款准备金、贷款、再贴现、证券、黄金占款和外汇占款、为商业银行和其他金融机构办理资金的划拨清算和资金转移的业务等。中央银行的职能主要是宏观调控、保障金融安全与稳定、金融服务。中央银行是

> **中央银行**(Central Bank)是国家赋予其制定和执行货币政策,对国民经济进行宏观调控,对金融机构乃至金融业进行监督管理的特殊的金融机构。

"发行货币的银行",对调节货币供应量、稳定币值有重要作用;是"银行的银行",它集中保管银行的准备金,并对它们发放贷款,充当"最后贷款者";是"国家的银行",它是国家货币政策的制订者和执行者,也是政府干预经济的工具;同时为国家提供金融服务,代理国库,代理发行政府债券,为政府筹集资金;代表政府参加国际金融组织和各种国际金融活动。

世界上最早成立的中央银行,是1694年根据英国国王特准设立的英格兰银行。英格兰银行最初只是一家拥有120万英镑的私人股份制银行,获许在不超过资本总额的条件下发行银行券,是当时分散多元的银行券发行主体之一。直至1883年,英国政府才在立法中确立了英格兰银行所发行的银行券属于唯一法偿货币地位。1884年,英国国会颁布《银行特许条例》,进一步对英格兰银行相对独占银行发行的地位作了明确的规定。1857年的银行法明确英格兰银行集中管理全国所有其他银行的金属储备,标志着英格兰银行最终完成了向中央银行的转变,成为名副其实的中央银行。

2. 货币政策工具及运用

货币政策(Monetary Policy)是指国家根据对经济形势的总体判断,通过中央银行采取各种金融方针和调节措施以达到特定的宏观经济目标的政策。

(1)货币政策目标。

① 货币政策的最终目标。货币政策的最终目标(Ultimate Objective),是指中央银行制定和实施某项货币政策所要达到的特定的经济目标,是中央银行组织和调节货币流通的出发点和归宿,它反映了社会经济对货币政策的客观要求。货币政策的最终目标一般有四个:稳定物价、充分就业、促进经济增长和平衡国际收支等。在我国,货币政策的目标是保持货币币值的稳定,并以此促进经济增长,其中稳定物价是主要的,放在首位。

② 货币政策的中介目标和操作目标。货币政策的作用机制为:央行制定和实施货币政策→调节货币供应量→影响利率→调节投资→影响国民收入。中央银行在实施货币政策中所运用的政策工具无法直接作用于最终目标,此间需要有一些中间环节来完成政策传导的任务。因此,中央银行在其工具和最终目标之间,插进了两组金融变量:一组叫作中介目标(Intermediate Target);一组叫作操作目标(Operation Target),作为政策工具与最终目标之间的中介或桥梁,在货币政策的传导中起着承上启下的作用,使中央银行对宏观经济的调控更具弹性。各国中央银行常用的作为中介目标的金融指标主要有:长期利率、货币供应量和贷款量,而通常采用的操作目标主要有:短期利率、商业银行的存款准备金、基础货币等。

> **货币政策**(Monetary Policy)
> 指国家根据对经济形势的总体判断,通过中央银行采取各种金融方针和调节措施以达到特定的宏观经济目标的政策。

> **知识链接**
>
> **货币供应量**
>
> 货币供应量,是指一国在某一时点上为社会经济运转服务的货币存量,它由包括中央银行在内的金融机构供应的存款货币和现金货币两部分构成。世界各国中央银行的货币供应量估计口径不完全一致,但划分的基本依据是一致的,即流动性大小。我国现行货币统计制度将货币供应量根据流动性大小划分为三个层次:
>
> 流通中现金(M_0),指单位库存现金和居民手持现金之和,其中"单位"指银行体系以外的企业、机关、团队、部队、学校等单位;
>
> 狭义货币供应量(M_1),指M_0加上单位在银行的可开支票进行支付的活期存款;
>
> 广义货币供应量(M_2),指M_1加上单位在银行的定期存款和城乡居民个人在银行的各项储蓄存款以及证券公司的客户保证金。

(2)货币政策工具。货币政策工具是指各国中央银行普遍运用的、对宏观经济产生影响的货币政策工具。一般性的货币政策工具包括公开市场业务、存款准备金政策和再贴现政策。

① 公开市场业务。**公开市场业务**(Open Market Operations)是指中央银行通过买进或卖出有价证券,吞吐基础货币,调节货币供应量的活动。与一般金融机构所从事的证券买卖不同,中央银行买卖证券的目的不是为了营利,而是为了调节货币供应量。根据对宏观经济形势的判断,公开市场业务一般采取逆向操作的方法,操作过程如下:当经济不景气或出现衰退的时候,央行买进有价证券(投放货币),使市场中的货币供应量增加,进而使货币市场利率水平下降,利率下降会刺激投资增加,使经济恢复增长;当经济高涨或出现过热的迹象,央行卖出有价证券(回笼货币),使市场货币供应量减少,进而使货币市场利率水平上升,利率上升会导致投资减少,使经济增长减缓。

公开市场业务与其他货币政策工具相比,具有主动性、灵活性和时效性等特点。公开市场业务可以由中央银行充分控制其规模,中央银行有相当大的主动权;公开市场业务是灵活的,多买少卖、多卖少买都可以,对货币供应既可以进行"微调",也可以进行较大幅度的调整,具有较大的弹性;公开市场业务操作的时效性强,当中央银行发出购买或出售的意向时,交易立即可以执行,参加交易的金融机构的超额储备金相应发生变化;公开市场业务

公开市场业务(Open Market Operations)指中央银行通过买进或卖出有价证券,吞吐基础货币,调节货币供应量的活动。

可以经常、连续地操作，必要时还可以逆向操作，由买入有价证券转为卖出有价证券，使该项政策工具不会对整个金融市场产生大的波动。

通过公开市场操作，央行作为流动性供给者不仅具有充分的主动性，而且通过运用这些工具投放流动性还可以获得相应的利息收入。目前，越来越多国家的中央银行将公开市场业务作为其主要的货币政策工具。20世纪50年代以来，美国联邦储备委员会（即美国中央银行）90%的货币吞吐是通过公开市场业务进行的，德国、法国等也大量采用公开市场业务调节货币供应量。

② 存款准备金政策。**存款准备金政策**（Reserve Policy）是指中央银行对商业银行等存款货币机构的存款规定存款准备金率，强制性地要求商业银行等存款货币机构按规定比例上缴存款准备金，中央银行通过调整存款准备金率以增加或减少商业银行的存款准备金，从而影响货币供应量的一种政策措施。存款准备金是金融机构为保证客户提取存款和资金清算需要而准备的资金，金融机构按规定向中央银行缴纳的存款准备金占其存款总额的比例就是存款准备金率。存款准备金政策最初的功能旨在为商业银行应对意外的支付清算需求提供资金保障，目前已经演变为中央银行管理银行体系流动性的辅助性制度安排或工具，中央银行通过调整存款准备金率，影响金融机构的信贷资金供应能力，从而间接调控货币供应量。

存款准备金率一般采取逆向操作的方法：当经济不景气或出现衰退时，央行降低存款准备金率，使市场货币供应量增加，进而使货币市场利率水平下降，利率下降刺激投资增加，使经济恢复增长；当经济高涨或出现过热迹象，央行提高存款准备金率，使市场货币供应量减少，进而使货币市场利率水平上升，利率上升导致投资减少，使经济增长减缓。

存款准备金率通常被认为是货币政策最猛烈的工具之一。当中央银行提高法定准备金率时，货币乘数就变小，降低了整个商业银行体系创造信用、扩大信用规模的能力，其结果是社会的银根偏紧，货币供应量减少，利息率提高，投资及社会支出都相应缩减；反之，则反是。但是，当银行体系存在持续的、不断积累的过剩流动性时，提高存款准备金率并不会影响金融市场的平稳运行，而是央行对流动性进行适量微调的工具。

③ 再贴现政策。**再贴现政策**（Rediscount Policy）是指中央银行通过制订或调整再贴现利率来干预和影响市场利率及货币市场的供应和需求，从而调节市场货币供应量的一种金融政策。再贴现政策是中央银行最早拥有的货币政策工具，现代许多国家中央银行都把再贴现作为控制信用的一项主要的货币政策工具。

> **存款准备金政策**（Reserve Policy）指中央银行对商业银行等存款货币机构的存款规定存款准备金率，强制性地要求商业银行等存款货币机构按规定比例上缴存款准备金，中央银行通过调整存款准备金率以增加或减少商业银行的存款准备金，从而影响货币供应量的一种政策措施。

> **再贴现政策**（Rediscount Policy）指中央银行通过制订或调整再贴现利率来干预和影响市场利率及货币市场的供应和需求，从而调节市场货币供应量的一种金融政策。

再贴现是指商业银行或其他金融机构将贴现所获得的未到期票据,向中央银行转让。对中央银行来说,再贴现是买进商业银行持有的票据,流出现实货币,扩大货币供应量。对商业银行来说,再贴现是出让已贴现的票据,解决一时资金短缺的问题。整个再贴现过程,实际上就是商业银行和中央银行之间的票据买卖和资金让渡的过程。

贴现率制度一般采取逆向操作的方法,其操作过程如下:当经济不景气或出现衰退时,中央银行降低贴现率,使市场货币供应量增加,进而使货币市场利率水平下降,利率下降刺激投资增加,使经济恢复增长;当经济高涨或出现过热迹象,中央银行提高贴现率,使市场货币供应量减少,进而使货币市场利率水平上升,利率上升导致投资减少,使经济增长减缓。

再贴现政策并不是十分理想的货币政策工具,它存在着一定的局限性:首先,中央银行处于被动地位,商业银行是否愿意到中央银行申请贴现,或者贴现多少,决定于商业银行,而且再贴现率的高低有一定限度,使中央银行难以有效地控制货币供应量;其次,从对利率的影响看,调整再贴现利率,通常不能改变利率的结构,只能影响利率水平;最后,再贴现政策缺乏弹性,为防止商业银行滥用信贷资金,央行将贴现利率保持在相对较高水平,商业银行通过贴现窗口贷款不仅需要承担较高利息成本,而且有可能被市场认为该机构的运行状况存在风险,如果频繁使用贴现窗口还有可能遭到央行的拒绝。

> **即问即答**
>
> 中央银行可以采取哪些货币工具来控制货币供给?

四、如何打好财政与货币政策的组合拳——中国改革开放40年宏观调控回望

1. 财政与货币政策的协同组合

财政政策和货币政策是各国调节经济运行的主要政策工具。经济发展实践表明,当一国宏观经济运行出现波动时,单纯依靠财政政策或货币政策难以有效应对,需要充分发挥二者的协同效应。

财政政策与货币政策的不同组合效应如下:第一,松的财政和松的货币,即"双松"政策。松的财政政策通过减少税收和扩大政府支出规模增加社会总需求;松的货币政策通过降低法定准备金率、降低再贴现率和在公开市场买进有价证券而扩大信贷支出的规模,增加货币的供给。在社会总需求严重不足、生产能力和生产资源未得到充分利用的情况下,利用"双松"扩张性政策配合,可以刺激经济的增长,扩大就业,但却会带来通货膨胀的风险。第二,紧的财政与紧的货币,即"双紧"政策。紧的财政政策通过增加税收、削减政府支出规模等限制消费与投资,抑制社会总需求;紧的

货币政策通过提高法定准备率、提高再贴现率、公开市场卖出有价证券来压缩支出的规模,减少货币的供给。这种紧缩性政策组合可以有效地制止需求膨胀与通货膨胀,但可能会带来经济停滞的后果。第三,紧的财政和松的货币。紧缩财政可以抑制社会总需求,防止经济过旺和制止通货膨胀;松的货币在于保持经济的适度增长。这种政策组合的效应就是在控制通货膨胀的同时,保持适度的经济增长;但如果货币政策过松,也难以制止通货膨胀。第四,松的财政和紧的货币。松的财政政策在于刺激需求,对克服经济萧条较为有效;紧的货币政策可以避免过高的通货膨胀率。这种政策组合的效应是在保持经济适度增长的同时尽可能地避免通货膨胀;但长期运用这种政策组合,会积累起大量的财政赤字。政府采取何种松紧搭配政策,取决于宏观经济的运行状况及其所要达到的政策目标。一般来说,如果社会总需求明显小于总供给,就应采取松的政策措施,以扩大社会的总需求;而如果社会总需求明显大于总供给,就应采取紧的政策措施,以抑制社会总需求的增长。

2. 中国改革开放40年宏观调控回望

1978年以来的经济体制改革和对外开放极大地激发了中国经济活力,国民经济以前所未有的速度发展,国民经济运行也经历了多次各具特色的波动及问题,每次中央政府都针对宏观经济运行中的问题,审时度势地进行宏观调控,因时制宜地解决改革开放进程中出现的新问题,纠正了国内和国际市场失灵导致的宏观波动,推动宏观经济平稳健康运行,促进国民经济持续快速增长。

中国改革开放40年,已先后经历了八轮宏观调控:一是"计划式"宏观调控;二是"双紧式"宏观调控;三是"硬着陆式"宏观调控;四是"软着陆式"宏观调控;五是"激励式或扩张式"宏观调控;六是"未雨绸缪式"宏观调控;七是应对国际金融危机的宏观调控;八是经济新常态下的宏观调控。前四轮是收缩型宏观调控,后四轮是扩张型宏观调控。

(1)"计划式"宏观调控。

第一轮1979—1981年的"计划式"宏观调控。当时,经济和经济体制的特点:一是短缺经济,经济总需求大于总供给。二是宏观经济的微观经济基础是国有经济占主导地位,1978年公有制经济所创造的产值占全国国内生产总值比重为98%。三是计划经济体制占主导地位,以公有制为基础的有计划商品经济的经济体制改革刚刚揭开序幕。

1978年党的十一届三中全会提出,将党的工作重心转移到经济建设上来,激发了各地建设热情,"大干快上"的冲动,导致宏观经济出现问题:一是经济过热,当年经济增长率高达11.7%,供不应求的矛盾突出。二是投资过热和投资品价格上涨,当年投资率为38.2%,计划之外的产品供给,相当一部分是高于计划价格的议价产品,从而抬高了物价指数。三是财政出现赤字,迅速增长的基建投资使财政支出大大增加,1979年财政赤字207亿元。四是外贸出现较为严重的赤字,为了满足国内投资需要,大规模引进国外先进技术设备,扩大进口,1979年外贸赤字为11.4亿美元,外汇储备仅为8.4亿美元。五是消费增长和物价上涨,消费强劲增长,1978年最终消费率达62.1%,为提高企业和职工的积极性,政府增发了工资、奖金和补贴,社会购买力快速增长,国家调高了多种产品的价格,1980年商品零售价格上涨率达6%,出现了改革开放以来物价上涨的第一个高峰。

1979年,中央提出"调整、改革、整顿、提高"八字方针,展开了改革开放以来的第一轮宏观调控。本轮宏观调控体系是计划经济的国民经济管理体系,宏观调控的部门以计委为中心,财政部和银行的调控措施都服从和服务于计委调整国民经济计划的需要。宏观调控的手段都以行政手段为主,以行政手段整顿经济秩序,克服生产、建设、流通、分配领域的严重混乱等问题,一是国家计委等部门以计划手段压低各项计划指标,压缩固定资产投资和基本建设项目。二是以行政手段压缩中央和地方的财政支出,压缩国防经费和行政管理费用,控制财政支出和固定资产投资规模。三是以行政手段加强银行的信贷管理,强制控制信贷投放,冻结企业存款,对经营不善、长期亏损的国有企业,在停止财政补贴的同时停止银行贷款。四是对落后的小企业进行整顿和关停并转。五是加强行政部门对物价的管理和监督检查,坚决制止乱涨价之风。六是为适应外贸体制改革,调动出口企业积极性,国家逐渐放开外汇配额限制,开始实行双重汇率制度。这些宏观调控措施较快地压缩了总需求、遏制了通货膨胀,1981年消费品零售价格指数下降到5.2%;1981年经济增长率较快地回落到5.2%。

(2)"双紧式"宏观调控。

第二轮1985—1986年的"双紧式"宏观调控时的经济和体制特点:一是短缺经济,总需求大于总供给仍然是主要矛盾。二是宏观经济的微观经济基础,国有经济仍然占主导地位,乡镇企业、个体经济、私营经济和三资企业逐步发展起来。三是1984年9月召开的中共十二届三中全会讨论并通过了《中共中央关于经济体制改革的决定》,确立了社会主义商品经济的改革方向、性质、任务和方针政策。

当时,全国为工农业年总产值翻两番而大干快上,经济在经历短暂调整之后转为快速增长:一是1984年经济增长率达到15.2%,总需求大于总供给,国民经济重大比例关系严重失调。二是投资膨胀,投资率为34.5%,消费强劲增长,1984年最终消费率达65.5%,出现了投资需求和消费需求"双膨胀"。三是信贷过度扩张引发通货膨胀，在中央银行政策激励下，专业银行1984年下半年盲目扩张信贷规模，货币供给迅速增加，通货膨胀明显上升。四是机关和事业单位纷纷突击提高工资、发奖金和消费品，加剧了通货膨胀，1985年物价迅速上升，商品零售价格上涨率达8.8%，出现改革开放以来物价上涨的第二个高峰。

本轮宏观调控的特点：一是宏观调控开始尝试运用财政政策和货币政策，以计委为核心的宏观调控格局有所改观，形成计委、财政部门和中央银行联合调控宏观经济的体系。二是以行政手段为主，辅之以经济手段进行宏观调控，以行政手段压缩基本建设投资规模，行政部门仍然加强对物价的管理和监督检查，严格制止乱涨价。三是以紧缩的货币政策控制信贷投放和货币供给量，1985年中央银行加强了贷款额度的控制，两次上调存贷款利率，1985年12月，中国第一个外汇调剂中心在深圳成立，标志着沿袭多年的由中国人民银行主持外汇调剂业务的模式开始发生根本性转变。四是国务院要求各地制止物价继续上升、压缩基建项目。这些宏观经济调整措施快速有效，经济过热很快得到抑制，通货膨胀率快速下降。1986年经济增长率下降到8.8%，1986年通货膨胀率下降到6.2%。

（3）"硬着陆式"宏观调控。

第三轮1989—1990年的"硬着陆式"宏观调控时期的经济、微观基础和经济体制特点：一是存在总供给小于总需求的缺口，依然是短缺经济。二是宏观经济的微观经济基础变化，国有经济占国民经济比重有所下降。三是形成了公有制基础上的计划经济与市场调节相结合的经济体制。

1988年5月，中央政治局常委会决定，用五年时间实现价格和工资改革的闯关。"价格闯关"使物价指数迅速上涨，大多数商品由较低的政府定价转变为较高的市场价格，同时，价格上涨预期又导致抢购风潮，通货膨胀严重，商品零售价格指数同比上涨18.5%，形成改革开放以来的第三个物价上涨高峰。随着银根松动，投资猛增，1988年投资率为37.4%。消费增长势头强劲，1989年最终消费率64.1%，经济增长率为11.3%。进口增加，外贸赤字为77.5亿美元，外汇储备55.5亿美元。

1989年，中央政府提出"治理经济环境，整顿经济秩序"，采取强硬的宏观调控政策抑制总需求。本轮宏观调控的特点：一是主动运用财政政策和货币政策，尝试计划、财政政策和货币政策配合使用，形成计委、财政部门和中央银行共同调控宏观经济体系。二是在本轮宏观调控中，行政手段和经济手段并举，紧缩的货币政策控制信贷和货币投放，紧缩的财政政策控制基本建设规模和国民收入超额分配。三是坚持执行紧缩信贷的方针，中央银行严控信贷规模，一度停止对乡镇企业贷款，并提高存款准备金率和利率。

四是坚持执行紧缩财政，严格项目审批等措施压缩投资规模。五是以行政手段整顿经济秩序，继续下大力量清理整顿各种公司特别是流通领域的公司，严格制止乱涨价，对重要生产资料实行最高限价。六是大力调整产业结构，增加有效供给，增强经济发展后劲。坚决压缩总需求的宏观调控迅速地抑制了增长和通货膨胀，经济实现了"硬着陆"：1990年经济增长率迅速下降到3.8%，当年商品零售价格指数增长率急剧下降到2.1%。

(4)"软着陆式"宏观调控。

第四轮1993—1995年的"软着陆式"宏观调控时期的经济体制和微观经济基础，已较前三轮有着本质的不同：一是十四大确立社会主义市场经济体制的改革目标，经济体制从计划经济与市场调节相结合的经济体制转向社会主义市场经济体制。二是推进宏观调控体制改革，建立健全了宏观调控体系。三是宏观经济的微观经济基础变化，非公有制经济已经有大幅度发展，在1993年的GDP中，非公经济已经上升至24%，公有制经济占76%。四是本轮宏观调控还要解决上一轮宏观调控的后遗症：经济过热；改革开放以来物价上涨的第四个高峰，也是1949年以来物价上涨的最高峰。

本轮宏观调控的特点是：改革与调控相结合，在建立健全宏观调控体系的同时进行宏观调控。一是财政体制进行了分税制改革，金融体制改革明确了中央银行的地位和任务，实现政策性银行和商业银行的分离，外汇实现汇率并轨，形成计委、财政部门和中央银行相互协调的宏观调控体系。二是注重运用经济手段和法律手段进行宏观调控，1993年开始采取"适度从紧"的货币政策和财政政策，货币政策发挥了主要作用。三是中央银行运用利率、存款准备金率、公开市场业务等市场性货币政策工具进行调控，提高存贷款利率，控制信贷规模，连续三次下调金融机构存贷款利率，严格地控制货币供应量。四是财政支出适度从紧，财政部门清理预算外资金、增收节支，将财政赤字控制在预算之内，发行国库券减少流通中货币量。五是计委削减基建投资，以审核排队的方式严控新开工项目，严格审批和认真清理开发区，停止出台新的价格改革措施，并对部分产品实行直接的价格管制。

宏观调控政策具有连续性和稳定性，经济成功地实现了"软着陆"，既降低了通货膨胀，又保持了经济持续快速和稳定增长：过快增长的投资需求和消费需求得到了有效遏制，价格涨幅显著回落，消费价格指数由1994年的24.1%分别下降到1995年和1996年的17.1%和8.3%，固定资产投资增长速度下降到1995年和1996年的17.5%和14.8%，经济增长速度则由1992年的14.2%、1993年的13.5%平稳回落到1996年的9.6%。国民经济呈现出高增长低通胀的良好势头，成功实现了经济的软着陆。

值得指出的是本轮调控时期宏观经济的变化：一是中国经济自1996年起从短缺经济转向过剩经济。二是消费率开始下降，1993年和1994年最终消费率分别下降为58.5%和57.4%，消费市场从卖方市场转向买方市场。三是1994年对外贸易体制改革成效明显，当年就实现进出口贸易顺差53.9亿美元，彻底改变了改革开放以来进出口贸易逆差年份多顺差年份少、外汇储备长年低于外贸赤字的现象，此后中国进出口贸易顺差持续攀升。四是外汇储备增长迅速，1994年外汇储备达516.2亿美元，1996年为1 050.2亿美元，突破了千亿大关，开启了外汇储备持续增长的序幕。

（5）"激励式或扩张式"宏观调控。

第五轮1997—2001年的"激励式或扩张式"宏观调控。当时，经济运行、微观基础和经济体制的特点：一是就业增长与经济增长错位，经济增长的同时就业率下降。二是宏观经济的微观经济基础出现明显变化，非公经济超过公有经济，在2000年的GDP中，公有制经济的贡献为45%，非公有制经济贡献为55%。三是社会主义市场经济体制正在不断地培育和完善过程之中。

1997年，东南亚爆发了严重的经济危机，宏观经济形势出现了新变化。人民币面临贬值的压力，为了稳定国际金融市场和东南亚国家的信心，中国政府宣布人民币不贬值政策，从而对中国出口形成冲击，影响了经济增长速度，同时，国内经济的主要矛盾由国内商品供不应求转向有效需求不足。在国际和国内多重因素的影响下，经济增幅回落，通货紧缩迹象日益明显。消费下降，1997年和1998年下降到52.2%和58.7%，商品零售价格和居民消费价格总水平不升反降，商品零售价格指数和居民消费价格指数为-2.6%和-0.8%，而同期国内生产总值增长仅7%，为1991年以来的最低值。

面对经济形势的新变化，党中央、国务院及时运用灵活的宏观调控政策的经济杠杆，努力扩大内需。一是宏观调控体系逐渐完善，形成计委、财政部门和中央银行有机协调的宏观调控体系，计划调节、财政政策和货币政策形成合力。二是侧重运用经济手段和法律等间接调控手段进行宏观调控，把扩大内需与结构调整及积极发展对外经济有机地结合起来。三是针对1997年东南亚金融危机对我国经济的不利影响和国内有效需求不足，宏观调控政策及时地由适度从紧、稳中求进，转向了主要采取积极的财政政策和稳健的货币政策，确保了国民经济持续快速健康发展。四是正确处理发展、改革和稳定的关系，积极稳妥地推进各项改革，调整经济结构，改善经济运行质量和效益。五是实施积极的财政政策，增加政府支出，采取了以发行长期建设国债为主，加之银行配套资金和企业资金，用于基础设施和基础产业建设，有效地促进了投资的快速增长。六是实行稳健的货币政策，并注重货币政策与财政政策的密切配合，降低了金融机构存贷款利率水平，开征利息税，运用公开市场业务调节货币供求关系。七是启动消费需求，通过提高城镇中低收入阶层的收入水平，延长节假日清理和完善消费政策、消费环境以及扩大高校招生等措施，有效地扩大了居民消费。八是适时提高出口退税率，实施出口市场多元化战略，积极开拓国际市场，不断改善投资环境吸引外资，对外经济保持了稳定发展。

经过本轮的宏观调控，我国GDP增长速度从1998年的7.8%逐步地提升到2003年的9.1%；而消费价格指数则由1998年的0.8%上升到2003年的1.2%，2000年起，工业经济从轻重工业并重转向重工业为主，轻重工业比从1981年的52∶48到2000年的40∶60，此后轻重工业中重工业的比重逐年增至70%以上。经济发展又开始进入上升期。随着中国对外经济双顺差的持续，2001年外汇储备为2 121.65亿美元，突破2 000亿关口。在亚洲金融危机期间，人民币汇率的稳定抑制住了亚洲国家汇率进一步贬值，为东南亚国家经济的恢复发展做出了重大贡献。

（6）"未雨绸缪式"宏观调控。

第六轮2004—2007年的"未雨绸缪式"宏观调控。当时经济和微观经济基础的特点为：一是宏观调控的微观经济基础变化，已经形成了公有制经济、民营经济、外商经济三足鼎立的基本格局。二是社会主义市场经济体制初步建立，公有制为主体、多种所有制经济共同发展的基本经济制度已经确立。三是全方位、宽领域、多层次的对外开放格局基本形成。

2003年下半年起，宏观经济运行中出现粮食供求关系趋紧、固定资产投资过猛、货币信贷投放过多、煤电油运供求紧张的不稳定不健康等问题，同时，就业压力加大，2003年就业率为97.84%，失业人数和失业率上升。

从2003年年底开始，至2004年4月，第六轮未雨绸缪式的宏观调控全面展开，这次调控不是在经济已经全面过热和严重通货膨胀后出现的事后调节，而是在经济进入增长期后，为预防经济的周期性波动及通货膨胀或通货紧缩，采取的防患于未然的调控。中央政府及时抓住了某些部门投资过猛的苗头，在经济增长率尚在适度范围内、价格攀升趋势刚刚露头时就及时采取了宏观调控。

本轮宏观调控是综合运用宏观调控手段，以经济手段为主。一是综合运用经济、法律手段和必要的行政手段，注重采用经济手段，保护了各方面利益，调控效果明显，副作用少。二是宏观调控的经济政策稳健，稳健的货币政策"稳"中"从紧"，"积极的"财政政策逐步转向"稳健的"财政政策。三是遵循"适度从紧"的原则，调控在一开始就定为有保有压，因而不仅抑制了过热部门的盲目发展，而且调整了经济结构，稳定了物价水平、经济保持了稳定增长的势头，2004—2007年经济增长率分别为9.5%、9.9%、10.7%和11.4%，2004—2007年居民消费价格指数分别为3.9%、1.8%、1.5%和4.8%。四是正确处理发展与改革的关系，坚定不移地推进了以建立社会主义市场经济体制为目标的全面配套的经济体制改革进程。五是根据主动性、可控性和渐进性的原则推进人民币汇率制度改革，2005年7月21日开始，人民币实行以市场供求为基础，参考一篮子货币进行调节，有管理的浮动汇率制度，2006年外汇储备突破万亿美元关口，达10 663.44亿美元。

（7）应对国际金融危机的宏观调控。

2008—2011年应对国际金融危机的宏观调控。2008年9月发轫于美国的次贷危机迅速形成国际金融危机，重创全球金融业，其影响从虚拟经济蔓延到实体经济，对世界经济造成了重大冲击，主要发达国家经济陷入衰退，国际市场需求萎缩，全球通货紧缩趋势明显，贸易保护主义抬头，国际贸易摩擦增加。

随着国际金融危机在全球蔓延，中国经济增速下降，2008年第四季度的经济增长率下降到6.8%，致使全年增长率降至9%，是7年来的最低点。不少投资机构，尤其是我国金融企业对美国投行的投资，随着投行的倒闭或经营不景气而蒙受损失，一些走出去的企业利润缩减，影响中国的出口增长，很多出口导向型企业经营十分艰难，甚至有一些企业面临倒闭的困境，财政减收，就业压力增大，民生问题突出。

面对百年不遇的国际金融危机的严重冲击和极其复杂的国内外形势，中央政府以世界眼光准确研判国内外经济形势的变化，以战略思维统筹国内国际两个大局，灵活果断地调整宏观经济政策，2009年迅速推出并实施"一揽子刺激经济计划"：加快建设保障性安居工程；加快农村基础设施建设；加快铁路、公路和机场等重大基础设施建设；加快医疗卫生、文化教育事业发展；加强生态环境建设；加快自主创新和结构调整；加快地震灾区灾后重建各项工作；提高城乡居民收入；在全国所有地区、所有行业全面实施增值税转型改革，鼓励企业技术改造；加大金融对经济增长的支持力度；加强和改善宏观调控，坚持灵活审慎的调控方针，实施积极的财政政策和适度宽松的货币政策。

2010—2011年继续加强和改善宏观调控，保持经济平稳健康运行。宏观经济政策的基本取向积极稳健、审慎灵活，重点是更加积极稳妥地处理好保持经济平稳较快发展、调整经济结构、管理通胀预期的关系，加快推进经济结构战略性调整，把稳定价格总水平放在更加突出的位置，切实增强经济发展的协调性、可持续性和内生动力。继续实施积极的财政政策，发挥财政政策在稳定增长、改善结构、调节分配、促进和谐等方面的作用。保持财政收入稳定增长，优化财政支出结构，压缩一般性支出，厉行节约。实施稳健的货币政策，按照总体稳健、调节有度、结构优化的要求，把好流动性这个总闸门，把信贷资金更多投向实体经济，特别是"三农"和中小企业，更好地服务于保持经济平稳较快发展。2010年6月19日，经国务院批准，人民银行决定进一步推进人民币汇率形成机制改革，增强人民币汇率弹性，保持人民币汇率在合理均衡水平上的基本稳定。

应对国际金融危机的宏观调控政策，把扩内需、保增长与重民生、促和谐结合起来，把保持国内经济平稳较快发展与转变发展方式等长远战略结合起来，较快地扭转了经济增速下滑的局面，实现了国民经济总体回升向好，经济企稳回升，中国经济率先走出世界经济衰退的阴影，成为全球经济的一大亮点，经济增长速度世界第一。中国实现了低通货膨胀的经济高速增长，2009—2011年经济增长速度分别为8.7%、10.4%、9.2%。物价水平稳定，2010—2011年居民消费价格指数（CPI）分别为3.3%和5.4%。国内消费增长，2010年和2011年消费增速分别为18.3%和17.1%。就业人数增加，2009年我国全年新增就业达到1 102万人，高校毕业生就业率达到87%，下岗失业人员再就业达到514万人，就业困难人员就业人数达到164万人，城镇登记失业率控制在4.3%。外贸稳步复苏，外汇储备增加，2009年进出口总额22 073亿美元，贸易顺差1 961亿美元。财政收支双增。市场流动性充裕，新增贷款大幅增加。2009—2011年外汇储备分别为23 991.52亿美元、28 473.38亿美元和31 811.48亿美元，同时，我国收窄了人民币汇率波动的幅度，没有参加国际上的竞争性货币贬值，为亚洲和全球经济的复苏做出了贡献。

（8）经济新常态下的宏观调控。

2014年至今的第八轮宏观调控。2014年经济进入新常态：从消费需求看，过去我国消费具有明显的模仿型特征转向个性化、多样化消费，必须释放消费潜力，使消费继续在推动经济发展中发挥基础作用；从投资需求看，传统产业相对饱和，但基础设施互联互通和一些新技术、新产品、新业态、新商业模式的投资机会大量涌现，必须善于把握投资方向，使投资继续对经济发展发挥关键作用；从出口和国际收支看，我国低成本比较优势也发生了转化，必须加紧培育新的比较优势，使出口继续对经济发展发挥支撑作用；从资源配置模式和宏观调控方式看，全面刺激政策的边际效果明显递减，既要全面化解产能过剩，也要通过发挥市场机制作用探索未来产业发展方向，必须全面把握总供求关系新变化，科学进行宏观调控。概言之，我国经济发展进入新常态，正从高速增长转向中高速增长，经济发展方式正从规模速度型粗放增长转向质量效率型集约增长，经济结构正从增量扩能为主转向调整存量、做优增量并存的深度调整，经济发展动力正从传统增长点转向新的增长点。

2014年实施积极财政政策和稳健货币政策，同全面深化改革紧密结合，用改革的精神、思路、办法来改善宏观调控，寓改革于调控之中。努力释放有效需求，充分发挥消费的基础作用、投资的关键作用、出口的支撑作用。牢牢把握扩大内需这一战略基点，培育一批拉动力强的消费增长点。继续实施积极的财政政策和稳健的货币政策，充分发挥逆周期调节和推动结构调整的作用。实施积极的财政政策，结合税制改革完善结构性减税政策，各级政府厉行节约，严格控制一般性支出，把钱用在刀刃上。实施稳健的货币政策，保持货币信贷及社会融资规模合理增长，改善和优化融资结构和信贷结构，提高直接融资比重，切实降低实体经济发展的融资成本，坚决守住不发生系统性和区域性金融风险的底线。

2015年提出供给侧结构性改革并继续实行积极财政政策和稳健货币政策。供给侧结构性改革，是适应和引领经济发展新常态的重大创新，是适应国际金融危机发生后综合国力竞争新形势的主动选择。以宏观政策要稳、产业政策要准、微观政策要活、改革政策要实、社会政策要托底的总体思路，保持经济运行在合理区间，在适度扩大总需求的同时，去产能、去库存、去杠杆、降成本、补短板，提高供给体系质量和效率，提高投资有效性，加快培育新的发展动能，改造提升传统比较优势，增强持续增长动力，推动我国社会生产力水平整体改善。强调宏观政策要稳，为供给侧结构性改革营造稳定的宏观经济环境。积极的财政政策加大力度，实行减税政策，阶段性提高财政赤字率，在适当增加必要的财政支出和政府投资的同时，主要用于弥补降税带来的财政减收，保障政府应该承担的支出责任。稳健的货币政策灵活适度，为结构性改革营造适宜的货币金融环境，降低融资成本，保持流动性合理充裕和社会融资总量适度增长，扩大直接融资比重，优化信贷结构，完善汇率形成机制。

稳健作为本轮调控的基调一直未变，积极财政政策和稳健货币政策实施以来，我国经济实力再上新台阶，成为世界经济增长的主要动力源和稳定器。推进供给侧结构性改革，促进供求平衡，经济结构出现重大变革。经济体制改革持续推进，经济更具活力和韧性。对外开放深入发展，倡导和推动共建"一带一路"，积极引导经济全球化朝着正确方向发展，我国经济发展取得历史性成就、发生历史性变革，为其他领域改革发展提供了重要物质条件。2014—2018年经济增长速度分别为7.4%、6.9%、6.7%、6.9%和6.6%。物价水平稳定，2014—2018年居民消费价格指数（CPI）分别为2%、

即问即答

政府宏观调控的目标是什么？具体如何实现"逆经济风向"与"审慎灵活"的操作？

1.4%、2%、1.6%和2.1%。2014—2018年的外汇储备为：38 430.18亿美元、33 303.62亿美元、31 399.49亿美元和30 727.12亿美元。

正如党的十九大指出的，"创新和完善宏观调控，发挥国家发展规划的战略导向作用，健全财政、货币、产业、区域等经济政策协调机制"，将持续地熨平宏观经济波动，解放和发展社会生产力，充分激发全社会创造力和发展活力，实现国民经济更高质量、更有效率、更加公平、更可持续的发展！

阅读材料一

国民收入核算的其他总量指标

1. 国民生产总值

国民生产总值（Gross National Products, GNP）在某一既定时期一国国民所生产的所有最终物品和劳务的市场价值，是一个国民概念；而GDP是指一国范围内所生产的最终产品的价值，是一个地域概念。这两者之间的关系为：GNP=GDP+国外要素支付净额（国外要素支付净额＝本国公民在国外取得的要素收入—外国公民在本国取得的要素收入）。

20世纪90年代以来，越来越多的国家用GDP来代替GNP。1993年，联合国统计司正式决定用GDP代替GNP。用GDP取代GNP是一个极重要的变动，它代表着全球经济一体化的趋势，只有注意到这种实质性变化，才能跟上浩浩荡荡的世界潮流。

2. 国民生产净值

国民生产净值（Net National Product, NNP）是一个国家一年的GNP减去生产过程中消耗掉的资本（折旧费）所得出的产值净增长量。从逻辑上讲，NNP的概念比GNP更容易反映国民收入和社会财富变动的情况，但由于GNP同NNP相比，更容易确定统计标准，而且由于折旧费的计算方法不一，政府的折旧政策也会变动，因此各国还是常用GNP而不常用NNP。

3. 国民收入

国民收入（National Income, NI）是一个国家在一年内各种生产要素所得到的实际报酬的总和，即工资、利息、租金和利润的总和。从国民生产净值中扣除企业间接税和企业转移支付（加政府补助金）就得到这一狭义的国民收入。企业间接税和企业转移支付是列入产品价格的，但并不代表生产要素创造的价值或者收入，因此计算狭义国民收入时必须予以扣除。相反，政府给企业的补助金不列入产品的价格，但会成为生产要素收入，因此应当加上。

4. 个人收入

个人收入（Personal Income, PI）是指个人实际得到的收入。国民收入不是个人收入，一方面国民收入中有三个主要项目不会成为个人收入，这就是公司未分配利润、公司所得税和社会保险税；另一方面政府转移支付（包括公债利息）虽然不属于国民收入（生产要素报酬），却会成为个人收入。因此从国民收入中减去公司未分配利润、公司所得税和社会保险税,加政府转移支付,就得到个人收入。

5. 个人可支配收入。

个人可支配收入(Disposable Personal Income, DPI),指缴纳了个人所得税以后留下的可为个人所支配的收入。个人可支配收入分为消费和储蓄两部分。

国民收入核算中这五个基本总量的关系可表示为:

GNP－折旧＝NNP

NNP－间接税－企业转移支付＋政府对企业的补助金＝NI

NI－公司未分配利润－企业所得税－社会保险税

＋政府对居民的转移支付＋政府向居民支付的利息＝PI

PI－个人所得税＝DPI

DPI＝消费＋储蓄

国民收入核算中所使用的各种指标从不同方面反映了国民收入总量的变化,其计算方法不同,反映问题的角度和分析评价的要求也不同。因此,在进行国民收入的总量分析时,可以根据不同的分析要求,选择运用不同的总量指标来分析说明国民收入在不同情况下的发展变化特征及其变动规律。

> **相关链接**
>
> 社会保险税也称社会保障税,是为筹集社会保障基金而征收的一种专门目的税。它以雇主向雇员支付的工资或薪金为课征对象,因此有时也称为工薪税或薪工税。社会保障税在各国的课税制度与形式千差万别。美国是世界上最早采用税收形式筹集社会保障基金的国家。美国的社会保障税不是一个单一的税种,而是由工薪税、铁路员工保障税、失业保障税和个体业主税四个税种组成的社会保障体系,其中工薪税是主要税种。

阅读材料二

节俭的悖论与凯恩斯革命

18世纪初,一个名叫伯纳德·曼德维尔(Bernard Mandeville)的荷兰医生写了一本《蜜蜂的寓言》,讲的是一个蜜蜂王国的兴衰史。最初,这群蜜蜂追求豪华的生活,大肆挥霍浪费,结果整个王国百业昌盛,兴旺发达。后来由于换了蜂王,这群蜜蜂改变了习惯,放弃了奢侈的生活,转而崇尚节俭,结果整个社会凋敝,最终被对手打败而逃散。这本书的副标题

是"私人的罪过,公众的利益",意思是浪费是"私人的罪过",但可以刺激经济,成为"公众的利益"。这部作品在当时被法庭判为"有碍公众视听的败类作品",然而200多年之后,这部当时声名狼藉的作品却启发英国经济学家凯恩斯发动了一场经济学上的"凯恩斯革命",建立了现代宏观经济学和总需求决定理论。

在20世纪30年代之前,经济学家信奉的是萨伊定理。让·巴蒂斯特·萨伊(Jean Baptiste Say)是18世纪法国经济学家,他提出供给决定需求,有供给就必然创造出需求,所以,不会存在生产过剩性经济危机,这种观点被称为萨伊定理。但20世纪20年代英国经济停滞和30年代全世界普遍的生产过剩和严重失业打破了萨伊定理的神话。凯恩斯在批判萨伊定理中建立了以总需求分析为中心的宏观经济学。

凯恩斯认为,在短期中决定经济状况的是总需求而不是总供给。这就是说,由劳动、资本和技术所决定的总供给,在短期中是既定的,这样,决定经济的就是总需求。总需求决定了短期的国民收入的水平:总需求增加,国民收入增加;总需求减少,国民收入减少。引起30年代大危机的正是总需求不足,或者用凯恩斯的话来说是有效需求不足。凯恩斯把有效需求不足归咎于边际消费倾向下降引起的消费需求不足和资本边际效率(预期利润率)下降与利率下降有限度引起的投资需求不足。解决的方法则是政府用经济政策刺激总需求。包括增加政府支出的财政政策和降低利率的货币政策。

在凯恩斯主义经济学中,总需求分析是中心。总需求包括消费、投资、政府购买和净出口(出口—进口)。短期中,国民收入水平由总需求决定。通货膨胀、失业、经济周期都是由总需求的变动所引起的。当总需求不足时就出现失业与衰退。当总需求过大时就出现通货膨胀与扩张。从这种理论中得出的政策主张被称为需求管理,其政策工具是财政政策与货币政策。当总需求不足时,采用扩张性财政政策(增加政府各种支出和减税)与货币政策(增加货币供给量降低利率)来刺激总需求。当总需求过大时,采用紧缩性财政政策(减少政府各种支出和增税)与货币政策(减少货币量提高利率)来抑制总需求。这样就可以实现既无通货膨胀又无失业的经济稳定。

总需求理论的提出在经济学中被称为一场"革命",即凯恩斯革命。它改变了人们的传统观念。例如,如何看待节俭。在传统观念中,节俭是一种美德。但根据总需求理论,节俭就是减少消费。消费是总需求的一个重要组成部分,消费减少就是总需求减少。总需求减少则使国民收入减少,经济衰退。由此看来,对个人是美德的节俭,对社会却是恶行。这就是经济学家经常说的"节俭的悖论"。《蜜蜂的寓言》所讲的也是这个道理。

凯恩斯非常重视消费的增加。1933年当英国经济处于萧条时,凯恩斯曾在英国BBC电台号召家庭主妇多购物,称她们此举是在"拯救英国"。在《就业、利息与货币通论》(通常简称为《通论》)一书中他甚至还开玩笑地建议,如果实在没有支出的方法,可以把钱埋入废弃的矿井中,然后让人去挖出来。已故的北京大学经济系教授陈岱孙曾说过,凯恩斯只是用幽默的方式鼓励人们多消费,并非真的让你这样做。但增加需求支出以刺激经济则是凯恩斯本人和凯恩斯主义者的一贯思想。

那么,这种对传统节俭思想的否定正确与否呢?还是要具体问题具体分析。生产的目的是消费,消费对生产有促进作用,这是人人都承认的。凯恩斯主义的总需求分析是针对短期内总需求不足的情况,在这种情况下刺激总需求当然是正确的。一味提倡节俭,穿衣服都"新三年旧三年缝缝补补又三年",纺织工业还有活路吗？这些年当我国经济面临需求不足时政府也在努力寻求新的消费热点,说明这种理论不无道理。当然,这种刺激总需求的理论与政策并不是普遍真理。起码在两种情况下,这种理论并不适用。其一是短期中当总供给已等于甚至大于总需求时再增加总需求,就会引发需求拉动的通货膨胀。其二是在长期中,资本积累是经济增长的基本条件,资本来自储蓄,要储蓄就要减少消费,并把储蓄变为另一种需求——投资需求。这时提倡节俭就有意义了。

　　凯恩斯主义总需求理论的另一个意义是打破了市场机制调节完善的神话,肯定了政府干预在稳定经济中的重要作用。战后各国政府在对经济的宏观调控中尽管犯过一些错误,但总体上还是起到了稳定经济的作用。战后经济周期性波动程度比战前小,而且没有出现30年代那样的大萧条就充分证明了这一点。

　　世界上没有什么放之四海而皆准的真理。一切真理都是具体的、相对的、有条件的。只有从这个角度去认识凯恩斯主义的总需求理论才能得出正确的结论。其实就连《蜜蜂的寓言》这样看似荒唐的故事中不也包含了真理的成分吗？

资料来源：根据一系列相关资料整理。

阅读材料三

俞敏洪对话大学生
——"先就业再职业再事业"

　　新东方教育科技集团董事长兼总裁俞敏洪与大学生展开的一场对话,透过大学生就业、择业中的热门话题,传递着诸多人生经验,对很多大学生会有启发。

关于面试:"面试中愿意弯腰捡两张纸的细节,摆明了他的踏实认真和仔细,老板是不能不用你的"

　　学生:我在就业时发现一个问题,就是去面试时不知道如何展示自己。

　　俞敏洪:在面试以前接受一些面试技巧的培训,这是必要的。比如说如何面对老板,怎样做到有问必答,答得恰到好处,包括眼神脸色到底应该怎么展示。

　　但这只是一个表面上的东西。真正实在的内核,是把你真实的自我展现出来。曾经有家大公司面试时,故意在地上放两张纸,所有的学生进去面试,都不去捡那两张纸,夸夸其谈说自己有什么才能。结果最后走进去一个学生,一句话没说,把两张纸捡起来放在总经理的桌上,然后才开始回答总经理的问题。结果总经理什么问题都没问,说"我录取的就是你"。为什么？细节！愿意弯腰捡两张纸这个细节,就摆明了他做事的踏实认真和仔细,当你的品德和特质露出来的时候,老板是不能不用你的。

关于第一份工作:"只顾耕耘不问收获是做第一份工作时最重要的心态"

学生:即将毕业的一个大学生,应该以怎样的心态来面对第一份工作的成败与否?

俞敏洪:你面对第一份工作时,就不要去想成败,而是应该去想我怎么样全力以赴地把这份工作做好。你全力以赴以后做成功了,那表明你做这件事情是合适的。如果说全力以赴以后依然做失败了,也很正常,因为你没有工作经验,也许这份工作不适合你做。只顾耕耘不问收获,是做第一份工作时最重要的心态。

现在这一代年轻人,大部分来自独生子女家庭,从小到大得到了父母较多的呵护。一旦面临找不到工作之类的考验,心里会有很多失落感。我想告诉大家几个要点:

第一,苦难让人成就自己;第二,你失去东西的同时另外一件事情一定在得到,这就是得失。所以我常常说失业能够知道生活的艰辛,失恋能够知道感情的珍贵。

其实我最担心的不是大学生的就业,而是大学生的心智和知识结构。我觉得浮躁本身不算一件坏事,为什么?因为只有一个想要往前走的国家和人,才能存在浮躁,浮躁表明我们是一个充满了生命活力的国家。不浮躁死水一潭,就表明社会结构秩序已经全部完成,甚至带有某种意义上的僵化。但是大学生浮躁不是一个好事,因为大学生活这四年,大学生除了为工作做好准备,还应该得到心灵净化和心灵提升。

关于专业:"就业、职业、事业做好了,失业就永远找不到你"

学生:我的专业是国学,一个非常非常冷的专业。我们专业的学生就业形势不是很好,您对我们的建议是什么?

俞敏洪:大学生毕业以后首先就是要工作。我把它叫作先就业再职业再事业!先就业就是赶快先找一份工作,不要父母养活了。所谓的职业就是一辈子我想做的职业,当你职业做到一定程度,比如说你做了会计,最后自己出来开一个会计师事务所,这就变成你的事业了。你把前面的就业、职业和事业做好了,失业就永远找不到你。现在的大学生,最关键的问题就是自己所学的专业和未来工作不对接。解决的方法呢,第一就是大学生学专业的时候,和未来工作对接要思考得更多,尽可能在未来找工作的时候,能够把自己在学校所学的专业用上。第二个情况,中国经济的发展速度比较快,各种中小企业和大型企业都在不断成长,招人的需求还是比较旺盛。我建议,大学生有一个比较切实的心态,先找到工作再谋求发展,最后再去寻求自己的事业。

学生:我是去年毕业的学生,今年也在做传媒。很多人失业了或者说是没有找到工作会选择回学校继续读书,您觉得合适吗?

俞敏洪:这是一种逃避。已经找到了工作,在工作中有很多心得体会,未来自己喜欢这个工作,发现自己专业知识和综合能力还不够,这个时候,可以继续回去读书。大家进入社会以后一定要学会锻炼自己强大的心理承受能力。一堆面粉放在案板上,你用手去一拍这堆面粉就散了,这就是我们现在的心理承受能力。你把它加点水揉一下,你再拍就不一定散了,但是还是一堆很松软的面粉。如果说你再不断地给它加水,把它揉到最后,就变成了一个面团,你再怎么拍都不散了。你继续给它揉,它就不仅仅是一堆面团了,你即使用手给它拉,它也不断,这就变成拉面了。人的精神承受能力一定要达到这种状态,你才能去参与社会,在社会中间奋斗。遇到一点点事情就拍案而起的人,肯定是没有度量和心胸的人,找工作一次被拒绝就不找了,那你说你能找到第二个工作吗?

关于职业规划:"人生用六个字来表达,第一个叫经历,第二个叫体验,第三个叫升华"

学生:有数据显示:三分之二的大学生没有自己准确的奋斗目标和职业规划。您是如何规划自己的人生达到事业的巅峰的?

俞敏洪:对于现代大学生来说,确定自己一辈子事业的年龄是从二十岁到三十岁,所以中间可以做无数调整。我们现在很多人,为什么每天干活没劲呢?因为工作本身不是一个目标。有的人把工作本身变成了一个自己每个月能够拿点工资,每天来上八小时班,完成我的任务就算完了的一件事情。如果这样的话,你的生命也同样失去了目标。有目标就意味着我心中有一个梦想,我想去实现。

我觉得人生用六个字来表达比较恰当。第一个叫作经历,第二个叫作体验,第三个叫作升华。一辈子有很多不同的活法,你可以很懒散地过一辈子,什么也不做地活下去,也可以做出惊天动地的事业来。你可以一辈子待在一个城市里,也可以一辈子走遍全世界。所有这一切的决定,全是来自你自己的这颗心。因为人是随着心来动的,你心想走到哪里,你人就可以走到哪里。大多数人一辈子只生活在一个地方,生活在一种习惯中间,生活在一种思想的禁锢之下,而没有任何创新,没有任何创意,没有任何激发自己生命的那种动感和令自己感动的生活状态。其实仔细想想,你找不到工作是一件幸运的事情,因为你的生命得到了甜酸苦辣的体验。未来你找到一份工作的时候,你知道这份工作是多么的来之不易、多么值得你去珍惜。如果我们有了这样一种心态,你找得到工作、找不到工作又有什么关系呢?

学生:我去年夏天毕业时,选择了一家电视制作公司,这个工作不是待遇最好的,但的确是我当时最喜欢的。但是这份工作我只做了四个月,就跳槽去了另外一家公司,这是一个比较著名的韩国企业,他们当时给的职位、待遇更好,所以我受到了诱惑,可是去了之后我发现,我完全不能胜任市场部经理这个工作,最后辞职了。

俞敏洪:你是否问过自己,你到底喜欢做什么?当然第二份工作作为一种尝试,虽然最后你发现不适合,但其实是一种收获。我曾经遇到一个学生,她本来是商学院毕业的,也能找到这方面的工作,但是她偏偏对电视节目主持人特别感兴趣,所以她就申请去为天津电视台制作组的人拎包,扛机器,帮着收拾东西,而且没有工资。她的工作心态非常好也非常努力。一年后,大家觉得这小姑娘不错,就开始给她开工资了。后来又发现这个小姑娘说话也挺到位,所以就在小的新闻节目采访时候让她出镜,后来她就变成了天津电视台很好的节目主持人之一。当你决定了一辈子干什么以后,你就要坚定不移地干下去,就不要随便地换。你可以像一条河流一样越流越宽阔,但是千万不要再想去变成另外一条河流或者变成一座高山。有了这样的一个目标以后,你的生命就不会摇晃,这样你才能够做成事情。伟大与平凡的不同之处就在于,一个平凡的人每天过着琐碎的生活,但是他把琐碎堆砌出来,还是一堆琐碎的生命。所谓伟大的人,是把一堆琐碎的事情,通过一个伟大的目标,每天积累起来以后,变成一个伟大的事业。

相关链接

➤ 每一位同学在大学的时候要做的四件事情:第一就是一定要学到很必要的知识;第二要学会交到很好的朋友;第三如果有可能的话,体验一下爱情;第四要为未来就业做好准备。

➤ 摔倒了十次就再也不愿爬起来,他就永远是失败,但是他哪怕是摔倒了一万次,他第一万零一次继续站起来,往前走实在站不起来了,我爬也要爬着往前走,这就叫成功。

➤ 这个世界上失去什么东西都不可怕,唯一可怕的是失去你的心,失去你的勇气。只要你坚韧不拔地奋斗,只要你眼睛看向未来,生命就永远属于你,生命的辉煌也一定永远属于你。

➤ 凡是想要一下子把一件事情干成的人,就算他干成这件事情他也没有基础,因为这等于是沙滩上造房子,最后一定会倒塌。只有慢慢地一步一步把事情干成,每一步都给自己打下坚实的基础,每一步都给自己一个良好的交代,再重新向未来更高去走一步的人,他才能够把事情真正地做成功。

➤ 人生的道路,其实是很不平坦的,靠你一个人绝对走不完的。这个世界上只有你跟别人在一起,为了同一个目标,一起做事情的时候,才能把这件事情做成。一个人的力量很有限,但是一群人的力量是无限的。当五个手指伸出来的时候,它是五个指头。但是当你把五个手指握起来的时候,它是一个拳头。未来除了是你自己成功,一定要跟别人一起成功,跟别人团结在一起,形成"我们",你才能够把事情做成功!

复习思考题

一、单项选择题

1. 下面不计入国内生产总值核算的是(　　)。
   A. 出口到国外的一批货物　　　　　　B. 政府给贫困家庭发放的一笔救济金
   C. 经纪人为一座旧房买卖收取的一笔佣金　　D. 保险公司收到一笔家庭财产保险费

2. 当煤炭有多种用途时,作为最终产品的是( )。
   A. 家庭用于做饭和取暖　　　　　　　　B. 餐厅用于做饭
   C. 供热公司用于供应暖气　　　　　　　D. 化工厂作为原料

3. 下面应该计入国内生产总值核算的是( )。
   A. 购买一辆用过的旧自行车　　　　　　B. 购买普通股票
   C. 汽车制造厂买进十吨钢板　　　　　　D. 银行向某企业收取一笔贷款利息

4. 下列项目中,不属于政府购买的是( )。
   A. 地方政府办三所学校　　　　　　　　B. 政府给低收入者提供的一笔住房补贴
   C. 政府购买一批军火　　　　　　　　　D. 政府给公务人员增加的工资

5. 如果个人收入等于570美元,而个人所得税等于90美元,消费等于430美元,利息支付总额为10美元,个人储蓄为40美元,个人可支配收入则等于( )。
   A. 500美元　　　　B. 480美元　　　　C. 470美元　　　　D. 400美元

6. 经济学上的投资是指( )。
   A. 企业增加一笔存货　　　　　　　　　B. 建造一座住宅
   C. 企业购买一台计算机　　　　　　　　D. 以上都是

7. 某计算机助理工程师不满意现在某工厂的工作环境,辞职准备去一家信息技术公司找工作,这种情况的失业属于( )。
   A. 周期性失业　　　　　　　　　　　　B. 结构性失业
   C. 季节性失业　　　　　　　　　　　　D. 求职性失业

8. 技术的进步造成部分人的素质不适应工作的要求,由此产生的失业是( )。
   A. 求职性失业　　　　　　　　　　　　B. 结构性失业
   C. 需求不足的失业　　　　　　　　　　D. 周期性失业

9. 当经济中只存在( )时,该经济被认为实现了充分就业。
   A. 摩擦性失业和季节性失业　　　　　　B. 结构性失业和季节性失业
   C. 周期性失业　　　　　　　　　　　　D. 自然失业

10. 奥肯定理说明:( )。
    A. 失业率增加1%,现实国民收入减少2.5%
    B. 失业率增加1%,现实国民收入增加2.5%
    C. 失业率减少1%,现实国民收入减少2.5%
    D. 失业率减少2.5%,现实国民收入增加1%

11. 要对付需求不足引起的失业,应该选择( )。
    A. 财政政策与货币政策　　　　　　　　B. 人力政策
    C. 收入政策　　　　　　　　　　　　　D. 控制人口政策

12. 通货膨胀是（　　）。
    A. 一般物价水平普遍而持续的上涨
    B. 货币发行量超过流通中的黄金量
    C. 货币发行量超过流通中商品的价值量
    D. 以上都是

13. 需求拉上的通货膨胀（　　）。
    A. 通常用于描述某种供给因素所引起的价格波动
    B. 表示经济制度已调整过的预期通货膨胀率
    C. 总需求过度增长而引起的通货膨胀
    D. 以上均不是

14. 在下列引起通货膨胀的原因中，哪一个最可能是成本推进的通货膨胀的原因（　　）。
    A. 银行贷款的扩张
    B. 预算赤字
    C. 世界性商品价格的上涨
    D. 投资增加

15. 假如经济发生了严重的通货膨胀，受害者将是（　　）。
    A. 债权人
    B. 退休金领取者
    C. 债务人
    D. 答案A和B所指的人

16. 如果存100元一年期定期储蓄，年利率3%，这一年通货膨胀率1%，则你的实际补偿为（　　）。
    A. 4%　　　　　　B. 2%　　　　　　C. -2%　　　　　　D. -4%

17. （　　）可以称为温和的通货膨胀。
    A. 10%之内的通货膨胀率
    B. 10%—99%的通货膨胀率
    C. 100%以上的通货膨胀率
    D. 0%的通货膨胀率

18. 根据菲利普斯曲线，降低失业率的办法是（　　）。
    A. 减少货币供应量
    B. 增加货币供应量
    C. 增加税收
    D. 减少政府购买

19. 经济周期的四个阶段依次是（　　）。
    A. 繁荣、衰退、萧条、复苏
    B. 繁荣、萧条、衰退、复苏
    C. 复苏、萧条、衰退、繁荣
    D. 萧条、衰退、复苏、繁荣

20. 对经济增长最关键的因素是（　　）。
    A. 资本　　　　　B. 技术　　　　　C. 自然资源　　　　D. 劳动力素质

21. 财政政策是指（　　）。
    A. 政府管理价格的手段
    B. 周期性变动的预算
    C. 为使政府收支相抵的手段
    D. 利用税收、支出和债务管理等政策来实现宏观经济目标

22. 属于紧缩性财政政策工具的是（　　）。
    A. 减少政府支出和减少税收　　　　B. 减少政府支出和增加税收
    C. 增加政府支出和减少税收　　　　D. 增加政府支出和增加税收

23. 扩张性财政政策对经济的影响是（　　）。
    A. 缓和了经济萧条但增加了政府债务
    B. 缓和了经济萧条也减轻了政府债务
    C. 加剧了通货膨胀但减轻了政府债务
    D. 缓和了通货膨胀但增加了政府债务

24. 在经济过热时,政府应该采取（　　）的财政政策。
    A. 减少政府财政支出　　　　　　　B. 增加财政支出
    C. 扩大财政赤字　　　　　　　　　D. 减少税收

25. 我国中央银行货币政策调控的最终目标是（　　）。
    A. 以经济增长为首要目标
    B. 以币值稳定为主要目标
    C. 保持物价稳定,并以此促进国际收支平衡
    D. 保持币值稳定,并以此促进经济增长

26. 下列货币政策操作中,引起货币供应量增加的是（　　）。
    A. 提高法定存款准备金率　　　　　B. 提高再贴现率
    C. 降低再贴现率　　　　　　　　　D. 中央银行卖出债券

27. 中央银行降低法定存款准备金率时,则商业银行（　　）。
    A. 可贷资金量减少　　　　　　　　B. 可贷资金量增加
    C. 可贷资金量不受影响　　　　　　D. 可贷资金量不确定

28. 一般来说,中央银行提高再贴现率时,会使商业银行（　　）。
    A. 提高贷款利率　　　　　　　　　B. 降低贷款利率
    C. 贷款利率升降不确定　　　　　　D. 贷款利率不受影响

29. 中央银行在公开市场上大量抛售有价证券,意味着货币政策（　　）。
    A. 放松　　　　　　　　　　　　　B. 收紧
    C. 不变　　　　　　　　　　　　　D. 不一定

30. 政府宏观调控的四大目标之间存在矛盾,任何一个国家要想同时实现这四大目标是很困难的,但其中（　　）是一致的。
    A. 充分就业与经济增长　　　　　　B. 经济增长与国际收支平衡
    C. 物价稳定与经济增长　　　　　　D. 充分就业与物价稳定

二、应用分析题

1. 下列每一种交易会影响 GDP 的哪一部分（如果有影响的话）？解释之。

（1）家庭购买了一台新冰箱；

（2）美的公司从存货中出售了一台空调；

（3）你买了一碗兰州拉面；

（4）你的父母买了一瓶法国进口红酒；

（5）某市铺设了一条高速公路；

（6）百事公司扩建其在上海的工厂（扩建竣工后的百事松江工厂为该美企在华最大的薯片生产基地）。

2. 什么是自然失业率？哪些因素影响自然失业率的高低？

3. 摩擦性失业与结构性失业相比，哪一种失业问题更严重些？

4. 最低工资法能更好地解释青少年的失业还是大学毕业生的失业，为什么？

5. 通货膨胀的经济效应有哪些？如何治理？

6. 下图中有一个完整的经济周期，请划分出其中的各阶段，并说明各个阶段的特征。

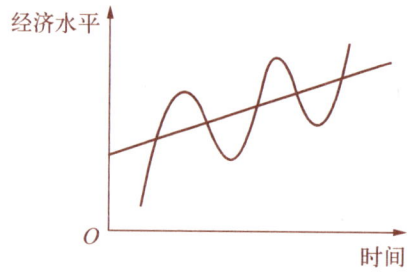

三、计算题

1. 下表是牛奶和蜂蜜之间的一些数据：

年 份	牛奶的价格（美元）	牛奶量（品脱）	蜂蜜的价格（美元）	蜂蜜量（品脱）
2013	1	100	2	50
2014	1	200	2	100
2015	2	200	4	100

（1）以 2013 年作为基年，计算每年的名义 GDP、实际 GDP、GDP 平减指数。

（2）计算 2014 年和 2015 年和上一年度相比名义 GDP、实际 GDP 和 GDP 平减指数变动的百分比。对每一年,确定没有发生变动的量,解释其原因。

(3) 在2014年或者2015年,经济福利增加了吗?解释之。

2. 已知某国在某年度的有关国民收入的统计资料如下:

工资:100亿元;间接税:10亿元;利息:10亿元;消费支出:90亿元;租金:30亿元;投资支出:60亿元;利润:20亿元;政府采购:30亿元;出口额:60亿元;进口额:70亿元。

要求:

(1) 按收入法计算GDP;

(2) 按支出法计算GDP。

3. 假设某国某年有下列国民收入统计资料:

资本消耗:356.4元,雇员报酬:1 866.3元,企业支付的利息:264.9元,间接税:266.3元,个人租金收入:34.1元,公司利润:164.8元,非公司企业主收入:120.3元,红利:66.4元,社会保险税:253.0元,个人所得税:402.1元,消费者支付的利息:64.4元,政府支付的利息:105.1元,政府转移支付:347.5元,国外要素支付净额:78.5元,个人消费支出:1991.9元。

请计算:(1)NI;(2)NDP;(3)GDP;(4)PI;(5)DPI;(6)个人储蓄。

4. 劳工统计局宣布,2013年1月,在所有美国成年人中,就业者为1.433 22亿人,失业者为0.123 32亿人,非劳动力为0.890 08亿人。用这些信息计算:

(1) 成年人口数;

(2) 劳动力;

(3) 劳动力参工率;

(4) 失业率。

5. 若某一经济体的价格水平2013年为107.9,2014年为111.5,2015年为114.5,问2014年和2015年通货膨胀率各是多少?若人们对2016年的通货膨胀率预期是按前两年通货膨胀率的算术平均来形成,设2016年的利率为6%,问该年的实际利率为多少?

四、案例分析题

资料一:

1988年8—9月份全国各地发生的挤兑、提款、抢购风潮,标志着通货膨胀预期在我国的形成。居民消费价格指数,从1987年的7.3%上涨到1988年的18.8%,1989年为18%。由于中央政府在经济整顿中对通货膨胀进行了治理,1990年的居民消费价格指数上涨了3.1%,1991年只上涨了3.4%。但是,由于靠行政手段推动经济增长,出现了"经济过热",于是,1992年,居民消费价格指数达到6.4%,1993年再次快速攀升至14.7%,1994年达到改革以来的最高点——24.1%。这时,中央决定把反通胀作为今后一个时期国家宏观调控的主要目标,采取了一系列措施,致使1995年的居民消费价格指数下降为17.1%,1996年继续下降至8.3%,1997年只有2.8%,实现了经济"软着陆",即"低通胀、高增长"。

资料二：

随着市场经济的发展，社会各类商品的供给逐步大于需求，加上亚洲金融危机的影响等多种制约因素，1998年我国的居民消费价格指数下降至负数，为-0.8%，1999年为-0.14%，2000年虽然转为正数，但也只有0.4%，2001年不到2%。这样，从1997年10月份，全国零售物价指数首次出现负增长（-0.4%），以后持续6个月保持这一趋势。从1997年下半年开始到1999年7月，我国物价已经连续22个月下降，物价不振，商品积压严重。而且，到2002年末，这种现象还没有完全消失，这在建国历史中也是没有出现过的。按照经济学的解释，这是轻微的通货紧缩。

资料三：

2008年12月8日，继美国、欧元区、日本等西方主要经济体确认经济陷入衰退之后，国际货币基金组织发表报告称，2009年中国经济增速仍有望达到9.3%。尽管出口增长放缓，但受投资和消费稳定增长的推动，中国经济仍将保持活力。在经受国际金融海啸冲击和国内特大自然灾害影响的大背景下，中国作为外贸依存度超过60%的国家，能够保持经济平稳较快发展，足以说明国家一系列宏观调控政策的调整及时有效。

面对错综复杂的国内外形势，2008年，中国宏观调控政策经历了迅速而大幅度的调整：从年初的"双防"政策（防止经济过热、防通胀）到年中的"一保一控"（保增长控通胀），年底再转向"保增长、扩内需、调结构"。随着美国次贷危机升级为世界金融危机，西方主要经济体陷入衰退，国内房地产、钢铁、汽车等重要支柱产业产销大幅度下滑。保证中国经济保持平稳较快增长成为当前和以后一段时期我国宏观调控的首要任务。2008年11月9日，国务院常务会议宣布对宏观经济政策进行重大调整，财政政策从"稳健"转为"积极"，货币政策从"从紧"转为"适度宽松"。

阅读资料后回答下列问题：

（1）什么是通货膨胀、经济过热和"软着陆"？

（2）在经济过热、通货膨胀的情况下，应该采取什么样的财政政策和货币政策实现经济的"软着陆"？财政政策和货币政策的具体内容如何运用？

（3）什么是通货紧缩？在市场疲软、通货紧缩的情况下，应该采取什么样的财政政策和货币政策？具体内容是如何运用的？

（4）结合你对政策的了解，简述我国政府当下宏观经济政策目标及具体采取的调控举措。

实训项目

一、实训目标

1. 学会运用宏观经济数据分析实际问题；

2. 锻炼经济数据资料的检索和分析处理能力；
3. 建立对国家宏观调控采用的财政政策与货币政策的感性认识。

二、实训项目与要求

1. 数据比较——宏观经济数据的比较（★辅助素材）

项目要求：

（1）浏览相应省、区、市的统计局官方网站。

（2）在该省、区、市近五年的国民经济与社会发展统计公报中查找教师要求的数据资料。

（3）通过描绘趋势线对该省、区、市的经济与社会发展作出评价。

（4）教师对各小组的数据处理与分析结果进行归纳和点评。

2. 课堂讨论——如何跑赢CPI

项目要求：

（1）调查我国历年通货膨胀的相关数据。

（2）分小组交流讨论"如何跑赢CPI"，撰写报告。

（3）教师对各小组归纳内容进行点评。

3. 数据分析——区域经济周期与经济增长分析（★辅助素材）

项目要求：

（1）查找相应地区或城市的GDP数据。

（2）记录该地区或城市历年的经济增长数据资料。

（3）通过描绘趋势线对区域的经济周期与增长做出分析与判断。

（4）教师对各小组的数据处理与分析结果进行归纳和点评。

4. 网上冲浪——搜集并归纳中国2019年以来的宏观经济政策（★辅助素材）

项目要求：

（1）提供给学生相关网站。

（2）认真研读网络资料，对信息进行筛选和比较。

（3）小组交流和讨论，归纳我国2019年以来宏观经济政策的实施。

（4）教师对各小组归纳内容进行点评。

学习领域 七

国际经济学
——国际贸易与国际金融

了解贸易如何改变人们的状况，透视全球化进程中愈演愈烈的贸易摩擦，了解货币及货币制度，分析人民币汇率变动及走势，回顾人民币国际化十年历程。

学习目标

- 了解绝对优势与比较优势；
- 了解货币及其职能；
- 了解人民币汇率及其变动；
- 了解人民币国际化进程；
- 建立对国际经济现象的敏锐感；
- 提升自我学习以及分析解决问题的职业素养。

关键词汇索引

绝对优势　比较优势　货币　货币制度　银本位制　复本位制　金本位制　纸币本位制　汇率　直接标价法　间接标价法

第一节 贸易能使每个人状况更好

一、牧牛人和农民——贸易能使每个人状况更好

曼昆的《经济学原理》一书总结了经济学非常重要的一条原理——贸易（Trade）能使每个人状况更好。该原理清晰地解释了人们为什么与他们周围的人交易，一个国家为什么与其他国家交易。曼昆在他的书中运用了一个简单的经济模型进行解释：假设世界上只有两个人，牧牛人和种土豆的农民——他们每人都既喜欢吃牛肉，又喜欢吃土豆。如果牧牛人只能生产牛肉，而农民只能生产土豆，那么，贸易的好处是最明显的。在一个方案中，

牧牛人和农民可能选择"老死不相往来"。但在吃了几个月烤牛肉、煮牛肉、炸牛肉和烧牛肉之后,牧牛人肯定觉得自己并不怎么惬意;同样,一直吃土豆泥、炸土豆、烤土豆和用贝壳烘土豆的农民肯定也有同感。如果采取另一个方案,牛肉和土豆之间展开贸易,这时每个人就都可以有汉堡包和炸薯条了。也就是说,每个人的状况都比贸易之前更好了,两个人进行贸易,则双方在合理的价格下实现了"双赢"。

二、乔丹和詹尼弗——"绝对优势"与"比较优势"

当比较一个人、一个企业或一个国家与另一个人、另一个企业或另一个国家的生产率时,经济学家通常是看**"绝对优势"**(Absolute Advantage)。当生产者生产一种物品所需要的投入量较少,就可以说明该生产者在生产这种物品中有绝对优势。但是,还有另一种比较方法,我们可以不比较所需要的投入,而是比较机会成本,即为了得到某种东西而放弃的其他东西。为了分析贸易的好处,经济学家提出了**"比较优势"**(Comparative Advantage)的概念,即生产一种物品之机会成本较少的生产者具有比较优势。

我们看下面的例子:

迈克尔·乔丹(Michael Jordan)是一名优秀的运动员。但是,他很可能在其他活动中也出类拔萃,这里假设乔丹修剪自己的草坪比其他任何人都快。但是仅仅因为他能迅速地修剪草坪,就意味着他应该自己修剪草坪吗?

为了回答这个问题,我们需要应用机会成本和比较优势的概念。比如说,乔丹用2小时能修剪完草坪。在同样的2小时里,他可以拍一部运动鞋的电视商业广告并赚到1万美元(这就是他去剪草坪而不去拍广告所付出的代价,即机会成本)。与他相比,住在乔丹隔壁的小姑娘詹尼弗要用4小时才能修剪完乔丹家的草坪。在这同样的4小时中,她可以在麦当劳工作并赚到20美元。在这个例子中,乔丹在修剪草坪上有绝对优势,因为他可以用更少的时间干完这个活。但詹尼弗在修剪草坪上有比较优势,因为她的机会成本低。但是,如果乔丹和詹尼弗之间展开贸易,对双方就更有好处。乔丹不应该修剪草坪,而应该去拍商业广告片,他应该雇佣詹尼弗来修剪草坪。显然,只要乔丹支付给詹尼弗的钱大于20美元而低于1万美元,双方的状况都会更好。

乔丹与詹尼弗的收入矩阵和最佳选择如表7-1所示。

国际贸易的好处也是显而易见的。当一国允许贸易并成为一种物品的出口者时,该物品的国内生产者状况变好,而该物品的国内消费者状况变

○ **绝对优势**(Absolute Advantage)指某一生产方生产物品所需要的投入量较少,效率高于另一方。

○ **比较优势**(Comparative Advantage)指某一生产方生产物品的机会成本低于另一方。

表 7-1　乔丹和詹尼弗的收入矩阵和最佳选择

	剪 草 坪	做广告/麦当劳	最 佳 选 择
乔 丹	40美元	1万美元	做广告
詹尼弗	多于20美元	20美元	剪草坪

坏,只要赢家的收益超过了输家的损失,贸易就增加了该国的经济福利。而当一国允许贸易并成为一种物品的进口者时,该物品的国内消费者状况变好,而该物品的国内生产者状况变坏,只要赢家的收益超过了输家的损失,贸易同样增加了该国的经济福利。因为贸易的好处是依据比较优势,而不是绝对优势。即使一国在生产每一种物品上都比另一国强,这个国家仍然能从与别国的贸易中获益。

贸易可以使每个人状况更好。了解这个基本的经济学原理,对我们做出正确的经济决策是非常有益的。谁也不见得什么都做,而每个人都去做自己最有效率的事,把有些业务外包出去,把有些产品购买进来,以此来达到自己的效益最大化。人与人之间、企业与企业之间、地区与地区之间、国家与国家之间,不是都可以多开展些贸易吗?

> **即问即答**
>
> 牙科诊所的一个医生打字速度很快,他该自己打字还是雇佣一个打字员?为什么?

三、从中美贸易摩擦再看"比较优势"

1. 中美贸易摩擦愈演愈烈

2018年3月23日凌晨,美国总统特朗普正式宣布对中国多种商品征收多达600亿美元的惩罚性关税。

3月23日,商务部发布了针对美国进口钢铁和铝232措施的中止减让产品清单,并征求公众意见。

3月29日,中方向世贸组织通报了中止减让清单,决定对自美进口部分产品加征关税,以平衡美方232措施对中方造成的利益损失。

4月1日深夜,中国宣布对自美进口的128项产品加征15%或25%关税。

4月2日,国务院关税税则委员会决定自2018年4月2日起对自美进口的128项产品加征15%或25%的关税。

4月3日,美贸易代表公布对华301调查征税建议,并公开征求意见。征税产品建议清单将涉及我国约500亿美元出口,建议税率为25%,涵盖约1 300个税号的产品。

4月4日,中国商务部发布公告,宣布将对原产于美国的大豆等农产品、汽车、化工品、飞机等进口商品对等采取加征关税措施,税率为25%,涉及2017年中国自美国进口金额约500亿美元。

4月6日，美国总统特朗普表示，鉴于"中国不公平的反击"，他已责成美国贸易代表办公室依据"301调查"，考虑对从中国进口的额外1 000亿美元商品加征关税是否合适。

4月6日晚8时，商务部召开新闻发布会，如果美方公布新增1 000亿征税产品清单，中方已经做好充分的准备，将毫不犹豫、立刻进行大力度的反击，我们不排除任何选项。

4月11日，美国总统特朗普表态：我不会称之为贸易战，因为这真的是一场贸易谈判。如果中国愿意进一步向美国产品开放市场，两国就有能力免打贸易战。

4月12日，商务部新闻发言人高峰表示，希望美方有些人不要误判形势，奉劝美方，认清世界的大势，不要"一条道上走到黑"。

4月16日，美国商务部发布公告称，美国政府禁止中兴通信向美国企业购买敏感产品，声称中兴通信曾向美国官员作虚假陈述。

4月17日，商务部发布公告，决定对原产于美国的进口高粱实施临时反倾销措施。

前面列举的仅是2018年3月至4月中美贸易摩擦双方对垒的情况。近年，作为世界经济总量最大的两个国家，中美之间的"贸易摩擦"愈演愈烈。在中美贸易大战中，特朗普提高关税仍声称是为了解决美国的对华贸易逆差，下面我们先一起了解一下贸易顺差和贸易逆差的概念。在全球化的市场下，各国之间交易商品再没有了地域上的限制。就像一个企业会把日常交易整理汇总在自己的财务报表上那样，各国之间进行商品和服务贸易也会记录在自己的国际收支平衡表中，其中有一个账户，里面记录了一个国家出口了多少金额，进口了多少金额。当余额为正时，说明商品和服务贸易出现了顺差(trade surplus)，出口贸易总额大于进口贸易总额，又称"出超"。当余额为负时，说明出现了逆差(trade deficits)，进口贸易总值大于出口总值，俗称"入超"。美国称，2018年美国对华贸易逆差近4 200亿美元，使美国工人、农民、农场主和商业蒙受巨大损失，当然，中方对这一数据与状况并不认可。

2. 从中美贸易摩擦再看"比较优势"

造成中美贸易逆差巨大的原因是中国跟美国的比较优势不同。美国从19世纪末以后成为全世界最发达的国家，它的工资水平在全世界最高，所以劳动密集型的企业就没有比较优势。东亚经济相对落后，收入水平低。所以，东亚在劳动密集型产业上有比较优势，20世纪五六十年代，美国所需要的劳动密集型的生活必需品，一般都是从日本进口的。美国对日本就有很大的贸易逆差，到了六七十年代日本收入水平也上涨了，当时亚洲四小龙刚刚开始发展，工资水平低，相较于日本，在劳动密集型产业上有比较优势。所以日本的劳动密集型产业就转移到亚洲四小龙来，美国的贸易逆差因此从日本转移到亚洲四小龙。80年代刚好中国改革开放以后，美国的贸易逆差以相同的原因转移到中国。美国跟亚洲四小龙跟日本，由逆差变成顺差，逆差都集中在中国，这是比较优势变化的结果。

美国对外贸易逆差增长过快的主要原因还有其自身的结构性问题。美国的政府消费与百姓消费非常多，储蓄非常低。任何一个国家如果消费多、储蓄低，国内生产满足不了国内需要，就要从国外进口，那就会有逆差。绝大多数国家这种逆差顶多维持两到三年就维持不下去，美国长期维持这种贸易逆差是因为美元是国际储备货币，可以印钞票买东西。所以，这些年美国的贸易逆差绝对量不断地扩大，是因为它的消费越来越多，靠美元印了以后可以买世界产品来维持，而这当中中国比重比较大。

中美贸易顺差在中国，但利益顺差在美国。中美贸易顺差给美国的消费者带来了实实在在的好处。据牛津经济研究院数据统计，买中国货可帮美国家庭每年节省850美元以上。如果试图靠征收关税的办法来削减贸易逆差，不仅无法实现，而且会给美国企业和消费者带来严重损失。美国通过征税抬高中国产品的价格，将给上游原材料国家带来压力，并打击在华跨国公司的利益。

尽管绝大多数贸易摩擦，最终都会在当事双方的沟通磋商或是在有关国际贸易仲裁机构的公允裁决下得以解决，但事后反观这些影响面极大的贸易摩擦风云，不管每一个回合的周期长短，莫不使牵涉其中的众多企业受到一定程度的利益伤害乃至巨大的机会损失。2018年至今的一轮中美贸易摩擦中，中兴通信事件和华为实体名单更是给了我们深刻的教训和启示，有必要重新思考我们基于"比较优势"理论的出口战略取向，不光要跳出过度依赖"劳动力成本优势"的惯性思维，还需要能够在核心环节不受制于人，需要能够在贸易政策调整以及未来经济交换规则发生变化情况下，牢牢掌握主动权。

中国要在全球产业链中占据有利位置，在未来全球的交换原则以及分工原则中一定要确立自己的比较优势，这是一个非常重要的原则和基础。不仅要从劳动力的数量和质量、从资本的规模和效率考虑，还要更加重视从过去作为引进技术的一方发展到更多地依靠自己的技术研发创新，更要重视利用市场规模优势，实现在整个的产品质量标准等方面建立自己的比较优势。中美贸易摩擦为中国提供了一个契机，让我们可以重新思考在未来的工业化和经济发展过程中应该坚守什么样的位置，坚守什么样的比较优势，同时应当突破什么样的制约环境和瓶颈。中国的经济转型的核心点是要强化国家工业化发展，第四次工业革命其实是中国经济转型升级、大国崛起的一个绝好机会，核心就是我国在工业体系里面需要占据有利位置，尤其是在全球产业链上的有利位置。

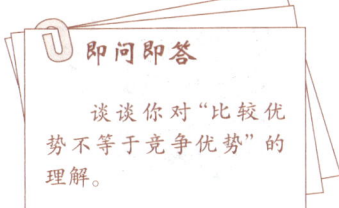

即问即答

谈谈你对"比较优势不等于竞争优势"的理解。

第二节 | 货币与汇率

一、货币与中国的货币制度

1. 货币的职能与形态

二战期间，在纳粹的战俘集中营中流通着一种特殊的商品货币：香烟。当时的红十字会设法向战俘营提供各种人道主义物品，如食物、香烟、衣服等。由于数量有限，这些物品只能根据某种平均主义的原则在战俘之间进行分配，而无法顾及每个战俘的特定爱好。但是人与人之间的偏好有所不同，有人喜欢巧克力，有人喜欢奶酪，还有人更想得到一包香烟。因此这种分配显然缺乏效率，战俘们有进行交换的需要。但是即使在战俘营这样一个狭小的范围内，物物交换也显得非常不方便。因为它要求交易双方恰巧都想要对方的东西。为了使交换能够顺利地进行，需要有一种充当交易媒介的商品，即货币。那么，在战俘营中，究竟哪一种物品适合做交易媒介呢？许多战俘营都不约而同地选择香烟来扮演这一角色。战俘们用香烟来进行计价和交易，如一根香肠值10根香烟，一件衬衣值80根香烟，替别人洗一件衣服可以换得两根香烟。有了这样一种记账单位和交易媒介后，战俘之间的交换就方便多了。

为什么是香烟充当起战俘营里的货币，而不是其他商品，如食物或衣服呢？

众所周知，**货币**（Money）是固定充当一般等价物的特殊商品。经济学家认为，货币的职能主要有三种：第一，交换媒介，即作为一种便于交换的工具，这是最基本的功能；第二，计价单位，即用来表示其他一切商品的价格，这是作为货币的必要条件，采用这种通用的计价单位可以极大地方便经济生活；第三，贮藏手段，即作为保存财富的一种方式，这是作为交换媒介的延伸。

○ **货币**（Money）从商品中分离出来固定地充当一般等价物的商品。

香烟之所以会成为战俘营中流行的"货币"，是因为它容易标准化，且具有可分性，同时不易变质。这些特点正和作为"货币"的职能要求相一致，香烟就理所当然地成为当时的"货币"。

香烟自然是一种实物货币，有别于我们今天使用的纸质货币。下面我们来了解一下货币演变历经的形态：

（1）实物货币。

物物交换开始的时代，就出现了货币。在原始社会，人们用以物易物的方式，交换自己所需要的物资，比如一头羊换一把石斧。但是有时受到交换物资种类的限制，不得不寻找一种能够为交换双方都接受的物品，这种物品就是最原始的货币。牲畜、盐、稀有的贝壳、珍稀鸟类羽毛、宝石等不容易大量获取的物品都曾被作为货币使用过。

（2）金属货币。

经过长年的自然淘汰，在绝大多数社会里，作为货币使用的物品逐渐被金属所取代。使用金属货币的好处是它的制造需要人工，无法从自然界大量获取，同时还容易分割和储存。数量稀少的金、银和冶炼困难的铜都成为当时主要的货币金属。马克思的"金银天然不是货币，但货币天然是金银"，一语点破金银充当一般等价物所具备的天然属性，即体积小、价值大、质地均匀、易分割、久藏不坏且便于收藏。

（3）纸币。

随着经济的进一步发展，金属货币同样显示出其使用上的不便。在大额交易中需要使用大量的金属硬币，其重量和体积都令人烦恼。金属货币使用中还会出现磨损的问题。据不完全统计，自从人类使用黄金作为货币以来，已经有超过两万吨的黄金在铸币厂里或在人们的手中、钱袋中和衣物口袋中被磨损掉，于是作为金属货币象征符号的信用货币——纸币出现了。世界上最早的纸币出现在宋朝年间的中国四川地区，俗称"交子"。目前世界上共有两百多种纸币，流通于世界193个独立国家和其他地区。作为各国货币主币的纸币，精美、多侧面地反映了该国历史文化的横断面，沟通了世界各国人民的经济交往。目前世界上比较重要的纸币包括美元、欧元、人民币、日元和英镑等。

（4）电子货币。

随着互联网和移动通信成为人们日常生活中不可或缺的一部分，移动支付和网上支付逐渐成为日常生活中重要的支付手段。特别是2013年比特币的大热、网上银行、移动支付宝钱包、手机银行、微信银行以及各种移动互联网金融工具的普及使得电子货币在人们脑海中已经不仅仅是一个朦胧的概念，而是具象化为人们生活中使用的工具，电子货币是否会取代传统纸币也开始成为热议的话题。

电子货币是信息技术下现代支付工具的最新体现，是货币发展和演化的结果。电子货币是指用一定金额的现金或存款从发行者处兑换并获得代表相同金额的数据,通过使用某些电子化方法将该数据直接转移给支付对象,这种货币没有物理形态,为持有者的金融信用。

电子货币作为一种货币,具有货币的一般属性,但也有其特殊性。首先,电子货币具有内生性。货币供给的外生性是指货币供应量是由中央银行控制和决定,而内生性是指主要由经济体系内部各经济主体决定。纸币就是一种外生性货币,由中央银行或特定机构垄断发行,中央银行承担发行成本,享受其收益;而电子货币是一种竞争性货币,其发行机制既有中央银行,也有一般的金融机构,甚至非金融机构。其次,电子货币是一种信用货币。纸币是以中央银行和国家信誉为担保,具有无限法偿的性质,被强制接受和广泛使用;电子货币发行依赖各个发行者自身的信誉,是一种强网络外部性的产品。第三,电子货币的清算具有多元性。纸币清算多由以中央银行为核心的支付清算系统完成,而电子货币清算可以是电子货币的发行者,也可以是第三方机构。第四,电子货币成本低。电子货币本质上是一组二进制的数据信息,其生产过程简单,运输费用和边际成本几乎是零,也不需要支付保管和清点费用,可以有效降低货币的使用成本,同时可以直接减少纸币印刷、防伪、替换、销毁等费用。第五,电子货币具有相对的匿名性。追求货币的匿名性一直是电子货币发行者的初衷,例如digicash电子货币支付机制一直标榜其具有支付的匿名性。但是,电子货币的发行和支付通过计算机网络实现,其所有的交易踪迹其实都可以记录和跟踪,因此其匿名性具有相对性。

电子货币的出现,体现了货币流通效率的提高、货币流通费用的降低,从而降低了商品交易的费用,直接促进经济加速发展。另外相对纸币遗失、被盗抢的风险大大降低。可见,随着科技的进步和电子货币方面法律的完善,电子货币取代纸币是必然趋势,但是现阶段电子货币还是完全基于现有纸币真实价值的另一种支付形式,还无法完全取代纸币,并且未来一段时间依然会是纸币、"电币"的共存期。

即问即答

曾经火爆全球的比特币是货币还是商品?目前在我国对于比特币交易有怎样的规定?

知识链接

比特币(英语:Bitcoin,简写:BTC,货币符号:"Ƀ")是一种用户自治、全球通用的加密电子货币。其概念由中本聪(Satoshi Nakamoto,化名)在2008年提出。与传统货币不同,比特币运行机制不依赖中央银行、政府、企业的支持或者信用担保,而是依赖对等网络中种子文件达成的网络协议,去中心化、自我完善的货币体制,理论上确保了任何人、机构或政府都不可能操控比特币的货币总量,或者制造通货膨胀。

比特币经济使用整个P2P网络中众多节点构成的分布式数据库来

确认并记录所有的交易行为,并使用密码学的设计来确保货币流通各个环节安全性。P2P的去中心化特性与算法本身可以确保无法通过大量制造比特币来人为操控币值。基于密码学的设计可以使比特币只能被真实的拥有者转移或支付。这同样确保了货币所有权与流通交易的匿名性。比特币的总数量非常有限,具有极强的稀缺性。

与美国等一些国家赋予比特币货币的身份不同,目前在我国比特币等虚拟网络货币作为零售支付工具并没有得到认可。首先,比特币的发行没有国家信用背书,而且其暴涨暴跌、全天24小时交易,本身具有非常大的风险;而且比特币作为一个投机性工具,被一些洗钱和非法经济活动所利用,存在威胁金融安全和社会稳定潜在的风险,还有可能会给国际货币体系、支付清算体系等带来风险和挑战,所以我国不仅严厉打击比特币交易,对于耗费大量能源的比特币挖矿行为也是全面整治的。

2. 中国的货币制度

(1) 货币制度的形成和演变。

在金银成为货币一般形态的情况下,各国为了从法律上规范货币的使用和流通,纷纷制定具体的货币制度,并确定一种基础货币用于计价结算,即货币的本位。

> **货币制度**(Monetary System)
> 指一个国家管理其本位货币数量与质量的全套法律规定或管理制度。

所谓**货币制度**(Monetary System),是指一个国家管理其本位货币数量与质量的全套法律规定或管理制度。主要内容包括:确定货币和辅币的材料;确定货币的单位;规定货币的流通程序和流通办法;确定发行准备和货币的对外关系。人类货币制度的发展史,基本是从银本位制开始,经历了金银复本位制,金本位制,直到今天的信用货币制度。

> **银本位制**(Silver Standard)
> 是指以白银作为本位货币的货币制度。

银本位制(Silver Standard)是以白银作为本位货币的货币制度。有银两本位和银币本位两种类型。银两本位是以白银重量"两"为价格标准实行银块流通。银币本位则是国家规定白银为货币金属,并要求铸成一定形状、重量和成色的银币;银币可以自由铸造成和自由熔化;银行券可以自由兑换银币或白银;银币和白银可自由输出或输入,以保证外汇市场的稳定。

> **复本位制**
> (Bimetallic Standard)是指以金、银两种特定铸币同时作为本位货币,并规定其币值对比的货币制度。

复本位制(Bimetallic Standard)是指一国同时规定两种金属——金和银作为本位货币。在复本位制下,金和银都可以自由买卖、自由铸造和自由输出入。在这种制度下,16世纪英国银行家T.格雷欣发现了一种现象:在金属货币流通条件下,如果在同一地区同时流通两种货币,则价值相对低的劣币会把价值相对高的良币排挤出流通领域,这就是著名的"格雷欣定律"。早在人类给金钱以一定的币值时起,这一法则就开始起作用了。追溯到古罗马时代,人们就习惯从金银钱币上切下一角,这意味着在货币充当买卖媒介时,货币的价值含量减小了。古罗马人很快就觉察到货币越变越轻。当他们知道货币减轻的真相时,就把足值的金银货币积存起来,专门用那些不足值的货币。这个例子说明:"坏"钱把"好"钱从流通领域中排挤出去了。为控制劣币驱逐良币这一现象的蔓延,政府发行了带锯齿的货币,足值货币的边缘都有细小的沟槽。如果货币边缘的沟槽被挫平了,人们就知道这枚货币被动过手脚。在采用金、银复本位制时,这一定律也同样适用。当时,金和银都是法定货币,在法律上按一定比价,具有相同的价值。但在现实情况中,金子比银子更为贵重,人们必然地储存更有价值的金子而使用相对来说价值较低的银子,就会出现银子把金子驱逐出流通市场的现象。大多数人都有过这样的经历,当钱包里既有新钱又有旧钱的时候,大家都愿意把旧钱花出去买东西,留下"新票"。道理很简单,出于对新钱的偏好。所以,从各国实行复本位制的情况看,复本位制下金币和银币并不能同时流通。

金本位制(Gold Standard)是以黄金作为本位货币的货币制度。在金本位制下,每单位的货币价值等同于若干重量的黄金;当不同国家使用金本位时,国家之间的汇率由它们各自货币的含金量之比——金平价来决定。金本位制于19世纪中期开始盛行。在历史上,曾有过三种形式的金本位制:金币本位制、金块本位制和金汇兑本位制。

> **金本位制**(Gold Standard)
> 是指以黄金作为本位货币的货币制度。

信用货币制度即**纸币本位制**(Paper money standard),它是指以国家发行的纸币作为本位币的货币制度。它是在20世纪30年代经济危机和货币危机爆发导致金本位制崩溃后逐步形成的。纸币作为主币流通,具有无限法偿能力。纸币作为一种信用货币,价值不由黄金价值决定,而是取决于它自身的购买力。纸币本位制的优点包括:货币供应可由中央银行根据需要作出调节;通过调节货币,可对经济和国际收支进行调节;纸币制作成本低,便于流通和携带。纸币本位制的主要缺点是不稳定:一是往往超量发行纸币,导致纸币贬值;二是各国货币对外汇率变化波动大,会影响到国际贸易与资本流动。

> **纸币本位制**
> (Paper money standard)
> 指以国家发行的纸币作为本位币的货币制度。

(2)我国货币制度的建立和实施。

人民币是我国于1948年12月在合并与收兑当时各个革命根据地和解放区货币的基础上建立起来的,它是我国现行的唯一合法货币。1948年12月1日,华北银行、北海银行和西北农民银行合并成立了中国人民银行,同时正式发行人民币作为全国统一的货币。人民币发行后,在通过逐步收兑、统一解放区货币的基础上,又迅速收兑了原国民党政府发行的伪法币、金圆券乃至银行券，并排除了当时尚有流通的金银外币等，从而建立了以人民币为唯一合法货币的、统一的货币制度。

我国现行的货币制度，为人民币、港币、澳门元"一国三币"的货币制度。目前港币、澳元各限于香港、澳门地区流通，但人民币已经在香港、澳门实现了一定程度的流通。人民币制度的基本内容：

① 人民币是我国的法定货币。

② 人民币采取不兑现纸币的形式。

③ 人民币是我国（内地）唯一的合法通货，严格禁止外币在中国境内计价流通，严禁金银流通，严格禁止损毁人民币及其信誉。

④ 国家指定中国人民银行为唯一的货币发行机构，并对人民币流通进行管理。

⑤ 人民币出入境受到不同程度的限制。

二、人民币汇率及其走势分析

1. 认识汇率

汇率（Exchange Rate）是指两种货币之间的兑换比率，也叫作汇价

汇率（Exchange Rate）是指两种货币之间的兑换比率，也叫作汇价。如果把货币也看作是一种商品，那么汇率就是在外汇市场上用一种货币购买另一种货币的价格。目前国际上有两种外币汇率标价的方式：直接标价法和间接标价法。简单地说，直接标价法（Direct Quotation）就是以一定单位的外币为标准，来换算应收付若干本币的一种测量汇价的方法。例如，以人民币为本币，在直接标价下表示为：1 美元 =7.073 人民币元、1 英镑 =8.775 人民币元、1 俄罗斯卢布 =0.096 人民币元。目前，世界上除英国、美国和澳大利亚以外，其他国家都使用直接标价法，我国人民币外汇牌价，也采用这种方法。间接标价法（Indirect Quotation）是以一定单位本币为标准来计算应收付若干单位外币的一种测量汇价的方法。例如：1 美元 =106.65 日元、1 英镑 =132.32 日元、1 澳元 =0.653 美元、1 欧元 =1.084 美元。目前欧元、英镑、澳大利亚元采用间接标价法，美国在 1978 年 9 月以前也使用直接标价法，后来为了和国际市场上美元标价一致，改为间接标价法。

人民币汇率代表人民币的对外价值，由国家外汇管理局在独立自主、统一性原则基础上，参照国内外物价对比水平和国际金融市场汇率浮动情况统一制订、调整，逐日向国内外公布，作为一切外汇收支结算的交换比率，它是官方汇率，没有市场汇率，其标价方法采用上面介绍的也是国际通用的直接标价法，如中国外汇交易中心的数据显示，2020 年 4 月 27 日人民币对美元汇率中间价报 7.070 3。这里的汇率中间价是现汇买入价和卖出价的算术平均值。

在外汇交易中，直接标价法下汇率的涨跌是以本币数额的变化来表示的。如果外币折算成本币的数额上升，表示外币升值，本币贬值；相反，如果外币折算成本币的数额下跌，则说明外币相对于本币贬值，而本币升值。简单地说，直接标价法下，汇价数值越大，外币价值越大，反之亦然。

一国外汇行市的升降，对进出口贸易和经济结构、生产布局等都会产生影响。汇率是国际贸易中最重要的调节杠杆，汇率下降，能起到促进出口、抑制进口的作用。例如，一件价值100元人民币的商品，如果人民币对美元的汇率为7.0（直接标价法），则这件商品在美国的价格就是14.29美元。如果人民币对美元汇率降到7.5，也就是说美元升值，人民币贬值，用更少的美元可买此商品，这件商品在美国的价格就是13.33美元。所以该商品在美国市场上的价格会变低。商品的价格降低，竞争力变高，便宜好卖。反之，如果人民币对美元汇率升到6.5，也就是说美元贬值，人民币升值，则这件商品在美国市场上的价格就是15.38美元，此商品的美元价格变贵，竞争力减弱，出口减少。

2. 人民币汇率变动分析

（1）汇率变动影响因素。

影响汇率的因素众多且错综复杂，归纳来看，主要包括以下几个方面：① 国际收支状况。当一国经常项目国际收支出现顺差时，在外汇市场上，外汇（货币）的供给大于需求，因此本币汇率上升，外币汇率下降。相反，当一国的国际支出大于其收入时，该国就会出现国际收支逆差，而在外汇市场上，外汇（货币）的供给小于需求，因此本国货币的汇率会更低。外汇汇率因下跌而上涨。② 通货膨胀率的差异。当一个国家出现通货膨胀时，商品成本上升，出口商品的外币价格必然上升。出口商品在国际市场的竞争力将减弱，导致出口下降，同时提高外国商品在国内市场的竞争力，导致进口增加，从而改变经常项目国际收支平衡。此外，通货膨胀率的差异还会通过影响人们对汇率的预期，影响资本和金融账户的收支。相反，相对通胀率较低的国家往往会升值本国货币。③ 利率差异。当一国的利率水平高于其他国家时，表明使用本币资金的成本增加，导致外汇市场本币供应量相对减少。另一方面，也表明放弃使用资金的收入增加，国际短期资本倾向于从中获利，外汇市场的外汇供应量相对增加。本外币资金供求关系的变化，导致本币汇率上升。相反，当一国的利率低于其他国家时，外汇市场资金供求的变化会降低本国货币的汇率。④ 财政、货币政策。一般来说，扩张性财政和货币政策造成的巨额财政收支赤字和通货膨胀，会使本币贬值；通缩性财政和货币政策会减少财政支出，稳定本币，使本币升值。

（2）近年人民币汇率变动趋势分析。

影响人民币汇率变动原因是多方面的，中国经济实力的变化与宏观经

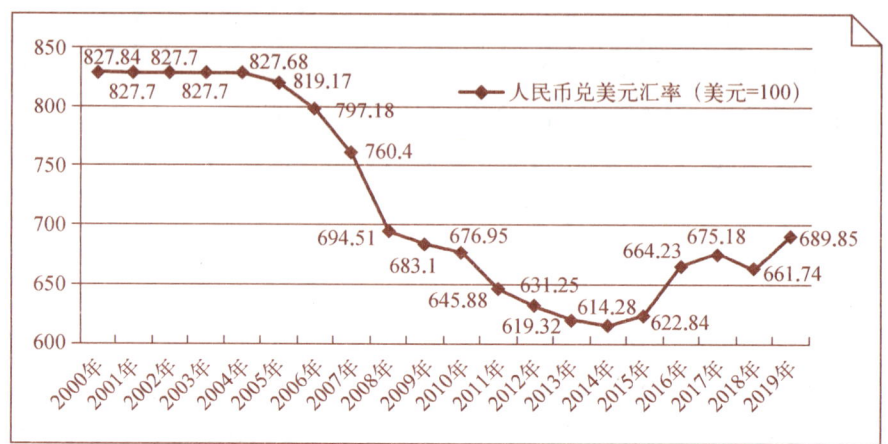

图7-1 2000—2019年人民币兑美元汇率变动

济政策尤其是货币政策的选择,是决定人民币汇率长期发展趋势的根本原因。国际收支的状况和通货膨胀制约是决定人民币汇率变化的基本因素,而利率因素和汇率政策也起到一定从属作用。图7-1给出了从2000年到2019年人民币兑美元汇率的变动情况。

2000—2005年人民币汇率呈基本固定态势,实际上这是由于当时实行的是固定汇率政策,人民币兑美元只能在8.27至8.28非常窄的范围内浮动。2005年7月21日,人民银行宣布进行汇率机制改革,开始实行以市场为基础的、参考一篮子货币进行调节的、有管理的浮动汇率制度。根据对汇率合理均衡水平的测算,人民币对美元即日升值2%,即1美元兑8.11元人民币。此阶段,人民币兑美元汇率持续上升,1美元兑换人民币从8.27元先后突破8.2、8.1、8.0元关口,升值幅度达3%。进入2006年,人民币汇率经历了从缓步上升到快跑,再到"加速跑"的过程。5月15日,人民币汇率中间价首度突破8元;7月20日,人民币汇率中间价再次"破8"后一路向下,从此告别了这个关键的位置。来自中国外汇交易中心的数据显示,2006年人民币的月平均汇率已从1月份的8.068 8升值至11月份的7.865 2。2007年,人民币升值趋势已经明朗化,在震荡中不断改写汇改以来历史新高,全年升值6.5%。

2008年4月10日人民币中间价破7.000大关,从此人民币汇率进入"6"时代。2008年6月中旬第一次汇改结束一直到2010年6月中旬的两年内,人民币兑美元汇率基本保持在6.8左右。2010年6月19日,中国人民银行决定进一步推进人民币汇率形成机制改革,增强人民币汇率弹性。2010年9月人民币汇率冲破了6.7关口,创下2005年汇改以来新高。2010年12月31日人民币对美元中间价为6.622 7元。2011年人民币对美元连破6.6、6.5、6.4三大关口,8月中旬迈进"6.3时代"。以人民币对美元汇率开盘中间价计算，2011年最后一个交易日开盘中间价为6.300 9，在2012年5月2日创出年内最高点6.267 0后，8月16日创年内最低点6.349 5，12月31日最后一个交易日为6.285 5，全年人民币升值幅度为0.25%。

2013年，人民币汇率仍继续在震荡中上升，10月10日人民币兑美元汇率中间价创汇改以来新高，为6.141 5。2014年全年人民币对美元汇率贬值0.36%，这是人民币汇率自2010年重启汇改以来首次出现年度贬值。进入2015年，在美联储加息预期的影响下，人民币开始了一段不平凡的"旅程"。以8月份为分水岭，人民币兑美元在1月至7月呈现"先贬后升"双向波动态势。8月11日，央行宣布调整人民币汇率中间价报价机制。同时央行在8月11日当天一次性将人民币兑美元汇率中间价贬值1 136个基点，人民币汇率又是瞬间从6.1左右变到6.3左右。"8.11汇改"对市场造成不小的冲击，此后人民币汇率进入一年半的贬值区间，与人民币贬值相对应的，是资本的大规模流出。

2017年1月1日，由于离岸外汇市场大笔买入人民币而卖出美元，造成人民币剧烈升值，从接近7的水平，2天之内汇率就变成了6.8左右，打得人民币空头猝不及防。5月26日，央行宣布，在汇率中间价定价机制中引入"逆周期因子"。逆周期因子反映市场供需情况的汇率变动，经过逆周期系数调整后得到，至此形成了现行的"上一交易日收盘价+一篮子货币汇率变化+逆周期因子"三个因素共同决定的汇率中间价形成机制。人民币汇率的单边贬值预期逐步化解并逆转，人民币汇率升值一直持续到2018年4月份，此后由于美联储的加息预期等各种原因，美元一路走强，人民币再次进入贬值周期。2018年全年人民币汇率贬值幅度达到5.4%。这在一定程度上反映了市场对中美贸易摩擦，以及中国经济走势的不确定性。尽管2019年全年人民币兑美元中间价累计调贬1 130个基点，但1.65%的调贬幅度较2018年已明显收窄。

伴随人民币汇率市场化形成机制持续完善，人民币汇率双向波动将成为常态。2020年人民币汇率仍会延续近几年来双向波动的局面，基本保持在均衡合理水平，只是未来上下波动会比现在更具有"弹性"。

三、人民币国际化之路任重而道远

1. 什么是人民币国际化？

人民币国际化，顾名思义，就是人民币成为国际货币。成为国际货币就是货币要有足够的流动、使用频率、并且国际贸易使用规模要足够大，才能在外汇市场上反应出其最准确的价值。要想实现这一条，就需要满足以下三个条件，这也是我国近十年来一直努力的方向：

首先，需要有一个货币之间交易的场所，并且得有金融衍生品工具能防

范持有货币的风险。市场不仅仅在需要货币兑换的时候能够交易货币，假如持有货币、但目前没有贸易需求的人想做点投资，需要有股票、债券、黄金市场等。

其次，货币在本国进出没有限制，推国际化货币就要有进有出，不管是经常项下的还是资本项下都可以进出。我国目前经常项下的货贸和服贸是完全放开了，但是资本项下对外投融资，还是外商对境内投融资都是有限制的。

最后，需要货币汇率的稳定。对于其他国家来说，货币如果有增值的预期，就愿意大量持有，反之，则愿意兑换成其他硬货币。大进大出可能就会使本国货币的汇率大起大落，影响本国经济的稳定，也影响了国内货币政策的独立性，因为在资本项目自由的情况下，资金的流动是被动的，不受央行控制的。并且，在经济不稳定的时期放开资本项目，剧烈的波动也会打消持有货币的积极性。人民币国际化没推成功，自己家的经济还会受损。

那如何才能保持汇率的稳定呢？最基本的就是国家持续、稳定的经济发展。比如之前的金融危机、欧元危机时期，中国的经济还维持较高的水平，人民币汇率也没有贬值，国际上也对人民币持有极大的信心。可以看出，成为国际货币的条件是多么苛刻。货币国际化的背后，是需要经济实力、金融市场和制度环境支持的。我们国家在经济总量已经排到世界第二，要想使人民币国际化，达到国际货币的标准，还需要做的就是国内完善的金融市场、资本项目的可自由兑换以及人民币长期保持稳定。

2. 人民币为什么要国际化？

首先，因为是外币在国内使用时需要兑换成人民币，汇率如果改变就有损失的风险。如果用人民币进行结算，国际贸易就没有了汇率波动的风险。2008年全球金融危机突如其来，国际汇率变化莫测，出口企业纷纷叫苦不迭。例如，华为当年的净利润约为11.5亿美元，较2007年上升约20%，但汇兑损失从2007年约3 060万美元上升至2008年的7.76亿美元，几乎吃掉一半的净利润。鉴于企业的呼声和看到人民币在周边国家如蒙古、缅甸等跨国广泛接受的良好声誉，认识到美元独大和泛滥给国际货币体系带来的风险，各界苦苦思索金融风暴"台风眼"的次贷危机的根源和应对之道。2009年3月，《关于改革国际货币体系的思考》对次贷危机开出了中国药方，同时表明要积极参与国际经济治理，提高SDR地位（实际是人民币走向国际），客观上也改变了中国长期以来国际规则制定者追随有余而作为不足的惯性思维。

然后，我们国家是最大的债权国，通常都是美元结算，汇率的波动也会使国家受到损失。

最后，就国际地位，假如上海是全球最大的国际金融中心、人民币贸易结算量占比也大、人民币的地位也高，中国在国际上的地位和话语权也会相应的提高。并且,作为国际货币,本国主动的货币政策和人民币汇率波动将对其他国家金融市场和经济影响较大,本国抗金融风险的能力也将大大提升,发挥大国的风范,维护全球的经济稳定。所以,让人民币国际化势在必行。

3. 为什么从2009年开始国际化? 人民币国际化十年历程如何?

首先人民币国际化的前提是资本项目的放开,货币可以自由进出。但是,当时国家经济实力属于上升期,人民币的升值预期是统一的,资本放开之后会导致大量的外币兑换成人民币进入中国市场,导致人民币的需求提高,汇率上涨。因此,在资本项目下,国家一直没有放开。

2009年之后,国家允许香港开始试点人民币跨境交易,与周边国家可以使用人民币进行双边贸易交易试点。那为什么此时开始推进了呢? 主要是汇率的单边升值预期降低,并且国家2005年推出参考一篮子货币管理汇率,使人民币汇率的波动范围也有所降低,此时,推人民币国际化对国内经济的影响相对来说比较小。

回顾十年历程,人民币国际化作为国家战略被提出,成为温总理第二任期政府工作报告连续四年重点工作任务和工作亮点。

2009年3月中国央行提出人民币跨境贸易结算试点,尚未纳入当年《政府工作报告》。

2010年《政府工作报告》则在回顾2009年工作任务提出:"跨境贸易人民币结算试点启动实施",当年工作任务要"推进跨境贸易人民币结算试点,逐步发展境外人民币金融业务。"

2011年人民币国际化乘风破浪。《政府工作报告》进一步提出"跨境贸易人民币结算试点不断扩大","扩大人民币在跨境贸易和投资中的使用。推进人民币资本项下可兑换工作"。2011年3月"十二五"规划将人民币国际化上升为改革重点,提出"积极推动国际金融体系改革,促进国际货币体系合理化",提出"扩大人民币跨境使用,逐步实现人民币资本项目可兑换"。

2012年政府将人民币国际化和资本项目可兑换紧密联系起来。当年《政府工作报告》"把跨境贸易人民币结算范围扩大到全国,启动境外直接投资人民币结算试点,开展外商直接投资人民币结算业务。"主要任务提出"稳步推进人民币资本项目可兑换,扩大人民币在跨境贸易和投资中的使用。"

2013年政府明确提出要实现人民币国际化和资本项目可兑换的目标。由于是政府换届年,《政府工作报告》"过去五年工作回顾"中提出"扩大人民币在跨境贸易和投资中的使用"。建议下一届政府要"稳步推进利率、汇率市场化改革,扩大人民币跨境使用,逐步实现人民币资本项目可兑换。"

新一届政府将人民币国际化纳入更大范围国家战略,全面统筹人民币国际化步伐、配套改革和具体实施步骤。2015年重拾人民币国际化之路。

《政府工作报告》"工作总体部署"提出"稳步实现人民币资本项目可兑换，扩大人民币国际使用，加快建设人民币跨境支付系统，完善人民币全球清算服务体系"。当年，人民币加入国际货币基金组织IMF特别提款权货币篮子，央行建立人民币跨境支付系统。但2015年的811汇改并且外汇储备大幅下降以后，人民币国际化与资本项目可兑换都转变定调为"稳步推进"，实际暂停的状况。

2016年《政府工作报告》今年工作中关于"深化金融体制改革"未涉及人民币国际化及资本项目可兑换等内容。2016年制定的"十三五"规划提出"稳步推进人民币国际化，推进人民币资本走出去"，"放宽境内机构境外发行债券，以及境外机构境内发行、投资和交易人民币债券"。

2017年政府开始转向更多根据市场化原则把握人民币国际化的节奏。当年《政府工作报告》只是回顾了"人民币正式纳入国际货币基金组织特别提款权货币篮子"的成绩，未提及人民币国际化战略举措。

2018年《政府工作报告》继续回顾"人民币加入国际货币基金组织特别提款权货币篮子，人民币国际化迈出重要步伐"，当年也没有具体举措。十九大政治报告关于人民币国际化未置一词。811汇改之后和"十三五"规划，本届政府对人民币国际化和资本项目可兑换都采取"稳步推进"。2019年《政府工作报告》工作回顾和工作任务对人民币国际化和资本项目可兑换只字未提。

2019年10月十九届四中全会在人民币国际化战略沉寂日久之后再次明确提出"稳步推进人民币国际化"。原因有：一是2015年以来新一届政府提出"推进丝绸之路经济带和21世纪海上丝绸之路合作建设"的"一带一路方案"，人民币国际化融合到"一带一路"大战略中；二是811汇改证明资本项目管制和有管理的汇率对当前中国金融经济安全依然重要，人民币国际化不能单兵突进；三是随着中美贸易纠纷的演变，人民币国际化将低调推进，把握节奏，更多尊重市场选择。

人民币国际化10年来成绩有目共睹。2019年12月20日，中国人民银行召开人民币国际化工作座谈会，总结人民币国际化十周年以来取得的进展，认为人民币计价货币功能逐步呈现，支付货币功能稳步增强，投融资货币功能不断深化，金融交易功能大幅改进，储备货币功能明显提升。2019年，人民币已连续8年为中国第二大国际收付货币。人民币稳居全球第五大支付货币。

然而，与10年前国内学术界最具有重大影响的研究预期相比仍有较大出入。例如，著名经济学家李稻葵2009年研究预测10年后人民币在国际储备中最低占15.15%，在中等情景下国际债券占18.93%。但2019年2季度，IMF统计官方持有人民币资产2 242.7亿美元，占1.97%；环球同业银行金融电讯协会SWIFT最新统计2019年10月人民币在国际支付货币中排名下降至第六位置，份额为1.70%。如果进一步做横向比较，对比日元、马克、欧元等货币国际化10年进展，人民币还稍显逊色。日元国际化10年后的1995年占国际储备货币6.77%，马克10年后1980年占15%。欧元10年后国际占比24%，20年后占比不到22%。

4. 为什么人民币比其他货币国际化进程要慢？

人民币如果想成为国际货币，不管用什么方式，首先要使货币流向境外，然后再使资金回流，需要有一个流出再流入的过程。

我们国家人民币国际化的方式是先通过人民币贸易结算进口大于出口，境外有了一定量的人民币，然后通过放开一些资本项目的投资来使人民币回流。方式不是唯一的，只是国内的经济条件更加适合。因为国际贸易用什么货币结算取决于进口和出口商哪一方的强势，所以我国就选择了先进口再使人民币流出。

具体而言，人民币出去的方式有三种：贸易进口用人民币结算、对外投资用人民币结算、对外借款用人民币结算。人民币进来的方式有：贸易出口用人民币结算、外商对国内投资用人民币结算、境外投资人做证券投资用人民币结算、境外出借人给国内企业用人民币贷款。

国内的出口商品是以原材料、手工品、半加工品为主，溢价能力很弱，对方说用美元结算也只能同意，而国内要进口产品的时候，因为中国有单边升值的预期，都希望得到人民币，都同意用人民币来支付。跨境人民币出去和进来的比例最高达到了5倍，都希望能持有人民币，因此更不能资本项目自由化，后来还是在比例逐步稳定到1.5左右的时候，才打开了一些限制。最高的时候离岸人民币大概有1.5万亿元，主要在香港市场。但是当时的问题是，境外持有人民币的没有地方投资。以人民币计价的股票市场、债券市场都没有向境外企业、个人开放。后来，国家逐步设计了RQFII（人民币合格境外机构投资者）放开一些国内市场、在香港、伦敦发以人民币计价的债券等方式使资金回流，以此达到资金平衡的目的。这个模式最大的负面影响是，进口用人民币支付的变多，而出口收到的还是以美元为主，会导致国内的美元储备流不出，囤积了更多的外汇储备，美元升值还好说，贬值了怎么办。若按3万亿的标准来看，美元贬值1%，就有300亿的损失。

其次，人民币境外持有的国家、地区分布不均衡，欧美结算还是以美元、欧元为主，并且我们跟他们是贸易顺差，以出口为主，出口的产品议价能力很弱。而和东盟国家，以逆差为主，他们是很乐意接受人民币的，因此，除了香港之外，人民币留存主要还是在亚洲，区域流通还是失衡的，当时国际流通的推进还是很艰难。

5. 资本项目自由可兑换和人民币国际化之间有什么关系？

如果没有资本项目自由可兑换，就没有人民币国际化。

首先，如果资本项目不能自由流动，人民币市场的汇率就不准确，不确定因素太多，并且投资没什么去处、货币流动性也不高，投进去容易出来困难，就导致境外市场对持人民币的意愿不高。

那为什么不放开货币可自由兑换呢？

10年之后的2019年11月，中国人民银行原行长周小川在回答关于人民币国际化的问题时表示"人民币国际化，我认为是一个'早产儿'"，他说本来中国并没有打算在2009年开始推人民币国际化，而是由于全球金融危机的出现。其实，就是还没到时候。资本项目放开的最好时机就是当前的汇率达到市场预期稳定的状态，这时候放开之后，汇率也不会有较大的波动，对原来的市场影响也较小。

而愈演愈烈的中美贸易战，也是干扰了中国市场的稳定，不确定因素增加。国家此时放开了RQFII和QFII（合格的境外机构投资者）的额度，在中国经济不稳定时期，欢迎境外看好中国市场的人来投资，资金进入中国市场。

此外，资本项目不可自由兑换就可能导致因在岸和离岸人民币汇率的不同，进行套利，比如离岸的人民币比在岸的贵，我出口收到的美元可以先换成人民币，再在国内兑换成美元付出去。这样会导致在岸人民币的减少，资金设法往外流。所以为了避免由于离岸在岸汇率偏离较大而出现的套现行为，也是资本项目不开放的原因。

6. 人民币国际化带给我们的启示有哪些？

回顾人民币国际化十年曲折历程，可以看到前期中国对人民币国际化研究不够深入。国家战略要有长期性，但更要抢抓机会，即面临危机和稍纵即逝的机遇，中国不能"打长拳"，而是要"急就章"，解决最紧迫的问题。2008年美国遇到金融危机，中国与美国共度时艰，其历史性的最佳战略选择是抓住时机胁迫美国在高端技术出口让步。其次，国际货币形成原因需要深度研究。虽然国际研究表明货币国际化主要因素包括经济总量、贸易规模和货币安全性。但是人民币作为央行负债，其信誉和国际认同，首先和主要取决国家发达程度，即信任问题。世界主要国际货币美元、欧元、日元、英镑、加元、澳元、瑞士法郎等，无一例外都由发达富裕经济体发行。人民币周边使用，主要也是蒙古、缅甸、越南等相对中国落后国家，还没有出现相对富裕国家大量使用人民币，如中俄贸易中卢布一度几乎是一边倒占优势。而且从纯粹的央行资产负债表考虑，中国人民银行资产负债表中负债方的货币发行占负债22%,资产方的外汇占60%。从资产负债表角度一定程度还可以认为人民币国内坚挺和国际强大影响力是由美元为主外汇资产支持。再次,从中国深化改革次序选择来说,历史表明,资本项目管制是亚洲金融危机、次贷危机中国免于国际金融冲击的"防火墙",不能单纯为了推进人民币国际化而轻易取消资本项目管制。历次货币危机教训警示我们,"不可能三角"理论不容挑战,即独立的货币政策、资本自由流动和汇率稳定三者只能选择其中两个目标。近来的理论研究甚至揭示,独立的货币政策和汇率稳定之间中长期来看只能二选一。

反观发达国家货币国际化,大都是长期性、滞后性的自然过程。美元国际化历史表明,1894年前后美国经济超越英国,30多年之后,20世纪20年代美元在贸易信贷中使用首次超过英国;50多年之后,1945年境外流动资产中美元总量增加到英镑的两倍;1954年外汇储备中美元比例超过英镑。联邦德国在20世纪60年代末成为欧洲第一大经济体,但德国央行70年代早期还担心马克国际化导致热钱流入和货币总量失控(德国1973年人均GDP 5 027美元,世界14位)。日本1978年成为世界第二大经济体,1984年前日本国内却是反对日元国际化(日本人均GDP 1.1万美元,世界17位)。一国货币成为了国际货币,汇率自主性丧失,更多由市场决定,本国货币管理当局很难通过压低汇率实现经济增长目标。

汇率和资本管制在中国经济高质量发展和金融稳定中依然重要。法定货币是一国央行的负债,集中体现了一国对内和对外的价值。对内价值体现为物价水平,对外价值则体现在汇率上。在一国经济赶超和发展过程中,政府使用货币政策调控经济。对内,短期存在右倾菲利普斯曲线效应,即物价水平和就业存在替代关系,因此扩张性货币政策是促进经济增长的宏观调控工具。由于巴拉萨–萨缪尔森效应,经济快速增长必然带来实际汇率升值,而汇率升值不利于本国出口和经济增长,因此汇率在大国崛起过程中始终扮演调控工具的职能,压低汇率促进出口和经济增长。德国、日本、韩国崛起过程中都先是利用了布雷顿森林体系固定汇率,低估本国货币实施出口导向战略。布雷顿森林体系解体之后,通过压低本国货币增加出口竞争力。相反,由于美元是主要国际货币,"格林斯潘之谜"体现了美国2004年到2005年短期利率上升,但长期无风险利率反而下降,货币政策失效。中国成为"世界工厂"也得益于1998年亚洲金融危机到2005年期间人民固定美元汇率。

国家战略目的和出发点是服务本国企业和居民。1998年亚洲金融危机,人民币汇率稳定为亚洲经济复苏做出巨大贡献,由于经验不足,没有及时退出,更没有要求获得相应回报。2008年次贷危机,中国4万亿救助为世界经济稳定又做出了巨大贡献,但却由于缺乏政策储备,人民币国际化战略才仓促超前出手,中国仅仅获得荣誉和虚名,也招致美国警惕。这个事件凸显了中国国际金融人才缺乏,某些学者尚不能真正立足世界历史和中国现实冷静客观研究问题,可能被西方理论"洗脑"。真正具有重量级策略如亚投行2015年姗姗成立,获得国际几乎一致的肯定。五是坚持做好中国事情,是人民币被市场广泛接受的永恒动力。深刻反思人民币国际化战略,此后一连串同样逻辑的相关政策如雨后春笋衍生,如"中国赶超美国""中国制造"等纷纷出台。作为发展中国家"高筑墙,广积粮,缓称王",不要超越国力做出超前设想,应对人民币国际化和资本项目可兑换保持善意的忽视,乐见市场力量自然选择,最后水到渠成。2020年,国内外经济问题复杂、形势跌宕起伏,国际社会看空中国力量时有聚集,人民币不时出现较大的贬值预期。

7.疫情冲击下,人民币国际化的未来如何?

2020年,新冠疫情在全球的暴发,在短期内引发了金融市场的剧烈波动。相比之下,由于中国在疫情防控以及复工复产方面政策应对得当,为经济的平稳发展创造了更好的条件,人民币资产的优势越发凸显,中国金融市场稳定表现,在一定程度上提升了人民币资产的吸引力,这对提升人民币国际化,都会带来一定的发展机遇。但是,我们要清醒地看到,在疫情的剧烈冲击下,也会给中国经济和金融运行带来很大的挑战,进而不利于人民币国际化的进一步展开。

首先,人民币国家化的条件之一是经济的稳定发展,但是新冠疫情对全球经济形成了全面冲击。2020年一季度,我国国内生产总值(GDP)同比下降6.8%,增速较上季度和上年同期分别下滑12.8个和13.2个百分点。从总需求结构看,疫情对消费的负面冲击最为明显。一季度消费、投资、净出口分别拖累GDP增速4.36个、1.5个、0.98个百分点,消费对GDP的贡献率为−64%。从产业上看,和制造业相比,服务业受到疫情的打击会更加明显。中国PMI数据显示,服务业特别是受疫情冲击最严重的旅游、餐饮、运输等行业,受影响程度超过了制造业,与2008年金融危机时大体相当。此外,国外疫情的暴发,从外需角度会从二季度开始对中国经济产生进一步的影响。

当然,除短期冲击以外,我们需要警惕的是更为长期的因素对中国经济的冲击。从目前的情况看,新冠疫情极有可能引发全球经济衰退,并导致逆全球化的升温。这些因素对中国经济的冲击可能将会是长期的。并且,全球经济衰退和逆全球化可能会相互作用,即全球经济衰退会使得各国民粹主义抬头,纷纷将矛头转向国外,逆全球化进一步发酵,而逆全球化的发展又会进一步影响全球经济的复苏。在全球经济有较大概率陷入长期衰退的预期下，中国需要警惕贸易保护主义等逆全球化浪潮蔓延，警惕经济逆全球化对中国的外需和制造业供应链造成冲击。这些潜在的风险，对人民币国际化有可能形成新的挑战，需要密切加以关注。

目前，人民币国际化仍任重而道远，需要取决于全球经济、金融形势的演变，以及由市场自发的决定。能否充分利用机遇，应对挑战，还需要大量的长期性的工作，实体经济增长、发达的金融市场、有效的金融基础设施、法治环境的完善等，缺一不可。

（1）夯实经济发展基础。经济贸易总量的稳定增长和质量的逐步提升，是人民币崛起的根本动力。国内政策应在确保疫情逐渐被控制的前提下，尽快恢复经济正常运行。从这点来看，短期政策应紧紧围绕"六稳"和"六保"的目标，将重点主要置于支持企业复工复产、维持就业稳定上。货币政策方面，加大逆周期调控力度，为启动扩大内需创造更为合适的货币金融环境；财政政策方面，适度提升赤字率，扩大国债和地方债发行规模，加大民生相关的财政支出，进一步降低中小微企业的负担，适度扩大基建投资规模，等等。

（2）继续扩大金融市场双向开放。2018年以来，我国金融对外开放进程显著加速，重大措施接连出台，金融市场的双向开放水平大幅提升。从未来看，需要继续坚持金融开放的方向，进一步深化人民币跨境投融资属性，提升人民币国际化水平。一是继续加强吸引外资。体现在进一步压减全国和自贸区外资准入负面清单，全面清理负面清单以外的行业和地区准入限制。二是继续推动中国股债市场参与国际化指数，提升人民币资产吸引力。三是依托上海自贸区临港新片区、海南自由港、粤港澳大湾区打造对外开放新高地，探索资金自由流入流出和自由兑换等。四是创新资本市场互联互通机制，增强境内外市场的联动。

（3）加强金融开放过程中的宏观审慎管理。加大金融开放力度，放松资本项目管制，特别是放松对证券投资的管制，是推进人民币国际化的必要一环。在当前全球面临衰退与金融市场巨幅波动的背景下，开放证券投资需要平稳、有序，要在确保能缓解外债压力、加强宏观审慎管理，加强反洗钱、反恐融资、过度避税，以及有效管理短期资本异常流动的条件下，稳步推动资本项目开放。显然，加快建设实时大数据监测系统，推动建立本外币账户一体化的跨境资本管理体系，至关重要。

（4）推进金融基础设施建设。支付、清算、结算、登记以及反洗钱、信用评级等是人民币国际化的关键环节，要持续增强CIPS等系统的服务功能，相关金融基础设施建设要符合国际标准，尽早实现互联互通。此外，税收、会计、评级要逐渐与国际接轨。上海国际金融中心和粤港澳大湾区国际金融枢纽,应充分发挥政策先行区、试验区的作用,在人民币跨境交易、人民币金融资产配置、风险管理及与国际规则对接等方面首先发力。

(5) 完善人民币汇率形成机制。强势储备货币的特征并非要一直升值,而是必须在最广泛的国际交换网络中作为一般等价物,即具有极高流动性。未来需要进一步增强汇率弹性,建立清晰、稳定、透明、可预期的人民币汇率管理方式。一是继续增强弹性。应尽可能采用市场化而非行政的干预方式,继续扩大汇率弹性,向SDR篮子中的国际主要货币靠拢。二是促进交易主体多样化,允许更多境内非银机构、境外机构和个人进入银行间市场,优化参与者结构。

(6) 围绕"一带一路"倡议,推动人民币国际化。要在推进"一带一路"建设的过程中鼓励人民币的跨境使用,培育相关国家对人民币的真实需求。加强、深化与相关国家货币金融合作,从根本上解决区内资金融通瓶颈。通过区域、次区域和双边等不同层次、不同形式的货币合作,建立人民币和相关国家货币之间的联动性,这样人民币国际化才有坚实的发展基础。鼓励"一带一路"相关国家企业在境内发行人民币债券,在为这些国家发展提供资金的同时,丰富人民币资产的类别,拓宽我国居民的投资渠道。

即问即答

为什么说"人民币的国际化之路任重而道远"?

阅读材料

全球经济一体化进程中的中国

本学习领域开篇提到的乔丹和詹尼弗两个人,他们需要衡量彼此的绝对优势和比较优势,从而考虑进行贸易,达到资源的最佳配置和利益双赢,实现同等时间获取价值最大化的目标;同样,大到家庭,牧牛人和种土豆的农民需要贸易,再大到国家,亦是如此。中国需要购买美国先进的技术设备,美国需要购买中国物美价廉的服装鞋帽等。贸易带给个人、家庭和国家说不完的好处。

既是贸易,就存在买卖,你买我的纺织品,我买你的飞机,彼此交易,得到自己需要的东西,进而提高人们的收入,改善人们的生活。为了实现自身财富的增加以及经济的发展,每个国家都希望出口大于进口,形成贸易顺差。各国为了保护国内产品的出口和财富在本国的流通,实现贸易顺差,通常会设定一些贸易障碍,限制外国产品的进口,就是所谓的贸易壁垒。比如,有的国家对进口商品收取通关税,这种壁垒叫作关税壁垒;还有的国家对指定商品限制数量或提高技术认证要求或对国内的产品提供各种补贴,进而变相地设立障碍,限制进口,这就是非关税壁垒。过度的贸易保护和人为障碍的设定,可能带来经济的极大萧条,为了打破这种局面,推进各国之间贸易的自由化,1946年联合国召开了第一次关于削减关税的会议。经过多次谈判,美国等23个国家于1947年10月30日在日内瓦签订了"关税及贸易总协定"(General Agreement on Tariffs and Trade; GATT)。当时,中国是作为最早签约的缔约国之一。从1948—1995年，GATT一直作为管理国际贸易的唯一多边机构，成功地促进和保证了大部分世界贸易的自由化，仅削减关税一项就促进了世界贸易在五六十年代的高速增长。

然而，随着时间的推移，GATT在许多领域（比如服务贸易和知识产权等方面）已力不从心。经过多轮的谈判回合，于1995年1月1日在日内瓦成立了众所周知的世界贸易组织（World Trade Organization；WTO）。WTO继承了GATT贸易自由化的思想，并更加规范化。2001年12月11日中国正式加入WTO，成为其第143个成员。作为WTO成员，各成员国之间可享受其他成员提供的关税减让，享受其他成员取消或减少非关税措施带来的好处，可利用世贸组织解决贸易争端，可获得其他成员提供的贸易资料，可彼此享有最惠国待遇，消除贸易中被歧视的现象。中国加入WTO后，可以享有所有原成员都有的优惠待遇，在世贸组织的保障机制下，实现多边贸易的自由化。所以，虽然我们作为WTO的成员之一，受制于WTO的规则制约，然而历史证明，WTO的加入对我国绝对是利大于弊。不光是中国从自由贸易中受益匪浅，世界其他成员也深深体验到打破壁垒、实现贸易自由的好处。所以，两个或多个国家，通过政府协商缔结条约，建立了多个经济联盟组织，以打破世界各国经济要素的不平衡，推动经济的发展。这就是所谓的全球经济一体化。

众所周知，随着科学技术的进步和生产的发展，没有哪一个国家能够拥有发展本国经济所必需的全部资源、资金和技术，也没有哪一个国家能够生产自己所需要的一切产品，因此必须进行交流和相互合作。近50年来新技术革命的发展，又把世界各国的交往推到了一个新阶段。地球上的空间距离"缩短了"，信息的"时间差"也趋于消失。这种局面不仅大大改变了人类的生活条件，而且加快了经济生活的国际化，使世界变得空前开放了。开放的世界使世界各国原有的"一国经济"正在走向"世界经济"，从而形成了"全球相互依赖"的经济格局。可以说，全球经济一体化的出现是历史发展的必然趋势。

在全球经济一体化的具体实践中，出现了自由贸易区、关税同盟、共同市场和经济联盟这四种一体化程度越来越高的形式。在欧洲，欧盟（European Union；EU）于1993年正式成立，以实现欧洲经济的一体化；在北美，美国、加拿大和墨西哥于1994年1月1日正式成立了北美自由贸易区（North American Free Trade Agreement；NAFTA）；在亚洲，中国于1991年11月以主权国家身份正式加入了亚太经合组织（Asia Pacific Economic Cooperation；APEC）。亚太经合组织现包括日本、韩国等21个成员国；在东南亚，由印度尼西亚、马来西亚、菲律宾、新加坡和泰国于1967年8月成立了东南亚国家联盟，简称东盟（Association of Southeast Asian Nations；ASEAN）。除此之外，还有诸如南方共同市场、美洲自由贸易区、南亚区域合作联盟、独联体国家等多个大大小小的经济贸易组织。

世界三大经贸组织——欧盟、北美自由贸易区以及亚太经合组织，和中国最密切相关的是亚太经合组织APEC。中国加入APEC，和成员国一同商讨全球及区域的经济议题，促进成员间经济的相互依存，减少区域贸易和投资壁垒，维护本地区人民的共同利益。如果WTO是中国在全球化进程中里程碑式的一页，那么比WTO更加松散的APEC也在世界经济一体化中发挥着至为重要的作用。诚然，由于各国经济发展的不同，经贸组织及其发挥的作用也不是一成不变的。虽说美国在组建

NAFTA 的同期，也加入了 APEC，但是对其关注很低。2007 年爆发的金融危机，欧洲金融灾难，以及美国历史最低水平的经济复苏势头，APEC 又再次引起美国的经济战略规划家们的注意。在 APEC 框架内，新加坡、新西兰、智利、文莱于 2005 年签署了一个多边自贸协定——"跨太平洋伙伴关系协定"（Trans-Pacific Partnership Agreement；TPP）。这本来只是一个普通的贸易协定，但自从 2009 年美国奥巴马政府正式宣布加入谈判后，便"反客为主"，不仅使得 TPP 扩员提速，同时还借助 TPP 已有协议，全方位主导谈判议程。与传统的全球贸易机制不同，TPP 的一个主要吸引力便是百分百的关税减免，即成员国 90% 的货物关税立刻免除，所有产品关税将在 12 年内免除。此外，与 WTO 采取的不痛不痒的申诉机制不同，TPP 成员一旦有违背协议内容的行为出现，其资格会自动失效。毋庸置疑，TPP 对亚太经济合作与一体化以及东亚经济一体化进程产生了巨大的影响，同时，它也对中国的区域合作等外交战略产生一系列的冲击和影响。中国可以考虑加入 TPP，但是在看到 TPP 成员国享有极大优惠的同时，也要意识到加入 TPP 的门槛不是一般的高。比如，协议要求降低环保产品关税；降低 GDP 能耗；国有企业在买卖商品和服务时，必须以商业方式进行运作等。鉴于这些较高的要求，中国一旦接受，就预示着在一些领域将进行"大动作"改革。当然，经济全球化是必然趋势，所以无论是否接受加入 TPP，中国都必须推动经济、政治方面的改革，包括：国有企业及公平竞争、知识产权保护（网上版权的保护）、政策透明度、政府采购、投资规制一致化、金融业与国际接轨和人民币的国际化等。这些改革都需要时间和努力，需要一步步地向前走。

在经济转型的关键时期，2013 年 9 月和 10 月，中国国家主席习近平在出访中亚和东南亚国家期间，先后提出共建"丝绸之路经济带"和"21 世纪海上丝绸之路"的重大倡议，简称"一带一路"（The Belt and Road；B&R），得到了国际社会的高度关注。"一带一路"旨在借用古代丝绸之路的历史符号，高举和平发展的旗帜，积极发展与沿线国家的经济合作伙伴关系，共同打造政治互信、经济融合、文化包容的利益共同体、命运共同体和责任共同体。2019 年相关统计数据显示，中国已经与"一带一路"沿线 24 个国家共同推进建设了 75 个境外经贸合作区，中国企业累计对沿线国家投资超过 500 亿美元，并为这些国家创造了近 20 万个就业岗位。"一带一路"的合作形式与合作模式多样，合作领域不断扩大与深化，已经开始深入各个领域，建设成效已经惠及沿线国家。党的十九大报告中指出，坚持打开国门搞建设，积极促进"一带一路"国际合作，这不仅为中国倡议的"一带一路"建设的未来发展路径指明了新方向，同时也为全球共同均衡发展提供了新机制、注入了新动力。"一带一路"建设，已经成为新型全球化时代的"中国方案"和最受欢迎的国际公共产品。

中国自 2013 年 7 月成立上海自贸区，建立了对外开放的第一块"试验田"，随后在 2015 年 4 月，增设广东、天津、福建三个自贸区；在 2017 年 3 月增设辽宁、浙江、河南、湖北、重庆、四川、陕西 7 个自贸区；在 2019 年 7 月增设上海自贸区临港片区；同年 8 月增设山东、江苏、河北、云南、广西、黑龙江 6 个自贸区。中国的自贸区战略已经明确以周边地区与"一带一路"沿线国家为重点，积极参与多边谈判。2020 年 6 月，在经济全球化遇到重大挑战、全球经贸规则面临深刻调整、疫情使得多国经济陷入隔离和停滞的时刻,中共中央、国务院印发《海南自由贸易港建设总体方案》,建设中国特色自由贸易港,体现了中国更大力度全面深化改革和扩大开放,彰显了中国坚定推进全球化的决心和信心。

众所周知,2017年1月特朗普就任美国总统不久就签署了总统行政令,宣布美国退出TPP。2020年1月31日,英国正式退出欧盟,进入脱欧过渡期。英国脱欧、欧美贸易保护主义抬头,反全球化浪潮日益高涨。面对当前全球化进程遇到的挫折,中国仍将继续支持经济全球化,推动贸易与投资自由化。虽然全球化路途不平坦,但成功是为有准备的挑战者提供的,历史也总是被敢于挑战的人改写。中国的企业和企业家要更新思想,关注全球化进程中的变数,不断创新,勇敢迎接未来,真正把自己融入全球经济一体化的浪潮中。

资料来源:根据一系列的相关资料整理。

复习思考题

一、单项选择题

1. 下列行为不属于贸易的是(　　)。
   A. 过节时朋友互送礼物
   B. 小明拿铅笔跟同座交换橡皮
   C. 鲁迅在当铺当掉家什
   D. 医生给木匠看完病后让木匠给他修板凳

2. 中欧"衬衫换飞机"式的贸易说明(　　)。
   A. 欧洲不能生产衬衫　　　　　　　　　　B. 中国不能生产飞机
   C. 中国在衬衫生产上有比较优势　　　　　D. 欧洲在飞机生产上有绝对优势

3. 货币之所以具有价值尺度职能,是因为(　　)。
   A. 货币本身有价值　　　　　　　　　　　B. 货币是商品交换的媒介
   C. 货币是一般等价物　　　　　　　　　　D. 货币是商品交换发展的产物

4. 我国一城市居民状告某大商场售货员拒收他用以购货的小面值人民币,结果胜诉,这是因为(　　)。
   A. 人民法院应保护消费者的利益
   B. 人民币是货币符号,它本身有价值
   C. 人民币具有流通手段的职能
   D. 人民币是我国发行的强制使用的货币符号

5. 货币在（　　）时执行流通手段的职能。
   A. 商品买卖　　　　B. 缴纳税款　　　　C. 支付工资　　　D. 表现商品价值
6. 历史上最早出现的货币形态是（　　）。
   A. 实物货币　　　　B. 信用货币　　　　C. 表征货币　　　D. 电子货币
7. 如果金银的法定比价为1∶13，而市场比价为1∶15，这时充斥市场的将是（　　）。
   A. 银币　　　　　　B. 金币　　　　　　C. 金币与银币并存　D. 都不是
8. 历史上最早的货币制度是（　　）。
   A. 金本位制　　　　B. 银本位制　　　　C. 金银复本位制　D. 金块本位制
9. 以下几种外币资产中，不是外汇的是（　　）。
   A. 美元　　　　　　B. 英镑　　　　　　C. 港元　　　　　D. 越南盾
10. 自2020年5月以来，人民币兑美元汇率中间价整体贬值幅度超1%，5月27日人民币兑美元汇率中间价为7.109 2。人民币持续贬值带来的影响不包括（　　）。
    A. 中国产品在国际市场上的价格竞争力提升
    B. 国内企业的国际生存空间得以扩大
    C. 有利于降低进口产品的成本
    D. 国内百姓的购买力普遍降低

二、应用分析题

1. 中国对于美国的比较优势有哪些？美国对于中国的绝对优势有哪些？请举例说明。
2. 指出下列各种资产在货币的三种特征中具有哪些特性：
   （1）一栋房子；
   （2）可以在娱乐园玩一天的门票；
   （3）纽约市居民持有的美元；
   （4）一幅油画；
   （5）黄金。
3. 什么是"劣币驱逐良币"规律？试举例说明。
4. 什么是货币制度？其主要构成要素有哪些？
5. 简述人民币汇率变动对中国经济的影响。

三、案例分析

资料1：

中国加入WTO后，中美两国的贸易达到了相当规模。对美贸易已成为中国对外贸易的重要构成，对拉动中国经济持续稳定增长具有重要意义。同时，由于对美国的贸易顺差逐年递增以及美国经济衰退导致其制造业就业人数大幅下降,中美贸易不平衡问题日益突出。美国经济学家斯蒂格里茨用经济模型证明,一个国家与另一个国家的经常项目收支逆差如果超过国民生产总值的1.5%,两国之间就会发生"激烈摩擦";若是超过2%就会引起报复措施;如果对一国的贸易顺差超过该国贸易额的25%~30%,那就不仅是经济问题,而且成为政治问题。2018年中国对美国贸易顺差为2.14万亿元,达到中美双边贸易进出口总值的51%,就中美贸易不平衡规模而言,这个问题已经演变成美国国内的政治问题。

资料2:

长期以来,人民币汇率问题是中美经贸领域的重要议题之一,焦点在于人民币汇率水平是否真实反映了人民币的价值。21世纪初期以来,美国历届政府通过多种渠道在这一问题上对中国政府施加压力,认为人民币汇率存在低估,且正是这一原因导致美国对华贸易逆差不断拉大。2019年8月6日,美国财政部在时隔25年之后再次将中国列为"汇率操纵国",之后在中美达成第一阶段经贸协议的背景下,于2020年1月13日将中国移出"汇率操纵国"名单,但这并不意味着中美围绕人民币汇率问题的博弈已经结束,相反这一问题在未来一个较长时期内仍然存在。

资料3:

中美贸易关系自从两国建立贸易关系以来就在摩擦和曲折中发展。中国"入世"随着两国经贸关系的发展,贸易摩擦出现的频率反倒有所增加,美国成为与中国发生贸易摩擦最多、最激烈的国家。美国公司对海外竞争对手提出的倾销指控中,有20%以上涉及中国。中美贸易摩擦作为中美经贸关系的一部分随中美政治关系的发展和国际局势的变幻而发生变化。2018年,特朗普政府不顾中方劝阻,执意发动贸易战,掀起了又一轮的中美贸易争端。

阅读资料后回答下列问题:

(1) 中美为什么会有贸易不平衡问题?
(2) 美国为什么一再向中国政府施压,让人民币升值?
(3) 通过国际经济学知识的学习,你认为应该如何应对愈演愈烈的中美贸易摩擦?

实训项目

一、实训目标

1. 对经济全球化有具体的认识;
2. 锻炼经济数据资料的检索和分析处理能力。

二、实训项目与要求

1. 网上冲浪——搜集经济全球化的相关资料

项目要求：

(1) 浏览东方财富网、搜狐财经、新浪财经等网站。

(2) 对浏览的财经信息进行整理和分析。

(3) 小组交流和讨论，应用所学知识分析经济全球化的影响。

(4) 教师对讨论结果进行归纳和点评。

2. 观察与分析——人民币汇率的实时变动（★辅助素材）

项目要求：

(1) 查询并记录最新的人民币外汇牌价，对比不同外币与人民币的兑换比率。

(2) 选取某个时间段（年份或日期），记录人民币对美元汇率变化情况，绘制相应的趋势线。

(3) 应用所学知识分析人民币汇率的变化与走势。

(4) 教师对观察与分析的结果进行点评。

本书学习精要

学习领域一 | 走进经济学——像经济学家一样思考

经济学基于人类欲望的无限性和满足欲望的经济资源的稀缺性这一矛盾而产生。经济学所说的稀缺性（Scarcity）指物品或资源，相对于人类无限欲望来说，总是不足的状态。在既定的经济资源和生产技术水平下所能达到的两种产品最大产量组合的曲线，被称为生产可能性边界（Production Possibility Frontier, PPF）。大炮与黄油的矛盾引出稀缺的资源不仅存在合理配置的问题，还存在充分利用的问题。微观经济学（Microeconomics）研究家庭和企业如何做出决策，以及如何在市场上相互交易，解决经济资源  的合理配置问题；而宏观经济学（Macroeconomics）研究整体经济现象，包括通货膨胀、失业和经济增长，解决经济资源的充分利用问题，两者共同构成了经济学（Economics）的完整概念，它是一门研究如何合理配置和充分利用稀缺资源，以更好地满足人类无限欲望的社会科学。

随着人类社会的不断发展，经济学一直在变化着，产生了许多不同的经济学说和流派。从最初的重商主义到1776年标示真正意义西方经济学开始的《国民财富的性质和原因的研究》（简称《国富论》）的发表，到微观经济学的兴起、宏观经济学的产生，再到新古典主义经济学派的问世，描画出了经济学一百多年的发展轨迹，微观经济学、宏观经济学和新古典主义经济学派也成为经济学百年发展的三个里程碑式的成就。

西方经济学作为一种理论形态迄今已有近三百年的历史，在此期间，涌现出许多著名的经济学家，他们的理论思想为人类社会的发展和繁荣做出了巨大的贡献。本书沿着经济史的长河历数了从马克思到凯恩斯十位经济学家的生平和贡献。诺贝尔经济学奖被称为当代经济学家的"王冠"。获奖经济学家的理论基本上可以代表西方经济学的主要成就和最高水平，20世纪以来，数学在经济学中的应用已经达到了登峰造极的程度，此外，研究领域的非经济化、研究更多为解决实际问题作出贡献也成为经济学发展的新趋势。

稀缺性决定了每一个社会和个人总是面临权衡取舍。认识到生活中的权衡取舍是重要的,因为人们只有了解了所面临的选择,才能更好地做出决策。在许多情况下,决策的成本并不像乍看时那么明显。为了得到一种东西所放弃的东西,经济学称之为机会成本(Opportunity Cost)。人们在考虑到机会成本时,所做的决策会更明智。理性人(Rational People),即所谓"经济人"从事经济活动时是利己的,即力图以自己最小经济代价去获得最大的经济利益,而理性人通常通过比较边际收益(Marginal Revenue, MR)和边际成本(Marginal Cost, MC)来做决策,运用边际的思维也可以解释身边很多的经济现象与经济决策。

世界各国生活水平的差别是惊人的,一个国家的生活水平取决于它生产物品和劳务的能力,这种能力可以用总产出除以总投入得到的生产率(Productivity)指标表示。深入理解影响生产力水平的要素,可以帮助我们理解不同国家之间的生产率状况,并对当今世界不同国家之间的生活水平差异有更进一步的认识。

学习领域二 | 消费经济学——做个明明白白的消费者

供需分析是经济学家独有的也是最基本的思考问题的方式。一种商品的需求(Demand)是指消费者在一定时期内,在不同价格水平下愿意并且能够购买的数量。影响需求的因素主要包括:商品本身的价格、消费者的收入、相关商品的价格、消费者的主观偏好及对未来的预期。当其他条件不变时,一种商品的价格和需求量呈反向变动,即需求量随着价格下降而增加,随着价格上升而减少,称为需求定理(Law of Demand)。供给(Supply)是指厂商(生产者)在某一特定时期内,在不同价格水平下愿意并且能够出售的商品数量。一种商品的价格和生产者对它的供给量呈同向变动,这是供给定理(Law of Supply)。影响供给的因素除了价格之外,还包括生产成本、技术以及生产者对未来的预期等。

将某种商品的市场需求与市场供给结合起来,需求量与供给量相等时的市场价格被称为均衡价格(Equilibrium Price)。在均衡价格水平下,买者愿意而且能够购买的商品数量刚好与卖者愿意而且能够出售的数量相等,供给与需求这两种决定价格的力量处于平衡状态,我们称之为市场均衡(Market Equilibrium)。相等的供需量称为均衡产量(Equilibrium

Quantity)。在大多数自由的市场上,产品过剩和短缺都只是暂时的,任何一种产品需求与供给随着价格的调整都将达到平衡。在需求与供给发生变动时,均衡价格与均衡数量会随之发生变化,供求定理(Law of Supply and Demand)说明了这种变化遵循的一般规律;当分析某个事件如何影响一个市场,均衡价格与均衡数量发生怎样的变化时,我们可以按照三步走的方法,运用供求曲线图作出准确形象的分析。供求模型是一种十分有用的经济分析工具!

幸福=效用/欲望。西方经济学家用效用(Utility)来表示消费者从消费物品中得到的主观享受或满足。效用会因人、因时、因地而异。我们把消费者从增加一单位商品消费中得到的满足程度称为边际效用(Marginal Utility),而把消费者消费一定数量的某种商品所获得的总满足程度称为总效用(Total Utility)。随着消费商品数量不断增加,消费者从增加的一单位商品消费中得到的满足程度即边际效用会逐渐下降,这就是边际效用递减规律(The Law of Diminishing Marginal Utility)。"钻石与水的价值悖论"及"物以稀为贵"的道理正在于此。

消费者均衡(Consumer's Equilibrium)是研究消费者行为的核心,它指消费者在收入既定和商品价格既定的情况下,购买一定数量的各种商品,获得最大的满足程度,实现总效用最大化。运用基数效用论下的边际效用分析法与序数效用论下的无差异曲线分析法分析消费者均衡可以得出相同的结论:两种商品的边际效用之比或边际替代率等于两种商品的价格之比时,消费者的总效用最大,不再调整两种商品的购买数量,实现均衡。

在市场经济体制中,消费者依据效用最大化的原则做购买的决策,生产者依据利润最大化的原则做销售决策。市场就在需求和供给之间,根据价格的自然变动,引导资源向着最有效率的方面配置。这时的市场就像一只"看不见的手",在价格机制、供求机制和竞争机制的相互作用下,推动着消费者和生产者做出各自的决策。当经济个体自私地追求个人利益时,他或她像被一只看不见的手所引导而去实现了公众的最佳福利。

学习领域三 | 管理经济学——投入、产出、成本与利润

企业(Firm)是指从事生产、流通、服务等经济活动,以生产或服务满足社会需要,实行自主经营、独立核算、依法设立的一种营利性的经济组织。企业按不同的标准可以划分为不同类型。经济学假定所有的企业都是理性的经济人,即企业从事生产的目的就是追求利润最大化。公司(Company)是依照公司法设立的以营利为目的的企业

法人。公司的概念小于企业。

生产（Production）就是企业对各种生产要素进行组合以制成产品的行为，是把投入转化为产出的过程。生产中投入的各种资源统称为生产要素（Production Factor），即劳动、资本、土地与企业家才能。劳动（Labor）是指劳动者所提供的服务，可以分为体力劳动和脑力劳动。资本（Capital）是指生产中所使用的资金。它包括两种形式：有形的物质资本和无形的人力资本。在生产理论中指的主要是物质资本。土地（Land）是指生产中所使用的各种自然资源，是在自然界所存在的，如土地、水、自然状态的矿藏、森林等。企业家才能（Entrepreneurship）是指企业家对整个生产过程的组织与管理工作，包括经营能力、组织能力、管理能力、创新能力。

生产函数（Production Function）是指在技术水平不变的情况下，反映一定时期内生产要素的数量与某种组合和它所能生产出来的最大产品产量之间依存关系的函数。它反映企业生产过程中投入和产出之间的技术数量关系，可表示为 $Q=f(L, K, N, E, \cdots)$。厂商的生产函数可表示为 $Q=f(L,K)$，也可简化表示为 $Q=f(L)$。

在短期生产中，总产量（Total Production, TP）是指在资本投入量既定条件下由可变要素劳动投入所生产的产量总和。平均产量（Average Production, AP）是指平均每个单位劳动所生产的产量。边际产量（Marginal Production, MP）指增加或减少一单位劳动所带来的产出量的变化。在技术水平不变的条件下，当把一种可变的生产要素投入到一种或几种不变的生产要素中时，最初这种生产要素的增加会使产量增加，但当它的增加超过一定限度时，所带来的产量增加量是递减的，最终还会使总产量绝对减少，我们称之为边际产量递减规律（The Law of Diminishing Marginal Production），又称边际报酬递减规律。短期生产中，基于总产量、平均产量与边际产量的相关变动规律可知，可变要素投入的合理区间为Ⅱ区域，这一区域的特征是：平均产量开始下降，边际产量小于平均产量且递减，但仍大于零，总产量以递减的比率增加到最大。

长期生产中，如果企业内部各种生产要素按比例变化，必将带来产量的变化，引出规模报酬（Return to Scale）问题。企业规模报酬变化可以分为规模报酬递增、规模报酬不变和规模报酬递减三种情况。在长期生产中，企业规模报酬发生变化的原因在于规模经济与规模不经济。规模经济（Economies of Scale）指企业由于扩大生产规模而使经济效益得到提高。规模经济分为外在经济和内在经济两种。外在经济是指整个行业生产规模扩大和产量增加后，给个别企业带来产量和收益的增加。引起外在经济的原因是：个别企业可以从整个行业的扩大中得到更加方便的交通辅助设施、更多的信息与更好的人才，从而使产量与收益增加。内在经济是指企业在生产规模扩大时，由自身所引起的产量和收益的增加。规模不经济（Diseconomies of Scale）指企业生产扩张到一定规模以后，继续扩大生产规模，会导致经济效益下降。规模不经济分为外在不经济和内在不经济两种。对一个企业来说，长期中劳动和资本两种要素的增加应该适度。在确定适度规模时应该考虑到的因素主要是行业的技术特点和市场条件。

成本与利润在经济学家和会计师眼中是不一样的。会计成本（Accounting Cost）又称显性成本，是指企业在生产经营中实际支出的货币成本，也就是企业记录在会计账面上的客观的和有形的支出。销售收入减去会计成本就是会计利润。经济成本（Economics Cost）是企业使用的所有资源的机会成本。包括会计成本，也包括会计账面没有体现的厂商使用自有要素的机会成本，即隐性成本。销售收入减去经济成本得到经济利润。只有考虑到机会成本的经济利润最大化才是真正的利润最大化。

企业实现利润最大化（Maximum of Economics Profits）即企业总收益减去总成本后的经济利润达到最大，其遵循的生产原则应为边际收益等于边际成本，即MR=MC，这一条件适用于所有类型的市场。在现实经营中，企业利润增长点可以经由利润的来源、生成过程以及产出形式三种途径寻找。

学习领域四 | 营销经济学——抓住市场扩大效益

市场（Market）是指从事某一特定的商品买卖的交易场所或接触点。市场可以是一个有形的买卖商品的场所，也可以是一个利用现代化通信工具进行商品交易的接触点。与市场密切联系的另一概念——行业（Industry），是指为同一产品或类似产品市场生产和
提供产品的厂商集合。经济学按照行业内部企业之间竞争程度强弱将市场划分为四种类型：完全竞争市场、垄断竞争市场、寡头垄断市场和完全垄断市场。

完全竞争市场（Perfect Competitive Market），即没有任何垄断因素，竞争充分且不受任何阻碍和干扰的市场结构。其特征包括：市场上有无数的买者和卖者；同一行业中的每一个厂商生产的产品是完全无差别的；厂商进入或退出一个行业是完全自由的；市场中每一个买者和卖者都掌握与自己的经济决策有关的全部信息。完全竞争市场是一种理想化的经济模型，在现实中农产品市场比较接近这种类型。

完全垄断市场（Complete Monopoly Market），也叫纯粹垄断市场，一般简称垄断市场，是指一种产品的生产和销售完全由一家厂商所控制的市场结构。完全垄断的特征：独家经营；产品不能替代；厂商独自决定价格，通常会实行差别定价或价格歧视；要素不能自由流动。完全垄断的形成原因包括政府准入、技术封锁、掌控关键资源、规模经济等。在现实中，大多数垄断都要受到政府或政府机构某种方式的调节。在完全垄断市场上厂商可以运用价格歧视来获取更多利润。价格歧视（Price Discrimination），实质上是一种价格差异，通常指商品或服务的提供者在向不同的接受者提供相同等级、相同质量的商品或服务时，在接受者之间实行不同的销售价格或收费标准。价格歧视按照程度分为三类：一级价格歧视（First-degree Price Discrimination），又称作完全价格歧视，即假定垄断者知道每一个消费者对任何数量的产品所要支付的最大货币量，并以此决定其价格，所确定的价格正好等于消费者对产品的需求价格，因而获得每个消费者的全部消费剩余。二级价格歧视（Second-degree Price Discrimination），即垄断厂商了解消费者的需求曲线，把这种需求曲线分为不同段，根据不同购买量，确定不同价格，垄断者获得一部分而不是全部的消费者剩余。三级价格歧视（Third-degree Price Discrimination），指垄断厂商对不同市场的不同消费者实行不同的价格，在实行高价格的市场上获得超额利润。

完全竞争市场与完全垄断市场都是属于市场结构中极端的市场类型，在现实经济中，大多数行业的市场结构都属于兼有竞争与垄断因素的不完全竞争市场类型。垄断竞争市场（Monopolistic Competition Market）指既有垄断因素又有竞争因素，是处于完全竞争与完全垄断之间、更接近于前者的一种市场结构。市场中有许多厂商，他们生产和销售的是同种产品，但这些产品又存在一定的差别，厂商进退市场比较容易。在垄断竞争市场中，厂商之间竞争激烈。如果采取价格竞争最终将导致厂商的经济利润消失，因此大部分垄断竞争厂商都希望通过差异化策略来刺激产品的需求，这种差异竞争一般通过产品、服务和品牌三个方面来体现。寡头垄断市场（Oligopoly Market）也同时包含垄断因素和竞争因素，但更接近于完全垄断。在寡头垄断市场上只有少数几家厂商提供该行业全部或大部分产品，每个厂家的产量占市场总量相当大的份额，对市场价格和产量有举足轻重的影响。寡头厂商之间存在较强的相互依存关系，厂商决策的结果不仅依赖于其决策本身，还取决于竞争对手的反应，一般运用博弈论的知识对寡头厂商相互依存的策略进行研究。博弈论（Game Theory）是两人或多人在平等的对局中各自利用对方的策略变换自己的对抗策略，达到取胜目标的理论。寡头垄断市场中，串谋与竞争对于寡头厂商而言是相互矛盾的，博弈论中经典的"囚徒困境"形象地说明了这一点。

定价策略是企业营销策略组合的重要构成。在企业的实际营销活动中，必须根据产品的需求价格弹性来选择价格策略，灵活地进行价格调整。需求价格弹性（Price Elasticity of Demand）又称需求弹性或价格弹性，指需求量变动对于价格变动的反应程度，用需求量变动的百分比除以价格变动的百分比计算需求价格弹性系数 Ed 来度量。一般认为，生活必需品的需求是缺乏价格弹性的，而价格较高的消费品需求是富有价格弹性的。分析消费者对于价格策略的预期反应和企业价格策略的预期效果可以更好地指导企业产品价格的制定以及产品价格的调整。在企业定价的过程中，除了经济学方面的因素，心理学的因素也不容忽视。心理定价策略一般包括尾数定价、整数定价、习惯定价、声望定价和最小单位定价等具体形式。企业根据具体的市场环境、产品条件、市场供求、企业目标等灵活地运用适当的定价策略和技巧，制定最终的销售价格，以期达到扩大销售、实现利润最大化的目的。

学习领域五 | 生活经济学——透视身边的市场失灵现象

垄断（Monopoly）指在生产集中和资本集中高度发展的基础上，一个或少数几个经营者对相应部门产品生产和销售的独占或联合控制。这种经营者滥用市场支配地位，排除和限制竞争的行为将会导致经济低效率，并颁布了一系列反垄断法。同时还通过强行分割、降低产业进入壁垒来改善市场结构，实现反垄断目标。自然垄断（Natural Monopoly）是一种自然条件，它恰好使市场只能容纳一个有最适度规模的公司。铁路、航空、邮电、煤气、供电供水等公用事业大多具有自然垄断的特征。对这一类部门，政府采用管制的方法来抑制垄断行为，其中主要是价格管制，通过制定合理的收费标准，以消除不合理的垄断利润并提高资源配置效率。

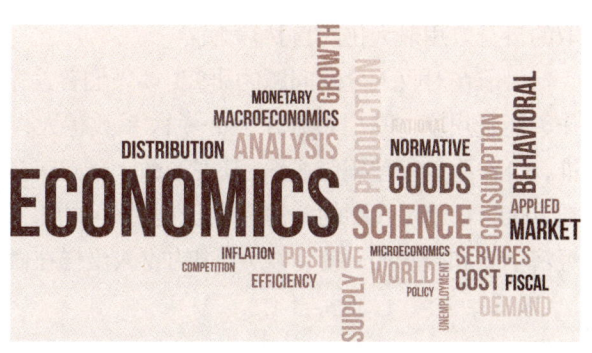

外部性（Externalities）指社会成员（包括组织和个人）从事经济活动时，其成本与后果不完全由该行为人承担，也即行为举动与行为后果存在不一致性。从外部性产生的领域来看，外部性可以分为生产的外部性和消费的外部性。从产生的结果来看，外部性可以分为正外部性（Positive Externalities）和负外部性（Negative Externalities）。一个人在自己的生产和消费活动中产生了一种对他人的影响。如果是好的影响，就叫正外部性，或者叫外部经济；如果是不好的影响，就叫负外部性，或者叫外部不经济。一般而言，存在外部不经济的情况下，私人活动的水平要高于社会所要求的最优水平；而存在外部经济的情况下，私人活动水平却低于社会所要求的最优水平。政府解决外部性的三种方法包括：对造成外部效应的经济行为人征税；通过将受外部效应关联影响的企业合并实现外部效应"内部化"；依据科斯定理（Coase Theorem）在产权界定清晰的前提下通过市场交易和谈判解决负外部性。

现实中的经济物品可以分成两类：私人物品与公共物品。私人物品（Private Goods）是指由市场提供给个人享用的物品。公共物品（Public Goods）是指政府向社会和个人提供的服务的总称。由于公共物品具有非竞争性和非排他性的特征，导致现实中公共物品的消费出现搭便车（Free Riding）现象，市场配置公共物品出现失灵。在许多情况下，必须由政府对公共物品进行干预和管理。政府一方面利用税收获得生产公共物品的经费，使得免费乘客无形中买了票，另一方面可将公共物品提供给全体社会成员，使公共物品得到最大限度的利用。

现实生活中的市场普遍存在信息不对称（Asymmetric Information），它指一些人比另外一些人具有更多的经济信息。在非对称信息条件下，原有的市场均衡就可能导致低效率。主要涉及信号和逆向选择、合同与道德风险等。逆向选择（Adverse Selection）是指由于买卖双方信息不对称和市场价格下降产生的劣等商品驱逐优质品，进而出现市场交易和产品平均质量下降的现象。道德风险（Moral Hazard）意指从事经济活动的人在最大限度地增进自身效用的同时做出不利于他人的行动。或者说是：当签约一方不完全承担风险后果时所采取的自身效用最大化的自私行为。

目前在对收入分配问题的研究中，人们普遍采用国际公认的基尼系数（Gini Coefficient）作为衡量尺度。基尼系数介于 0～1，系数越大，表示分配越不均等。按照国际上通行的标准，0.4 作为贫富差距警戒线，基尼系数大于这一数值的国家或地区往往容易出现社会动荡。自 2000 年开始，我国的基尼系数已越过 0.4 的警戒线，收入分配失衡问题已经凸显，引起了经济学者和政府的高度重视，中国的收入蛋糕在做大的同时也要分好。

学习领域六　民生经济学——居民的钱口袋和国家的宏观调控

国内生产总值（Gross Domestic Products, GDP）代表一国（或一个地区）所有常住单位在一定时期内生产活动（包括产品和劳务）的最终成果，是国民经济各行业的核算期内新创造价值与固定资产转移价值的总和。没有 GDP 万万不能，当然 GDP 也并非万能。GDP 主要可以通过三种核算方法计算得到：生产法、收入法和支出法。支出法也称使用法，是从最终使用的角度衡量核算期内生产的所有最终产品和服务的价值。绝大多数国家在计算 GDP 的时候都采用这种方法，支出法下 GDP=居民消费+固定资本形成总额+存货增加+政府购买+货物和服务的净出口，表示为 $GDP=C+I+G+(X-M)$。以 GDP 总量除以同时期平均人口得到人均 GDP（GDP per Capita）。GDP 是一个市场价值概念，其高低不仅受实际产量变动的影响，还受价格水平变动的影响。按当年生产的产品和提供的劳务市场价格计算的 GDP 为名义 GDP，而根据基准年份的不变价格计算得到的数值是实际 GDP，实际 GDP 能更好地反映一个国家或地区的经济福利水平。名义 GDP 与实际 GDP 的比值称为 GDP 平减指数，由于在计算中包括了一国所有产品与劳务的数量和价格信息，因此 GDP 平减指数被看作总物价水平一般性的衡量指标。

国民收入核算体系中还有其他一系列总量指标，各种指标从不同方面反映了国民收入总量的变化。

中国爱GDP，GDP也爱中国。GDP在见证奇迹的同时，也见证了一个古老民族的伟大复兴。随着中国经济进入新常态，已不再简单唯GDP增长率论英雄，GDP的增长从高速转为中高速，GDP的结构也在不断优化升级，GDP的增长由要素驱动、投资驱动转向创新驱动。"新常态"是习近平总书记给中国经济的未来确立的全新历史坐标，深刻认识，积极适应新常态，立足于中国新的经济发展阶段，保持战略定力，全面深化改革，才能推动经济健康可持续增长，共筑民富国强中国梦。

失业（Unemployment）指在劳动力年龄范围内，有就业能力并且有就业要求的人口没有就业机会的经济现象。衡量经济中失业状况的最基本指标是失业率。由于劳动力是经济社会中重要的资源，当出现失业时，意味着经济资源存在浪费和闲置。充分就业（Full Employment）作为国家宏观经济调控要实现的目标之一，并非指失业率等于零，它是指生产要素（包含劳动）都有机会以自己愿意的报酬参加生产的状态。如果一个经济体已消除由于总需求不足而引起的"周期性失业（Cyclical Unemployment）"，仅限于由于经济中某些难以避免的原因所引起的自然失业（Natural Unemployment）的话，就是实现了充分就业。中国国家统计局从2005年开始开展调查失业率的试点。2018年中国政府工作报告首次将城镇调查失业率作为发展预期目标，同年，中国也首次公布了城镇调查失业率的月度数据，中国失业率统计从城镇登记失业率向调查失业率转变，正逐步与国际接轨。

通货膨胀（Inflation）是指一般价格总水平的持续和显著的上涨过程；通货紧缩（Deflation）则是指一般价格总水平的持续和显著的下降过程。通货膨胀率是衡量通货膨胀与紧缩程度的指标，它被定义为一般价格水平在单位时期内的变动率，一般价格水平在实践中通常使用价格指数。消费物价指数（Consumer Price Index, CPI）又称零售物价指数或生活费用指数，它是反映与居民生活有关的商品及劳务的物价变动指标，通常作为观察通货膨胀水平的重要指标。与西方国家相比，中国的CPI在编制和信息发布方面还存有一定程度的不可回避的局限性。考察通货膨胀的成因，主要有需求拉上、成本推进、供求混合与结构性等几个方面。一般来说，不平衡和未被预期到的通货膨胀将通过收入和财富再分配效应、就业和产量效应、扭曲价格信号进而对经济效率产生影响。无论是发达国家还是发展中国家，都不同程度地存在着失业与通货膨胀问题，菲利普斯曲线（Phillips Curve）表明了失业率和通货膨胀率之间的变动规律，为政府实施经济干预提供了一份可供选择的菜单。

经济扩张与经济紧缩交替更迭、循环往复的经济波动现象被经济学家称为经济周期（Business Cycle）。每一个经济周期都可以细分为四个阶段：繁荣、衰退、萧条和复苏。其中繁荣、萧条是两个主要阶段，而衰退和复苏是两个过渡性阶段。经济周期的成因分为内生经济周期理论和外生经济周期理论两类，各自有代表性的学说。了解经济运行机制与经济周期规律，政府可以进行更有效的调控，企业和个人也可以做出使自己受经济波动影响更小的决策。长期以来各国都把经济增长视为重要的政策目标。经济增长（Economic Growth）即在一个较长的时间跨度上，一个国家人均产出（或人均收入）水平的持续增加。供给侧与需求侧是拉动经济增长的一体两面。"三驾马车"——投资、消费、出口是需求侧，劳动力、土地、资本和创新是供给侧。中国经济自2010年以来增速持续下行，经济增速下行的主要矛盾是供给侧结构性问题。推进供给侧结构性改革是新常态下中国经济发展的大逻辑和"十三五"时期经济工作的主线，需立足于新常态的经济发展新阶段，保持战略定力，全面深化供给侧结构性改革，激发新增长动能，拉动中国经济走向高质量可持续发展。

为保证国民经济的持续、快速、协调、健康发展，政府需采取调控手段对宏观经济运行进行干预和调节。在我国，政府宏观调控的四大目标是：促进经济增长、充分就业、稳定物价和国际收支平衡，其中促进经济增长是最重要的目标。中央政府为达到既定的目标对财政收入（Fiscal Revenue）、财政支出（Fiscal Expenditure）和公债所作出的决策，即财政政策（Fiscal Policy），它是国家干预和调节经济活动的重要手段之一。财政政策在国民经济中有着"自动稳定器"的功能，但宏观调控仍需充分发挥其相机抉择的灵活性以弥补自动稳定器的不足。中央银行（Central Bank）是国家赋予其制定和执行货币政策，对国民经济进行宏观调控，对金融机构乃至金融业进行监督管理的特殊的金融机构。货币政策（Monetary Policy）是中央银行采取各种金融方针和调节措施以达到特定的宏观经济目标的政策。一般性的货币政策工具包括公开市场业务（Open Market Operations）、存款准备金政策（Reserve Policy）和再贴现政策（Rediscount Policy）。财政政策和货币政策是各国调节经济运行的主要政策工具。经济发展实践表明，当一国宏观经济运行出现波动时，单纯依靠财政政策或货币政策难以有效应对，需要充分发挥二者的协同效应，逆经济风向审慎灵活操作。

学习领域七 ｜ 国际经济学——国际贸易与国际金融

当比较一个人、一个企业或一个国家的生产率时，经济学家通常是看"绝对优势"（Absolute Advantage）。当生产者生产一种物品所需要的投入量较少，就可以说明该生产者在生产这种物品中有绝对优势。为了分析贸易的好处，经济学家提出了"比较优势"（Comparative Advantage）的概念，即生产一种物品机会成本较少的生产者具有比较优势。

近年，作为世界经济总量最大的两个国家，中美之间的"贸易摩擦"愈演愈烈。中国要在全球产业链中占据有利位置，在未来全球的交换原则以及分工原则中一定要确

立自己的比较优势。要更加重视从过去作为引进技术的一方发展到更多地依靠自己的技术研发创新,更要重视利用市场规模优势,实现在整个的产品质量标准等方面建立自己的比较优势。中国的经济转型的核心点是强化国家工业化发展,力争在未来的全球分布格局中处于领先地位。

众所周知,货币(Money)是充当一般等价物的特殊商品。货币的职能主要有交换媒介、计价单位和贮藏手段三种。回顾货币的发展历程,经历了以物易物——以贝壳代替物——以金属为钱币——纸币——电子货币。各国为了从法律上规范货币的使用和流通,纷纷制定具体的货币制度(Monetary System),确定一种基础货币用于计价结算,即货币的本位。从历史发展来看,货币本位先后经历了银本位制(Silver Standard)、复本位制(Bimetallic Standard)、金本位制(Gold Standard)和纸币本位制(Paper Money Standard)等几种形态。

汇率(Exchange Rate)是指两种货币之间的兑换比率,也叫作汇价。如果把货币也看作是一种商品,那么汇率就是在外汇市场上用一种货币购买另一种货币的价格。目前国际上有两种外币汇率标价的方式:直接标价法(Direct Quatation)和间接标价法(Indirect Quatation)。在直接标价法下,汇价数值越大,外币价值越大,反之亦然。一国外汇行市的升降,对进出口贸易和经济结构、生产布局等都会产生影响。汇率是国际贸易中最重要的调节杠杆,汇率下降,能起到促进出口、抑制进口的作用。影响汇率变动原因是多方面的,总的来说,一国经济实力的变化与宏观经济政策的选择,是决定汇率长期发展趋势的根本原因。除此以外,国际收支的状况和通货膨胀制约也是决定汇率变化的基本因素,而利率因素和汇率政策起相对从属作用。

当前国家间经济竞争的最高表现形式就是货币竞争。人民币国际化是指人民币跨越国界在境外流通,成为国际上普遍认可的计价、结算及储备货币。截至2019年,人民币国际化十年之路取得的成绩有目共睹:人民币的计价货币功能逐步呈现,支付货币功能稳步增强,投融资货币功能不断深化,金融交易功能大幅改进,储备货币功能明显提升,人民币已稳居全球第五大支付货币。但人民币国际化之路仍任重而道远,需要取决于未来全球经济、金融形势的演变,由市场自发决定。能否充分利用机遇,应对挑战,还需要大量的长期性的工作,国内实体经济增长、发达的金融市场、有效的金融基础设施、法治环境的完善等等,缺一不可。

复习思考题参考答案

学习领域一

一、单项选择题

1. B 2. B 3. B 4. A 5. B 6. A

二、应用分析题

1.

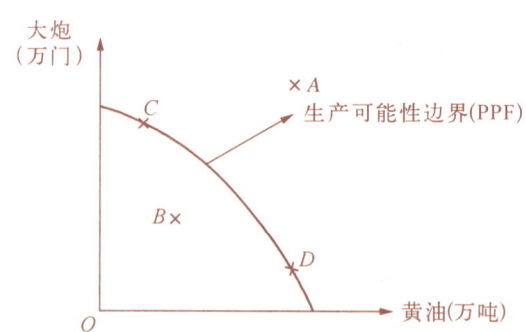

2. 微观命题：(1)(2)(3) 宏观命题：(4)

3. 微观经济学：阿尔弗雷德·马歇尔，《经济学原理》；宏观经济学：约翰·梅纳德·凯恩斯，《就业、利息和货币通论》(简称《通论》)；新古典主义学派：米尔顿·弗里德曼，《资本主义与自由》以及罗伯特·卢卡斯，《预期和货币中性》。

4. 答案略。列举各国当代最具代表性的经济学家更佳。

5. 答案略，体现出生活中的重大权衡取舍即可，能够分析如何取舍，为何如此抉择更佳。

6.

（1）机会成本：为了得到某种东西而放弃的东西。即把一定资源投入到某一用途后所放弃的在其他用途中能获得的最大利益。

（2）经营五金店一年的机会成本最基本包括姑妈辞去的会计师工作所赚取的5万元年薪，还应该包括五金店经营过程中投入的自有资源如房产、资金的机会成本。

（3）不应该。因为收益远小于机会成本，开店将亏损。

7. 商场与超市延长营业时间的边际收益大于边际成本，因为延长营业时间额外多支出的成本即边际成本变化不大，而晚上尤其是假期的人流量大，交易量会随着时间的延长而增加，故边际收益大于边际成本，有利可图。银行延长营业时间的边际收益小于其边际成本，因为银行主要利润来自贷款、对公金融服务等白天开展的业务，晚上主要是零散储户业务，延长营业时间边际收益小。

8. 生活水平提高，人均可支配收入大幅增加，在吃、穿、住、行方面实现了高质量和数量的方便与舒适。

随着生活水平的提高,消费结构也发生了变化,恩格尔系数变小,可支配收入可以更加优化,不仅满足基本的生存需要,还可以有娱乐、休闲、保健、旅游、教育等更高和更好的消费,呈现出多样化的趋势和特点。

学习领域二

一、单项选择题
1. C 2. A 3. B 4. B 5. C 6. D 7. C 8. A 9. D 10. C 11. C 12. A 13. A 14. B 15. B

二、应用分析题

1. 运用供求图分析下列事件对家用旅行车市场的影响:

(1)
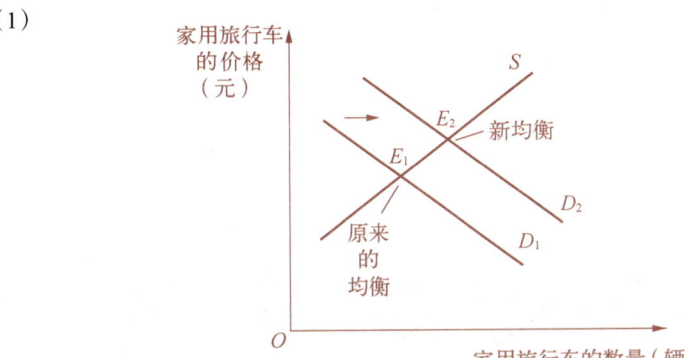
结论:P_E上涨;Q_E增加

(2)
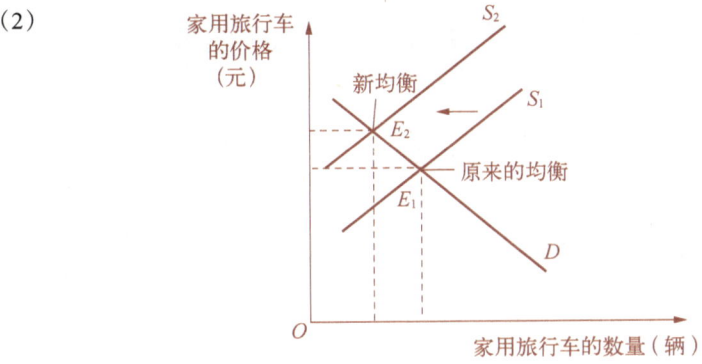
结论:P_E上涨;Q_E减少

(3)
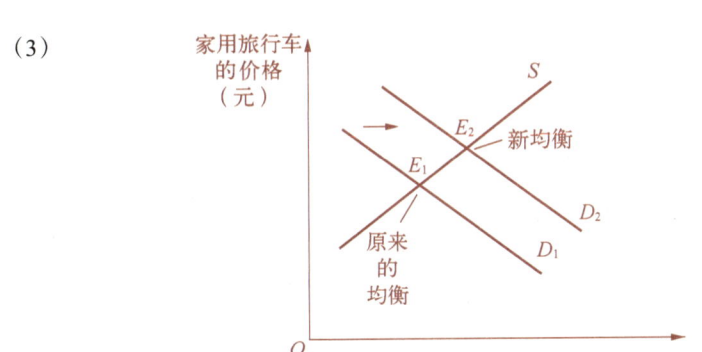
结论:P_E上涨;Q_E增加

（4）

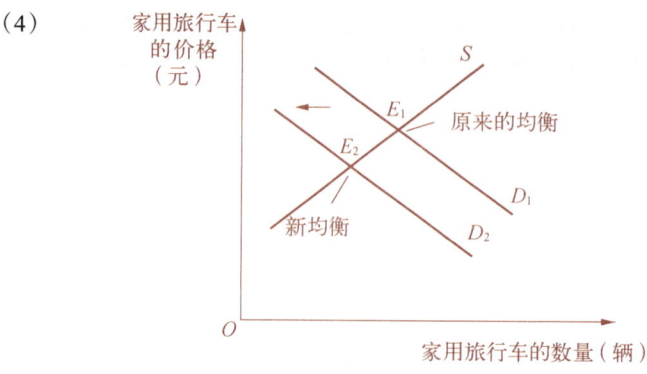

结论：P_E下降；Q_E减少

2. 运用供求图说明下列事件对运动衫市场的影响：

（1）

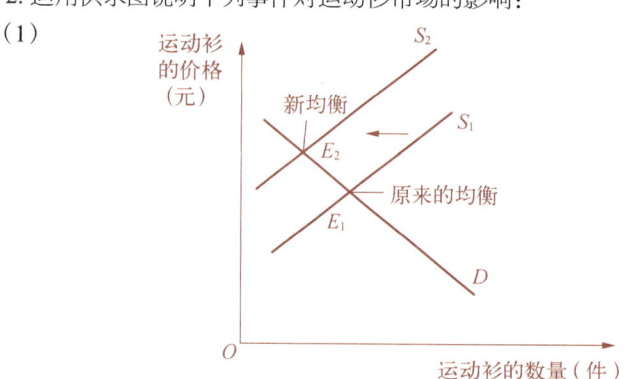

结论：P_E上涨；Q_E减少

（2）

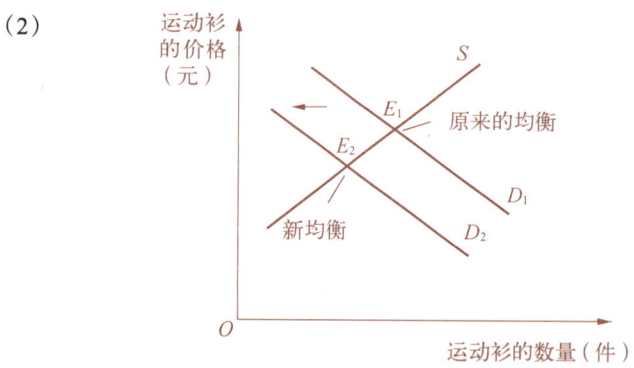

结论：P_E下降；Q_E减少

（3）

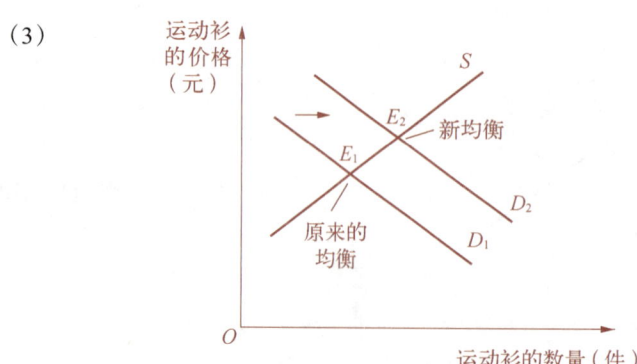

结论：P_E上涨；Q_E增加

（4）

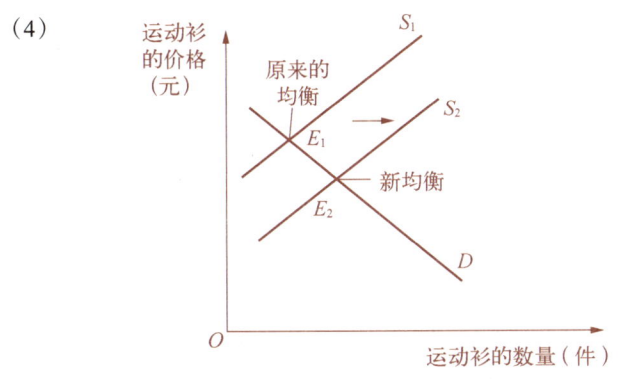

结论：P_E下降；Q_E增加

3. 不违背边际效用递减规律。因为边际效用是指物品的消费量每增加或减少一个单位所增加或减少的总效用的量。这里的单位是指一完整的商品单位，这种完整的商品单位是边际效用递减规律有效性的前提。比如，这个定律适用于一双鞋子，但不适用于单只鞋子。对于四个轮子而言，必须是有四个轮子的车才成为一单位。三个轮子不能构成一辆四轮车，因而每个轮子都不是一个有效用的物品，增加一个轮子才能使车子有用。因此不能说第四个轮子的边际效用超过第三个轮子。

4.

（1）可口可乐和百事可乐互为完全替代商品，替代比例为1∶1且固定不变，相应的无差异曲线为斜率−1的直线。

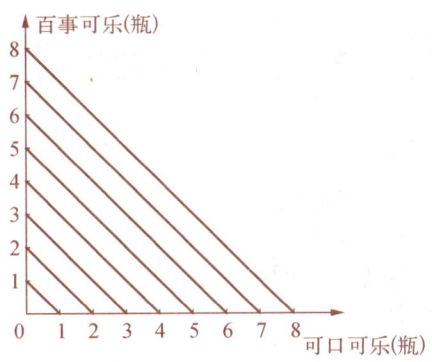

（2）眼镜片和眼镜架为完全互补商品，必须按固定比例同时被使用，相应的无差异曲线为直角形状。

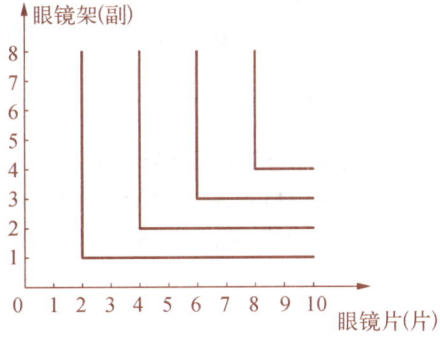

三、计算题

1.
（1）

供给曲线是一条垂直于横轴而非从左下方向右上方倾斜的线，因为篮球票的供给是个常量 8 000 张，不随着价格的变动而变动。

（2）由图示均衡点 E 可知：篮球票的均衡价格是 8 元，均衡数量是 8 000 张。

（3）

价格（元）	需求量（张）
4	14 000
8	11 000
12	**8 000**
16	5 000
20	2 000

新的均衡价格是 12 元，均衡数量是 8 000 张。

2.
（1）消费第二个面包时的边际效用是 10。
（2）消费三个面包的总效用是 35。

3. 先将消费商品计数对应的边际效用表格转化为边际效用与价格之比的表格，已知 $P_1=1$ 元，$P_2=2$ 元，计算得出商品 1 和商品 2 的单位货币边际效用表。

商品计数	1	2	3	4	5	6	7	8
MU_1/P_1	11	10	8	6	5	4	3	2
MU_2/P_2	10	9	7	6.5	6	5	4	3

根据表格，商品 1 购买 4 个，单位货币的边际效用降为 6；商品 2 购买 5 个，单位货币的边际效用也降为 6，此时所用的货币总额为：$1\times4+2\times5=14$ 元，满足消费者均衡条件，实现总效用最大。

4. 先把复习时间分别为 1、2、3、4、5、6 小时，经济学、数学、统计学相应的边际效用（分数增加）计算出来，并列成下表：

小时数	1	2	3	4	5	6
经济学 MU	<u>14</u>	<u>11</u>	<u>10</u>	8	5	2
数学 MU	<u>12</u>	<u>10</u>	8	7	6	5
统计学 MU	<u>10</u>	8	2	1	1	1

根据上表，经济学用3小时，每小时的边际效用是10分；数学用2小时，每小时的边际效用是10分；统计学用1小时，每小时的边际效用也是10分，而且所用总时间：3小时+2小时+1小时=6小时。由消费者均衡条件可知，他把6小时作如上的分配时，总分最高。

5.

(1) 消费者的收入：$M = P_1 X_1 = 2 \times 30 = 60$ 元 ($X_2=0$)

(2) 商品2的价格：$P_2 = \dfrac{M}{X_2} = 60 \div 20 = 3$ 元 ($X_1=0$)

(3) 预算线方程：$M = P_1 X_1 + P_2 X_2 \quad 60 = 2X_1 + 3X_2 \quad \text{or} \quad X_2 = -\dfrac{2}{3} X_1 + 20$

(4) 预算线斜率：$k = -\dfrac{2}{3}$

(5) E 点为均衡点，均衡点边际替代率数值等于预算线斜率的绝对值，即 $MRS_{12} = |k| = \dfrac{2}{3}$

学习领域三

一、单项选择题
1. C　2. A　3. C　4. A　5. D　6. A　7. D　8. A　9. C　10. B

二、应用分析题
1. 以劳动量 OL 为横轴，产量 OQ 为纵轴，总产量曲线 TP、平均产量曲线 AP 和边际产量曲线 MP 之间的关系图如下：

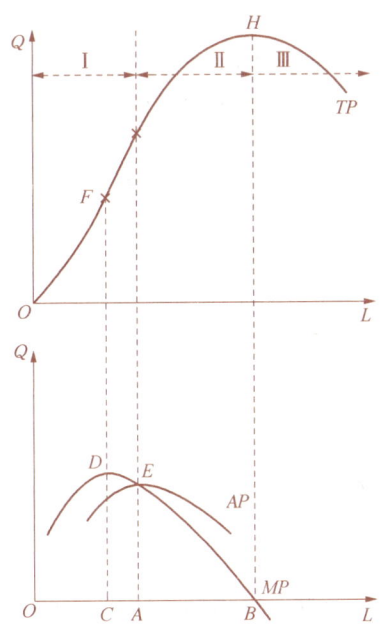

短期生产过程可以划分为三个区域：

Ⅰ区域是劳动量从零增加到A的阶段，此为第一阶段。这时平均产量呈上升趋势，并且边际产量大于平均产量，这说明在此阶段，相对于不变的资本量而言，劳动量投入不足，所以劳动量的增加不仅可以使资本得到充分利用，而且还使产量递增。由此看来，劳动投入量最少要增加到A点为止，否则资本无法得到充分利用。Ⅱ区域是劳动量从A增加到B这一阶段，这时平均产量开始下降，边际产量小于平均产量且递减，但仍大于零，所以总产量仍增加，但是以递减的比率增加。当劳动投入量增加到B点时，边际产量为零，总产量达到最大。Ⅲ区域是劳动增加到B点以后，这一阶段劳动的边际产量为负值，即继续增加劳动投入不但不会增加产量，反而会使总产量绝对减少，因此厂商也不会把劳动的投入确定在这一区域内。

理性的生产者必然选择在第二阶段组织生产，即只有Ⅱ区域才是可变要素劳动的合理投入区域。

2. 他的理由不成立。因为使用企业利润虽然不需要支付利息，但是仍然存在机会成本。至于应该选择哪一个筹资子方案要视具体情况而定，首先要看扩大生产投资的回报率。一种是大于10%，一种是小于10%，小于10%的时候显然从银行贷款是不合适的，如果大于10%，仍要分析公司现有的资产回报率，如果资产回报率大于10%显然用银行贷款来投资扩大生产是更便宜的，如果小于10%则用公司的盈利是更合理的。

3. 同意。首先，如果不开面馆的话，其旺市商铺可以用于出租获得租金；其次，一家三口如果不做面馆，出去工作，可以获得不菲的薪资，这些都是一家人开面馆的机会成本。就目前条件来看机会成本明显大于面馆所得收入，所以开面馆是不值得的，不是理性行为。

三、计算题

1.

（1）如定价为600元，

$$Q = \frac{F}{P-V} = \frac{4\,000}{600-500} = 40（人）$$

即保本的旅客数为40人。

如定价为700元，

$$Q = \frac{4\,000}{700-500} = 20（人）$$

即保本的旅客数为20人。

（2）如定价为600元，

$$Q = \frac{F+\pi}{P-V} = \frac{4\,000+1\,000}{600-500} = 50（人）$$

即保目标利润的旅客人数应为50人。

如定价为700元，

$$Q = \frac{4\,000+1\,000}{700-500} = 25（人）$$

即保目标利润的旅客人数应为25人。

（3）如定价为600元，

$$\pi = 600 \times 50 - 500 \times 50 - 4\,000 = 1\,000（元）$$

即往返一次的利润是1 000元。

如定价为700元，

$$\pi = 700 \times 50 - 500 \times 50 - 4\,000 = 6\,000（元）$$

即往返一次的利润是6 000元。

2. 王经理应该接受这笔业务。理由如下：

短期决策不考虑固定成本（视为沉没成本，不可收回），只要把可变成本收回，就可继续经营。即只要价格高于可变成本，王经理就应该接受这笔业务，反之不接受。根据财务科提供的数据资料可以测算每间客房的可变成本为6+6+5=17元，远远小于收益30元（固定成本为16.4+17.39=33.79元，视为沉没成本），故王经理应该接受这笔业务。

3. $TR = P \times Q = 19 \times (4.073L - 0.829L^2)$ $MR = \dfrac{dTR}{dL} = 19 \times 4.073 - 19 \times 2 \times 0.829L$

$TC = \dfrac{L \times 70 \times 1\,000}{10\,000}$ $MC = \dfrac{dTC}{dL} = 7$

利润最大化原则 $MR = MC$ 即 $19 \times 4.073 - 19 \times 2 \times 0.829 = 7$

$L = 2.234$ 千人，每天上岗的最佳人数为2 234人。

四、案例分析题

（1）一个行业或一个厂商生产规模过大或过小都是不利的，每个行业或厂商都应根据自己生产的特点确定一个适度规模。厂商选择适度规模的原则，是尽可能使生产规模处在规模收益不变阶段。如果一个厂商的规模收益是递增的，则说明该厂商的生产规模过小，此时应扩大规模以取得规模收益递增的利益，直到规模收益不变为止。如果一个厂商的规模收益是递减的，则说明厂商的生产规模过大，此时应缩小生产规模以减少规模过大的损失，直到规模收益不变为止。

（2）适度规模从大到小：钢铁业、服装业、饮食业。结合确定企业适度规模考虑的因素分析：钢铁业、服装业、饮食业三个行业所需要的投资量从大到小，所用的设备复杂及先进程度逐渐减弱，市场需求量从大到小，产品标准化程度从高到低。

学习领域四

一、单项选择题

1. D 2. C 3. D 4. C 5. C 6. C 7. A 8. D 9. C 10. C 11. B 12. A

二、应用分析题

1. 这种说法不对。完全竞争市场是一种没有任何垄断因素和政府干预的市场结构，这种市场的特点包括：有无数的买者和卖者，众多卖者提供的产品是完全无差别的，每个买者和卖者都是市场均衡价格的被动接受者，毫无定价权。家电行业通过广告、售后服务、产品外形设计等手段开展激烈的竞争，但都是为了将自己的产品与其他制造者的产品差异化，攫取差异化定价的垄断利润，所以家电行业更接近垄断竞争或寡头垄断市场，而非完全竞争市场。

2. 养鸡场提供的产品鸡蛋是完全同质、没有任何差异的，鸡蛋的价格也是由市场供需决定的均衡价格，基本无差异；而包子铺出售的包子是差异化产品，可以实现差别化定价，故属于垄断竞争市场。要使包子铺立于不败之地，必须实行差异化策略，并力求差异最大化。具体策略可从产品差别化、服务差异化、品牌差别化三个方面考虑。

3.

广 告 战		B	
		做广告	不做广告
A	做广告	30,30	50,20
	不做广告	20,50	40,40

博弈结果：广告战不可避免。

4.

智猪博弈		小猪	
		按钮	等待
大猪	按钮	5,1	4,4
	等待	9,-1	0,0

博弈结果：大猪按钮，小猪始终在食槽旁等待。

5.
（1）自来水　完全垄断市场
（2）瓶装饮用水　垄断竞争市场
（3）可乐　寡头垄断市场
（4）啤酒　寡头垄断市场

自来水产业属于公用事业，接近自然垄断，通常一个城市或一定区域范围内自来水是完全垄断的。瓶装水市场是垄断竞争市场。在这一市场上有许多生产瓶装水的厂商，而且每一厂商产出的瓶装水在品牌和包装上都有不同，即产品有一些差异。可乐市场是寡头垄断市场。在这一市场上只有有限的几家厂商控制大部分的市场份额。啤酒市场是寡头垄断市场。在这一市场上只有有限的几家厂商控制大部分的市场份额。

6.
（1）侦探小说更富有价格弹性，商品的可替代性或重要性
（2）贝多芬音乐唱片更富有价格弹性，商品的定义范围
（3）在未来5年乘坐地铁更富有价格弹性，考察时间
（4）生啤酒更富有价格弹性，可替代性或重要性

三、计算题

1. 设价格应提高 ΔP 元，E_d = 价格变动的百分比/需求量变动的百分比 = $\dfrac{\Delta P/12}{|-20\%|}$ = 0.4，故 ΔP=6 元

2.
（1）E_d = 1.2　价格提高3%，所以需求量相应减少，且减少百分比为3.6%（3%×1.2）
（2）E_m = 3.0　收入增加2%，所以需求量相应增加，且增加百分比为6%（2%×3.0）
（3）价格提高8%，需求量相应减少9.6%（8%×1.2）；收入增加10%，需求量相应增加30%（10%×3.0），正负抵消，需求量最终为增加，增加百分比为20.4%；2006年新汽车销售量估算：800×（1+20.4%）=963.2万辆

学习领域五

一、单项选择题
1. B　2. A　3. D　4. B　5. B　6. D　7. A

二、应用分析题
1.
（1）美铝与再生铝的生产厂商之间是有竞争的。
（2）美铝公司控制着大约90%的美国原铝生产。

（3）汉德法官以美铝违反了《谢尔曼法》第一条，最终判定该公司构成垄断。根据此案判决确立的原则，只要限制竞争的行为对美国国内市场产生了影响效果，则无论行为在何地发生，均可以适用美国反托拉斯法。"此即所谓的从效果理论角度的域外适用。"

2. 公共物品是指政府向社会和个人提供的服务的总称。而私人物品是指由市场提供给个人享用的物品。公共物品与私人物品相比消费具有非竞争性和非排他性。非竞争性指一个人对公共物品的享用并不影响其他人的享用，非排他性指对公共物品的消费权或享用权不是归某个人独有，而是由整个社会共同所有。由于公共物品这样的特殊性，市场机制并不能像对私人物品一样，对公共物品的生产、销售定价和消费等方面充分发挥市场的自动调节作用。在许多情况下，必须由政府出面对公共物品进行干预和管理。

3. 经济学上定义该类现象为外部性。外部性指社会成员（包括组织和个人）从事经济活动时，其成本与后果不完全由该行为人承担，也即行为举动与行为后果的不一致性。题目中提及的几种现象属于负外部性，又可称为外部不经济，指某个经济行为主体的活动使他人或社会受损，而造成外部不经济的人却没有为此承担成本。解决该类问题可以通过征收庇古税、企业合并使得外部效应"内部化"和通过市场交易和谈判的方法清晰界定产权来解决。

4. 信息不对称是指交易中交易一方比另一方掌握更多的经济信息。在非对称信息条件下，原有的市场均衡可能导致低效率：一方面，由于交易双方信息不对称和市场价格下降产生的劣等商品驱逐优质品，进而出现市场交易和产品平均质量下降的逆向选择现象。另一方面，由于交易双方信息不对称，一方当事人（掌握信息更充分的一方）可能在最大限度地增进自身效用的同时做出不利于另外一方的行动。产生道德风险也称道德危机。保险市场上逆向选择与道德风险的区别在于：逆向选择基于交易的一方隐藏其私下信息，发生在保险契约签订之前；道德风险中所隐藏的是行动，且发生在保险契约签订以后。

5. 市场机制在国家宏观调控中对资源配置起决定性作用，是价值规律调节商品生产和流通的主要形式。我国实行按劳分配为主体、多种分配方式并存的分配制度，所以个人收入方式来源多样化，随着经济的发展，收入分配必然不均等。收入差距缩减均等化的实现可以通过大力发展生产力，做大社会主义收入蛋糕；加快农村经济的发展，不断增加农民的收入；加强宏观调控，实现区域经济协调发展；规范收入分配关系，调节收入差距等举措逐步实现。

6.
（1）出于关注效率动机，可能某地只有一家有线电视台，由于没有竞争者，有线电视台会向有线频道的消费者收取高出市场均衡价格的价格，这是垄断。垄断市场不能使稀缺资源得到最有效的配置。在这种情况下，规定有线电视频道的价格会提高市场效率。

（2）出于关注平等的动机，政府这样做是想把经济蛋糕更公平地分给每一个人。

（3）出于关注效率的动机，因为公共场所中的吸烟行为会污染空气，影响周围不吸烟者的身体健康，对社会产生了有害的外部性，而外部性正是市场失灵的一种情况，而这也正是政府在公共场所禁止吸烟的原因。

（4）出于关注效率的动机，美孚石油公司在美国石油业中属于规模最大的公司之一，占有相当大的市场份额，很容易形成市场垄断。垄断市场的效率低于竞争市场的效率。因此，政府出于关注效率的动机分解它。

（5）出于关注平等的动机，让高收入者多缴税，低收入者少缴税，有助于社会财富在社会成员中更公平地分配。

（6）出于关注效率的动机，市场失灵是市场外部性造成的。酒后开车对其他人的生命造成威胁，禁止酒后开车可以提高人们的安全保障。

学习领域六

一、单项选择题

1. B 2. A 3. D 4. B 5. C 6. D 7. D 8. B 9. D 10. A 11. A 12. D 13. C 14. C 15. D 16. B 17. A 18. B 19. A 20. B 21. D 22. B 23. A 24. A 25. D 26. C 27. B 28. A 29. B 30. A

二、应用分析题

1.
（1）家庭购买了一台新冰箱。

家庭购买了一台新冰箱会增加GDP中的消费（C）部分，因为家庭用于家用电器的支出计算在消费的耐用品类中。

（2）美的公司从其存货中出售了一台空调。

美的公司从其存货中出售了一台空调增加GDP中的消费（C）但减少GDP中的投资，因为在美的公司存货中作为投资的空调被出售。

（3）你买了一碗兰州拉面。

买了一碗兰州拉面会增加GDP中的消费（C），因为用于购买食品的支出计算在消费的非耐用品类中。

（4）你的父母购买了一瓶法国进口红酒。

父母购买了一瓶法国红酒会增加GDP中的消费（C）但同时减少GDP中的净出口（NX），因为法国红酒是进口食品，它的购买增加了中国的进口。

（5）某市铺设了一条高速公路。

某市铺设了一条高速公路增加了GDP中的政府购买（G），因为修建高速公路是政府的行为。

（6）百事公司扩建其在上海的工厂（扩建竣工后的百事松江工厂成为该美企在华最大的薯片生产基地）。

百事公司扩建其在上海的工厂增加了GDP中的投资（I），因为扩建工厂中建筑和设备新建属于投资。

2. 自然失业率即指充分就业下的失业率。自然失业是由于经济中某些难以避免的原因所引起的失业，在任何动态市场经济中这种失业都是必然存在的。自然失业率为摩擦性失业、结构性失业、季节性失业和求职性失业率的总和。自然失业率的大小取决于劳动力市场的结构特征，并且随时间的推移不断变化，技术进步的速度、劳动力和劳动生产率增长的速度、获取劳动力市场信息的费用和寻业的成本都将影响自然失业率的大小。

3. 摩擦性失业和结构性失业都属于自然失业，是不可避免的。摩擦性失业是由信息不完全和不对称导致的；结构型失业则是由于经济结构变化导致的，比如技术更新或者消费者偏好发生变化。摩擦性失业与结构性失业相比，应该是结构性失业问题更严重。原因是结构性失业在性质上是长期性的，通常起源于劳动力的需求方，而摩擦性失业在性质上是过渡性或短期性的，通常起源于劳动力的供给方。

4. 最低工资法能更好地解释青少年的失业。由于绝大多数大学毕业生的工资高于最低工资水平，因而最低工资法并不是大学毕业生失业的主要原因。最低工资法通常主要是限制了劳动力中最不熟练工人和经验最少的工人，如青少年，因为青少年的均衡工资通常低于最低工资。结果雇主就会减少对青少年劳动力的需求，青少年失业增加。

5. 通货膨胀的效应:(1)收入和财富分配效应;(2)就业和产量效应;(3)损害经济效率的影响,增加菜单成本、皮鞋成本。通货膨胀的治理:严重的通货膨胀对于经济发展和社会稳定是极其不利的,政府可以采取的反通胀政策主要有财政政策、货币政策、收入政策与供给政策。主要措施有:控制货币供应量,减轻货币贬值和通货膨胀的压力;运用紧缩的货币与财政政策调节和控制社会总需求;有效控制工资增长率,平抑成本推动型通货膨胀;此外,增加商品有效供给,调整经济结构,使商品供求实现均衡,对于平抑结构型和需求拉上型通货膨胀也比较有效。

6.

$A—B$ 为繁荣,$B—C$ 为衰退,$C—D$ 为萧条,$D—E$ 为复苏,$E—F$ 为新一周期的开始。其中正斜率的直线是经济的长期增长趋势线。

从 A 到 B,繁荣:这个阶段经济形势很好,就业机会充分,工厂加班加点,利润丰厚,人们对未来乐观。从 C 到 D,萧条:这个阶段生产急剧减少,投资减少,工作相当难找,工厂生产能力闲置,利润微薄,人们对未来很悲观。从 B 到 C,衰退:是从繁荣到萧条的过渡期,这个阶段是经济出现停滞或负增长的时期。严重的经济衰退会被定义为经济萧条,毁灭性的经济衰退则被称为经济崩溃。在经济衰退中,一些企业破产,退出商海;一些企业亏损,陷入困境,寻求新的出路;一些企业顶住恶劣的气候,在逆境中站稳了脚跟,并求得新的生存和发展。这就是市场经济下"优胜劣汰"的企业生存法则。从 D 到 E,复苏:是从萧条到繁荣的过渡期,这个阶段经济开始从谷底上升。复苏阶段的特征包括:被磨损的机器设备开始更新,就业率、收入以及消费开始上升,由于投资增加促进生产和销售的增加,使企业利润有所提高,从而使人们开始对前景寄予希望,由悲观转为乐观,原先不肯进行的风险投资这时也开始出现。随着需求的增加,生产不断扩张,萧条时期闲置的设备及劳动和其他生产资源开始陆续使用。

三、计算题

1.
(1) 名义 GDP:
2013:(1美元/品脱×100品脱牛奶)+(2美元/品脱×50品脱蜂蜜)= 200美元
2014:(1美元/品脱×200品脱牛奶)+(2美元/品脱×100品脱蜂蜜)= 400美元
2015:(2美元/品脱×200品脱牛奶)+(4美元/品脱×100品脱蜂蜜)= 800美元
实际 GDP(以2013年作为基年):
2013:(1美元/品脱×100品脱牛奶)+(2美元/品脱×50品脱蜂蜜)= 200美元
2014:(1美元/品脱×200品脱牛奶)+(2美元/品脱×100品脱蜂蜜)= 400美元
2015:(1美元/品脱×200品脱牛奶)+(2美元/品脱×100品脱蜂蜜)= 400美元
GDP 平减指数:
2013:(200美元/200美元)×100 = 100
2014:(400美元/400美元)×100 = 100
2015:(800美元/400美元)×100 = 200

（2）名义GDP变动百分比

2014年名义GDP变动百分比=[（400美元－200美元）/200美元]×100%=100%

2015年名义GDP变动百分比=[（800美元－400美元）/400美元]×100%=100%

实际GDP变动百分比：

2014年实际GDP变动百分比=[（400美元－200美元）/200美元]×100%=100%

2015年实际GDP变动百分比=[（400美元－400美元）/400美元]×100%=0%

GDP平减指数变动百分比：

2014年GDP平减指数变动百分比=[（100－100）/100]×100%=0%

2015年GDP平减指数变动百分比=[（200－100）/100]×100%=100%

价格从2013—2014年没有发生变化，所以2014年的GDP平减指数变动百分比是0。同样，产出水平从2014—2015年没有发生变化，这意味着2015年实际GDP的变动百分比为0。

（3）2014年的经济福利比2015年高，因为2014年实际GDP增加了，而2015年没有。在2014年，实际GDP增加而价格没有上升；在2015年，实际GDP没有增加，但是价格却上升了。

2.

（1）收入法GDP=工资+利息+租金+利润+间接税=170亿元

（2）支出法GDP=消费支出+投资支出+政府采购+出口额－进口额=170亿元

3.

（1）NI

国民收入=雇员报酬+企业支付的利息+个人租金收入+公司利润+非公司企业主收入

　　　　=1 866.3+264.9+34.1+164.8+120.3

　　　　=2 450.4（亿美元）

（2）NDP

国内生产净值=国民收入+间接税－国外要素支付净额

　　　　　　=2 450.4+266.3－78.5

　　　　　　=2 638.2（亿美元）

（3）GDP

国内生产总值=国内生产净值+资本消耗补偿

　　　　　　=2 638.2+356.4

　　　　　　=2 994.6（亿美元）

（4）PI

个人收入=国民收入－公司利润－社会保险税+政府支付的利息+政府的转移支付+红利

　　　　=2 450.4－164.8－253.0+105.1+347.5+66.4

　　　　=2 551.6（亿美元）

（5）DPI

个人可支配收入=个人收入－个人所得税

　　　　　　　=2 551.6－402.1

　　　　　　　=2 149.5（亿美元）

（6）个人储蓄=个人可支配收入－消费者支付的利息－个人消费支出

　　　　　　=2 149.5－64.4－1 991.9

　　　　　　=93.2（亿美元）

4.

成年人口＝就业者＋失业者＋非劳动力＝143 322 000 + 12 332 000 + 8 900 800 = 244 662 000 人

劳动力＝就业者＋失业者＝143 322 000 + 12 332 000 = 155 654 000 人

劳动力参工率＝$\frac{155\ 654\ 000}{244\ 662\ 000} \times 100\% = 63.6\%$

失业率＝$\frac{12\ 332\ 000}{155\ 654\ 000} \times 100\% = 7.9\%$

5.

2014年的通货膨胀率＝$\frac{111.5-107.9}{107.9} \times 100\% = 3.34\%$

2015年的通货膨胀率＝$\frac{114.5-111.5}{111.5} \times 100\% = 2.69\%$

预期2016年的通货膨胀率＝$\frac{3.34\%+2.69\%}{2} = 3.015\%$

2016年实际利率＝名义利率－通货膨胀率＝6%－3.015%＝2.985%

四、案例分析题

（1）通货膨胀是指一般价格总水平的持续和显著的上涨过程。经济过热是指经济要素总需求超过总供给，GDP增速过快，并由此引发物价指数全面持续上涨。一般来说，当经济增长速度过快，出现了严重的通货膨胀时，一国就要利用紧缩性政策来压制通胀，但是此时社会总需求会下降，从而经济速度增长变缓或者出现负增长，这就可以形象地称为经济"着陆"。如果一国实行的政策过紧，出现大幅度通胀后，紧接着会出现大规模的通货紧缩，导致失业增加，经济速度下滑过快，这叫作经济"硬着陆"。如果一国较好地实行了紧缩政策，使得过快增长的经济速度平稳地下降到一个合适的水平，而没有出现大规模的通缩和失业，就可以叫作经济"软着陆"。也即案例中的"低通胀，高增长"。

（2）在经济过热和通货膨胀的情况下，为实现经济的"软着陆"，可以采取中性（适度扩张）的财政政策和紧缩性的货币政策。财政政策工具运用：结构性减税、增加政府采购与转移支付；货币政策工具运用：提高存款准备金率、提高再贴现率，公开市场中卖出有价证券以回笼货币。

（3）通货紧缩是指一般价格总水平的持续和显著的下降过程。在市场疲软、通货紧缩的情况下，应该采取扩张性的财政与货币政策。财政政策工具运用：减税、大幅增加政府采购与转移支付；货币政策工具运用：降低存款准备金率、降低再贴现率，公开市场中买进有价证券以投放货币。

（4）略。

学习领域七

一、单项选择题

1. A 2. C 3. A 4. D 5. A 6. A 7. A 8. B 9. C 10. C

二、应用分析题

1. 中国对比美国的比较优势：劳动力成本低且较丰富，具有竞争力优势；制造具有比较优势；超大规模的市场优势。美国对比中国的绝对优势：美国科技发达，装备先进，具有世界领先的技术水平和生产效率。研发投入高，促进科技创新，农业科技领域投资高，农业机械化优势明显；能源丰富且独立；引领世界新材料技术和制造的革命。网络的发展，使信息传递的费用近乎零。高技术合成材料也日新月异，碳纤维、石墨烯以及各种新型合金材料层出不穷。

美国对中国出口商品主要有通过技术规模生产的粮食、大豆等农产品,机械设备、电器及电子产品仪器仪表、计算机与通信技术、汽车、医疗仪器及器械、存储部件等,中国对美国出口商品有以劳动力为优势的服装及衣着附件、织物制服装、家具及其零件、鞋、玩具等。

2.
（1）一栋房子——交换、贮藏
（2）可以在娱乐园玩一天的门票——交换、计价
（3）纽约市居民持有的美元——交换、计价、贮藏
（4）一幅油画——交换、贮藏
（5）黄金——计价、贮藏

3. 这是复本位制下一种货币排挤另一种货币的现象。古罗马时代,人们习惯从金银钱币上切下一角,这就意味着在货币充当买卖媒介时,货币的价值含量就减小了。古罗马人不是傻瓜,他们很快就觉察到货币越变越轻。当他们知道货币减轻的真相时,就把足值的金银货币积存起来,专门用那些不足值的货币。这个例子说明：坏钱把好钱从流通领域中排挤出去了。为控制这一现象的蔓延,政府发行了带锯齿货币,足值货币的边缘都有细小的沟槽。如果货币边缘的沟槽被挫平,人们就知道这枚货币被动过手脚。举例：软件市场上的经济秩序和法规约束尚不完善时,或者不能很好协调工作时,盗版软件影响正版软件的制作、销售等,从而危害软件业健康发展的趋势。这种趋势类似于"劣币驱逐良币",可称为"盗版驱逐正版",也是一种非正常的市场状态。

4. 货币制度是由国家成文法、非成文法,政府法规、规章、条例以及行业公约、惯例所规范的有关货币的方方面面,包括：(1)货币单位的确定：名与值—本币与辅币；(2)对钞票发行和存款货币创造的管理；(3)对不同种类货币支付能力的规定等。

5. 以人民币贬值为例：(1)影响进出口贸易收支。如果人民币贬值,国内出口商品在国际市场上以外币表示的价格降低,这样出口商品价格竞争力就会增强,从而刺激国外对国内商品的需求,有利于扩大出口。与此同时,人民币汇率下跌,以人民币表示的进口商品价格上涨,如果进口商品价格上涨,就会有利于扩大出口量,限制进口,这可以促进贸易收支的改善。(2)影响物价水平。人民币贬值使得以人民币表示的进口品价格上涨。如果进口产品人民币价格上升,一方面直接影响进口原料与半成品的价格上涨,进而使得本国商品的成本提高,进而带动国内同类商品价格的上升。在国内商品供求既定的条件下,由于本国货币汇率下降将降低出口产品的国外价格,由此刺激商品的出口,必然加剧国内商品市场的供求矛盾,从而导致物价上涨。(3)影响资本流动。汇率变化对资本流动的影响表现为两个方面：一是人民币贬值后,单位外币能够折合更多的人民币,这样就会促进外国资本流入增加；二是如果出现人民币对外价值将贬未贬,外汇汇价将升未升的情况,则会影响人们对汇率的预期,进而引起本国资本外逃。(4)影响外汇储备。储备货币的汇率变动影响一国外汇储备的实际价值,储备货币升值,则一国外汇储备的实际价值提高,反之则降低。(5)影响国内就业、国民收入及资源配置。从产品市场来看,货币贬值导致净出口以及总需求增加,使得出口工业和进口替代工业得以大力发展,产生更高的产出和就业水平,国民收入也随之增加；货币升值导致净出口以及总需求的减少,产出和就业水平下降。人民币升值对中国经济的影响同理分析。

三、案例分析题

（1）国家之间的贸易不平衡是一种常态,各国能做到的不是控制不平衡现象,而是尽量降低不平衡的程度。同样,中国和美国之间的贸易主要表现在中国对美国的货物贸易顺差,美国对中国的服务和资本贸易顺差,这也和两国的比较优势有关。中国在生产劳动密集型产品方面具有很强的成本优势,而且生产的劳动密集型产品大多是生活必需品,这就导致了美国必然大量进口中国生产的劳动密集型产品；美国生产的高技术产品属于高档产品,由于中国居民收入水平比较低,对美国生产的高端

产品的需求也就非常低。这种因为收入水平的巨大差异而导致的两国对贸易产品需求的不对称性是造成两国贸易不平衡的长期因素。

（2）简单来说就是美国想通过人民币升值，增加中国企业的经营成本，从而推高中国产品在海外销售的价格，那么出口到美国的产品必然会涨价，出口量就会相应减少；根本原因，可能还涉及美国以此来控制中国金融体系，阻止人民币国际化进程。

（3）第一，强大市场是反抗贸易战的一张王牌。中国要通过强大国内市场应对美国霸凌主义可能对全球市场造成的风险与危害。第二，抵御贸易摩擦需要"三增一降一补"。跨国公司之间的竞争已经不是简单依靠资本和技术的力量，核心的竞争力表现为对产业链标准的控制、供应链纽带的控制和价值链枢纽的控制。当今世界，谁掌控"三链"，谁就是行业龙头。越是有贸易摩擦发生，中国越要推动产业链、供应链、价值链的"三增一降一补"：增强供应链的配套体系，提升价值链跟各国之间多方面的融合。改善"三链"的营商环境，降低"三链"融合发展成本，企业则要对自身产业链和供应链中的薄弱环节"打补丁"。第三，面对美国的技术封锁和非法断供，中国要实现科技自立，必须要练好"内功"。要从宏观、微观两个层面，为"三性"（前沿性、关键性、核心性）技术的自给自足，以及重要行业和领域的科技自立，创造和培育能够自动防控外部断供风险的新供应链和市场生态，确保关键核心技术供应链的自主可控性和稳定性。

实训项目实施辅助素材

案例 | "从当当网看新规模经济"

大学的校门口每到中午之时就会有很多的快递车从四面八方驶来,学生们还有部分老师则早已守候在此。其中有一辆车被团团围住,甚至快递员站在车前,如老师上课点名一般依次派发快件,这一辆车就是当当网的配送车。作为当当网的忠实顾客,我也经常在这个取书的队伍中。几次排在取书队伍的最后,得以与快递员有短暂的交谈,得知通过他派送的当当网图书及其他商品一日价值五六千至上万元不等。这仅仅是中国七百余所大学之一。

由图书出版业的李国庆和华尔街金融业的俞渝夫妇创立于20世纪90年代末互联网泡沫经济时代中的当当网,显然绝非泡沫,也绝非普通的夫妻店。时至今日,当当网已经是全球最大的中文网上图书音像商城。当当网不仅是一个"网站",也是由30万种产品、660万顾客、十大物流中心(北京、上海、广州、成都、武汉、郑州、无锡、沈阳、福州、济南)组成的覆盖全中国的一张"大网",2012年当当网年销售额达到40亿元。规模越大、客户越多、利润越大——当当网的这个盈利规则让我们想到了一个词叫"规模经济"。那么当当网的盈利模式是不是规模经济呢?

一、新旧规模经济的区别

1776年,经济学之父亚当·斯密提出:"企业的成长过程就是不断获取规模经济利益的过程"。规模经济指企业产品的数量增多,单位成本却下降,长期平均成本随产量的增加而递减的经济。就当当网而言,销售的产品数量越多,其网上销售系统建设费用就平摊在越多产品上,平均单位成本就越低。当当网是符合规模经济的定义的。可以肯定,当当网的盈利模式就是规模经济。但"规模经济"是两百多年前提出的话题,是工业时代的企业的发展模式,信息时代的今天又提"规模经济"是否过时了呢?

亚当·斯密用扣针厂的故事来解释规模经济。生产一枚扣针需18道工序,10个工人每人分别承担一两道工序,每天可生产48 000枚扣针,人均每天生产4 800枚。若工人各自独立完成生产,他们中的任何一个人,一天连20枚也生产不出来。而且大扣针厂比小扣针厂的人均产量更高、每枚扣针的平均成本更低。扣针厂与当当网同样符合"规模经济"的定义，但很多方面又大相径庭。

1. 主营业务不同

扣针厂的主营业务是生产，当当网的主营业务是销售。"规模经济"中的"产品"常常指"生产的产品"。最早的规模经济出现在工业时代，当时企业关注的焦点问题是如何能高效地生产出产品。而在生产力高度发展、社会物资极大丰富的今天，企业需要考虑的核心问题是如何能销售更多产品。只要产品能销售得出去，产品的获得就是其次的问题。企业的供应链是拉式的、逆向的，即从销售到生产再到采购——知道了顾客需要多少产品，企业才去考虑是自己生产还是购买或生产外包。为了区别于工业时代的规模经济，我们将信息时代的规模经济暂称为"新规模经济"。新规模经济的主营业务不是传统产品生产，但也不局限于销售，还应包括服务、虚拟商品的生产等。

2. 能够获取规模经济利益的原因不同

扣针厂能够获得规模经济利益的原因是分工和机器。分工使工人的技能因业专而日进，避免了由一种工作转到另一种工作损失的时间，从而生产出工人独立生产所不可能生产出来的产品数量；机器开动一次的成本较高，生产较多产品才值得开动机器。由于这两个原因，扣针厂生产的扣针越多，平均成本就越低。扣针厂获取规模经济利益的原因是分工和机器，而新规模经济的关键则是海量的顾客。

二、新规模经济企业的类型

从当当网顺藤摸瓜，发现新规模经济的企业有多种形式，除了网络销售还有平台服务、虚拟产品和连锁经营等。

1. 网络销售

京东、凡客、聚美优品、好乐买都是网络销售的成功案例，它们都具有与当当网类似的特点。

2. 平台服务

平台服务企业的客户至少有供需两方，通过收取管理费、广告费获利。平台服务企业不销售商品，也不向某一方单独提供服务，而是同时为双方客户提供服务。平台服务可以是传统商务形式，也可以是电子商务形式。相比之下，电子商务形式的平台服务更能发挥出规模优势。互联网将平台企业的规模无限放大——没有一个

附图1　新旧规模经济利益的获取

商城可以像淘宝一样同时容纳两亿人一同逛街、没有一个婚介所可以像世纪佳缘一样同时容纳六千多万人约会。

3. 数字化产品

数字化产品最能体现新规模经济的特征，这类产品的复制成本几乎为零，产品越多，平均成本越低。第一类，将现实产品信息化的数字产品，如中国知网的电子学术期刊、超星的电子图书、迅雷的数字影视剧等，这类数字化产品对现实的产品有替代作用，如电子图书可以取代纸质图书。第二类是软件，即一组计算机程序，如管理系统、杀毒软件、游戏等。第三类是网络游戏公司制作的虚拟产品，如虚拟土地、服装、装备等。腾讯的 QQ 服饰和各类游戏中的武器都是虚拟产品。虚拟产品也是数字化的产品，通常具有与现实产品同样的名称，但具有与现实产品不同的特性，如网络游戏中的服装没有御寒的功能，只是美化了游戏人物，满足了玩家的心理需求。它们不是现实产品的数字化版本，更不能替代现实产品。

4. 连锁经营

互联网技术似乎就是为新规模经济而生的，二者的本质追求都是使更多人聚集在一起。但新规模经济并非都要以互联网为平台，如连锁经营也符合新规模经济的特点。连锁经营中总部的管理职能包括产品设计、广告促销、装修设计、商品配送等大部分工作，连锁店只负责执行。肯德基在全球有 3.3 万家连锁店，肯德基餐厅开得越多，每个汉堡的平均成本越低。尽管连锁经营不是基于互联网技术的，但有了互联网等通信技术，全世界的同一品牌的连锁店才得以在各方面完全同步。

三、新规模经济的典型特征

新规模经济中的产品，无论是实物、服务或者是知识，无论互联网经济还是实体经济，都有明显的共同特征。

1. 产品复制成本低

复制一个产品，可能是一个顾客在当当网买了一本书，可能是在淘宝上多一个买家，可能是中国知网的一位顾客又下载了一篇文章。新规模经济企业增加一个产品，边际成本很小。

2. 产品需求量持续增长

终身学习的观念已深入人心，因此知识付费平台的顾客会越来越多；人们对消费品的需求种类不断增多，因此电商平台是必要的；人们工作生活的节奏越来越快，因此肯德基会有更多顾客。这些需求一方面来源于对潜在需求的挖掘，如足不出户的便利使人们在当当网、淘宝网上买了更多的商品。但另一方面来源于对传统行业市场的抢占，有资料显示，从 2007 年到 2009 年，中国实体书店减少了上万家。

四、新规模经济盈利的有效途径

有规模才能有效益，新规模经济盈利的良性循环应该是：固定成本投入→客户增多→

平均成本降低→利润增长→固定成本投入……新规模经济盈利应该从吸引客户、降低成本、适时再投资三个环节入手。

1. 吸引客户：品牌乘数营销

用品牌做乘数，在后面乘上各种经营手段以获得最大的利润，延长产业价值链或利用品牌开发各种衍生品。如网上专业超市逐步向综合商城发展，图书起家的当当网开始销售家电、服装等，苏宁电器的网上商城也开始销售图书；平台服务企业可以向产业链的上下游产业扩展，阿里巴巴公司向产业链下游发展，建立了阿里巴巴物流平台；数字产品可以开发衍生品，玩具就是一种不错的选择，把虚拟的造型做成毛绒或电动玩具；连锁经营也应向网上发展，肯德基提供了网上无限制地打印优惠券的服务。这些策略都可以充分发挥品牌乘数营销的优势，可以进一步吸引客户，以使新规模经济的规模无限扩大。

2. 降低平均成本：使用新技术

新规模经济企业大多依赖于通信和网络技术，产品成本与技术的成本息息相关。新技术的使用、软硬件设备价格的不断降低促使新规模经济企业的成本进一步降低。

3. 提高服务质量：适时再投资基础设施

新规模经济中，需要考虑搭建的基础设施能够承受客户的最大数量。当客户的数量接近上限时，必须再次投入以加强基础设施建设。

如果说新规模经济企业需要一组螺旋式上升的动力链条，那么以上这些经营策略就像是润滑油一样，保证了每个齿轮间无障碍地高效、协调运行，使得新规模经济企业获得更多的稳定利润。

资料来源：牛慧卿，《从当当网看新规模经济》，《企业管理》2013年第3期。

模拟商战分数权益利润记录表（6年）

组别	第一年			第二年			第三年			第四年			第五年			第六年			名次
	分数	权益	利润	分数	权益	利润	分数	权益	利润	分数	权益	利润	分数	权益	利润	分数	权益	利润	
A																			
B																			
C																			
D																			
E																			
F																			
G																			
H																			
I																			
G																			

模拟商战企业权益计算表(6年)

项　目	第一年	第二年	第三年	第四年	第五年	第六年
期初权益						
销售总额						
直接成本						
财务费用						
折旧						
所得税						
综合费用						
本年权益						
综合费用						
广告费用						
行政管理费						
市场开发						
ISO认证						
产品研发						
设备维修						
厂房租金						

模拟商战企业现金流量表（6年）

项 目	第一年		第二年		第三年		第四年		第五年		第六年	
初期余额												
交 税												
广告费												
短期贷款												
民间融资												
应收账款												
贴现实到款												
应付账款												
产品研发												
购/调生产线												
加工费												
管理费												
余 额												

（续表）

项 目	第一年				第二年				第三年				第四年				第五年				第六年			
长贷/利息																								
维修费																								
购/租房																								
市场开发																								
ISO认证																								
罚 金																								
余 额																								

原材料	第一年				第二年				第三年				第四年				第五年				第六年			
	1Q	2Q	3Q	4Q	1Q	2Q	3Q	4Q	1Q	2Q	3Q	4Q	1Q	2Q	3Q	4Q	1Q	2Q	3Q	4Q	1Q	2Q	3Q	4Q
R1																								
R2																								
R3																								
R4																								

出牌游戏计分表　第_____轮

组　别	_____组		_____组	
局　数	出牌颜色	得　分	出牌颜色	得　分
1				
2				
3				
分数小计：				
4				
5				
6				
分数总计				

游戏规则变化情况记录：

出牌游戏计分表　第_____轮

组　别	_____组		_____组	
局　数	出牌颜色	得　分	出牌颜色	得　分
1				
2				
3				
分数小计：				
4				
5				
6				
分数总计				

游戏规则变化情况记录：

宏观经济数据调研记录表

年份：_____ 地区：_____

指　　标	数据（单位）
地区生产总值（GDP）	
第一产业	
第二产业	
工业	
建筑业	
第三产业	
三次产业结构	
常住总人口	
人均地区生产总值	
财政总收入	
财政总支出	
固定资产投资	
社会消费品零售总额	
进出口总额	
居民消费价格	
城镇登记失业率	
人均可支配收入	

经济周期与经济增长数据记录表（_____省/区/市）

年 份	GDP增长率(%)	年 份	GDP增长率(%)

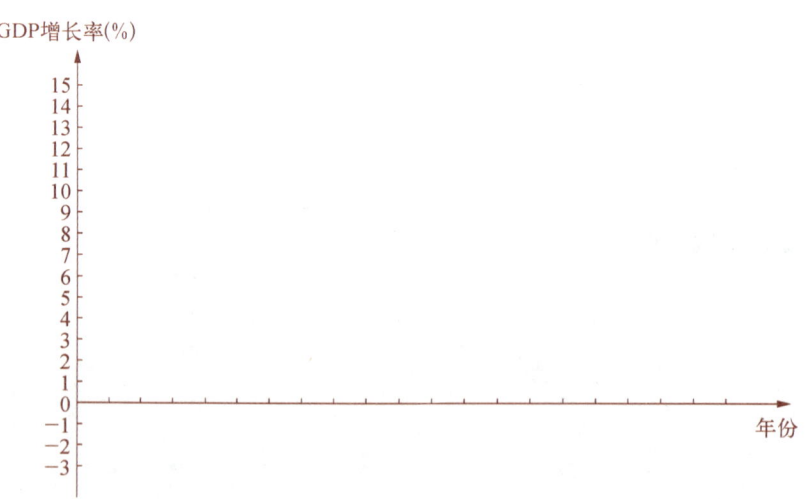

经济周期与经济增长趋势图

宏观经济政策分类整理表

年份：_____

财政政策	税收政策	
	购买性支出政策	
	转移支付政策	
货币政策	存款准备金政策	
	公开市场业务	
	再贴现政策	

外汇牌价调研记录表（单位：人民币/100外币）

银行：_____　　　　日期：_____

货币名称	现汇买入价	现钞买入价	汇/钞卖出价	中间价	基准价
美元USD					
瑞士法郎CHF					
新加坡元SGD					
瑞典克朗SEK					
丹麦克朗DKK					
挪威克朗NOK					
日元JPY					
加元CAD					
澳元AUD					
欧元EUR					
澳门元MOP					
菲比索PHP					
泰铢THB					
新西兰元NZD					
英镑GDP					
港币HKD					
韩元KRW					

人民币汇率变动调研记录表（人民币/美元）

年份或日期	人民币对美元汇率	年份或日期	人民币对美元汇率

调查问卷

教材使用调查问卷(学生用)

评 级 指 标	优秀	良好	一般	较差
1. 理论性与实践性兼顾,利于夯实知识与提升能力				
2. 案例搭配适宜,内容精练,难度适中				
3. 教材精要、参考答案、实训素材等书后辅助资源搭配适当				
4. 微课、视频、资讯卡片等书中的二维码拓展资源搭配适当				
5. 有时代性和前瞻性,具有鲜明特色				
6. 编排合理,差错率低				
7. 薄厚适中,价格合理				
8. 您对教材的综合评价				

1. 您对教材的其他评价与建议,请列明以期再版改进:

2. 您阅读发现的内容版式错误,请列明以期再版更正:

教材质量评议问卷(教师用)

教材体现的教学水平、科学性和思想性	优秀	良好	一般	较差
1. 符合人才培养目标及课程教学的要求:取材合适、深度适宜、分量恰当				
2. 符合认知规律,富有启发性,有利于激发学生兴趣及各种能力的培养				
3. 能完整地表达本课程所包含的知识,反映其相互联系和发展规律,知识关联清晰,结构严谨				
4. 能正确地阐述本学科的科学理论和概念,注重理论联系实际				
5. 层次分明,条理清楚,教材体系能反映内容的内在联系和本学科特有的思维方法				
6. 能反映本学科国内外的科学研究和教学研究的最新进展和成果				
7. 思想观点正确,符合辩证唯物主义,弘扬民族文化的精华,无政治和政策性错误				
教材体现的文图和编校水平	**优秀**	**良好**	**一般**	**较差**
8. 文字规范、简练、符合语法规则,语言流畅、通俗易懂、叙述生动				
9. 图文配合恰当,图表清晰、准确,符号、计量单位符号符合国家标准				
10. 无科学性、知识性错误,正确反映内容,目录正文一致,参考文献著录准确				
11. 封面、扉页、封底能恰当反映本书内容,构思合理、格调健康、风格鲜明、文字准确、色彩和谐				
12. 版式设计规范、统一,字号字形、序号使用合理				
13. 线画清晰、准确、美观,图文合理				
14. 版本新,差错率低				

1. 您对教材的综合评价(优、良、中、差):＿＿＿＿＿＿＿＿＿＿＿＿＿＿＿＿＿＿

2. 您对教材的其他评价与建议,请列明以期再版改进:＿＿＿＿＿＿＿＿＿＿＿＿＿＿＿＿

3. 您阅读发现的内容版式错误,请列明以期再版更正:＿＿＿＿＿＿＿＿＿＿＿＿＿＿＿＿

参考文献

1. [美]曼昆著,梁小民译.经济学原理(第7版)[M].北京大学出版社,2015.
2. 梁小民.经济学就这么有趣[M].北京联合出版公司,2019.
3. 尹伯成.经济学基础教程(第3版)[M].复旦大学出版社,2018.
4. 梁小民.西方经济学(第3版)[M].中央广播电视大学出版社,2017.
5. 朱京曼.西方经济学教学案例精选[M].经济日报出版社,2008.
6. 王福重.人人都爱经济学[M].人民邮电出版社,2008.
7. [美]保罗·萨缪尔森,威廉·诺德豪斯著,萧琛译.经济学(第19版)[M].商务印书馆,2012.
8. [美]哈尔·R.范里安著,费方域,朱保华等译.微观经济学:现代观点(第9版)[M].格致出版社、上海三联书店、上海人民出版社,2015.
9. [美]托马斯·索维尔著,吴建新译.经济学的思维方式[M].四川人民出版社,2018.
10. [美]熊彼特著.从马克思到凯恩斯的十大经济学家[M].电子工业出版社,2013.
11. [英]罗杰·E.巴克豪斯著,莫竹芩,袁野译.西方经济学史[M].海南出版社,2007.
12. 李芷琳编著.35岁前要懂的88个经济学常识[M].九州出版社,2009.
13. 戍卓.经济周期的成因[EB/OL].简书https://www.jianshu.com/p/5c8b75192142.
14. 王健,王立鹏.中国改革开放40年宏观调控[J].行政管理改革,2018(10):15-21.
15. 张旭昆,赵静.互联网对市场的改善和扰乱——基于市场失灵理论的视角[J].社会科学文摘,2019(05):46-48.

图书在版编目(CIP)数据

经济学基础与应用/胡田田主编. —3 版. —上海：复旦大学出版社，2020.12（2024.11 重印）
（复旦卓越.21 世纪经济学系列）
ISBN 978-7-309-15175-6

Ⅰ.①经… Ⅱ.①胡… Ⅲ.①经济学-高等学校-教材 Ⅳ.①F0

中国版本图书馆 CIP 数据核字（2020）第 123745 号

经济学基础与应用（第 3 版）
胡田田　主编
责任编辑/谢同君

复旦大学出版社有限公司出版发行
上海市国权路 579 号　邮编：200433
网址：fupnet@fudanpress.com　　http://www.fudanpress.com
门市零售：86-21-65102580　　团体订购：86-21-65104505
出版部电话：86-21-65642845
上海华业装潢印刷厂有限公司

开本 787 毫米×1092 毫米　1/16　印张 17.75　字数 447 千字
2024 年 11 月第 3 版第 5 次印刷

ISBN 978-7-309-15175-6/F·2716
定价：56.00 元

如有印装质量问题，请向复旦大学出版社有限公司出版部调换。
版权所有　　侵权必究